大学入試

英単語
最前線
2500

石橋草侍・里中哲彦・島田浩史

研究社

はじめに

「英単語の学習はつまらない」と多くの受験生はこぼします。

たしかに，単語をひたすら暗記するのは退屈で無味乾燥になりがちです。

しかし，見方や工夫によっては楽しくなるものです。単語学習をつうじて，「現代社会を見る目」が変わるとしたらどうでしょうか。きっと「知」の広がりを感じ，学ぶことのおもしろさを実感するはずです。

知識とは語彙です。少ない語彙では，ものごとを正しく理解することができないうえに，深く思考することもできません。語彙を増やすことで，おのずと知識は身につきます。

語彙が少ないと，「適切な言語化」というスキルはとうてい身につきません。それどころか，先立つ語彙がなければ，最低限のコミュニケーションさえ成立しません。

「文法力がないと，ほとんど伝わらない。語彙がないと，まったく伝わらない」は，外国語を学ぶうえでの鉄則です。このことをぜひ肝に銘じておいてください。

みなさんは最高学府といわれる大学で学ぼうとしています。そこでどんな知的刺激を受けることができるのか楽しみにしているにちがいありません。

難関大といわれる大学の入試英語長文を眺めてみましょう。多岐にわたる分野の英文が出題されていることに驚かれるはずです。なかには時代に即した専門性の高い英文を出している超難関大もあります。英作文（英語表現）の問題においてすら，こうした傾向はますます強まりつつあります。

このことは何を意味しているのでしょうか。

大学側は，「幅広い知識」のみならず，学部に直結する「専門性」を身につけた優秀な学生をとりたいという意思を表明しているのです。

大学がどのような学生に入学してほしいかという基本理念を「アドミッション・ポリシー」と言いますが，それが最も色濃く出ているのが入試問題です。

入試問題には，どんな知性や知識を持った学生に来てほしいのかという独自のメッセージが込められています。大学入試というのは，大学が獲得したい受験生に向けた，いわば「条件付きの招待状」なのです。

「あなたは本学が要求するものに見合う力を示すことができますか」

そうしたことを問うているのが大学入試なのです。このような視点で入試問題を眺めれば，みなさんの学習意欲もおのずと変わってくるにちがいありません。

時代は変わります。

それとともに，使用単語も変わっていきます。廃語（死語）となって消えてゆく語彙がある一方，新語もまた続々と登場しています。

「最前線」の英単語を獲得しなければ，これから始まろうとする時代を読み解くことはできません。本書では，現代社会を反映した英単語を数多く取り込み，新時代の大学入試に対応できるようにさまざまな工夫をしました。

本書には「知恵の樹の実」がたくさん詰まっています。それらがみなさんの中で大きく育つことを願ってやみません。

石橋草侍
里中哲彦
島田浩史

索引

コラム

本書の特徴

その1　発音記号にはネイティブの発音に近い「カタカナ表記」を採用

単語暗記には音読が欠かせません。英語の音をしっかり出せるよう，発音記号にはできるだけネイティブの発音に近づけたカタカナを表記しました。

その2　多義性と語法にフォーカスした新しい単語レベルを設定

・Part 1　1義語　Basic Level　424語　Standard Level　145語
1単語1義で覚えるだけの語。サクサク覚えて学習効率をアップします。

・Part 2　1義語・語法あり　300語
語法は赤シートを活用して習得しやすいように工夫しています。

・Part 3　2義語　210語
2義目をしっかり覚えていくことが難関大合格の秘訣です。

・Part 4　2義語・語法あり　210語
多義性と語法の両面で覚えなければならない頻出難語です。

・Part 5　多義語　100語
3義以上の多義語を100語用意。じっくり取り組む必要があります。

その3　今までの単語集にはない最新語を数多くセレクト

Part 6では最新の大学入試長文からセレクトした合否に差のつくキーワード1111語を参照しやすいようにアルファベット順に掲載。難関大合格の切り札にしてください。

その4　長文の主要な30のテーマについて頻出の展開を例示

Part 7では合否のカギとなる入試最前線の単語を，最新の長文中で頻繁に展開される話題にあわせて覚えられるように設計。赤シートを使って効率よく覚えられるようにしました。

国公立二次試験，早慶上智，GMARCH，関関同立，私立大医学部などの難関大学に特化した入試最前線の単語をセレクトし，多義を明示し，語法を充実させました。難関大学入試でとことん差のつく単語集がここに完成しました。

本書の使い方

Part 1 〜 Part 6 の使い方

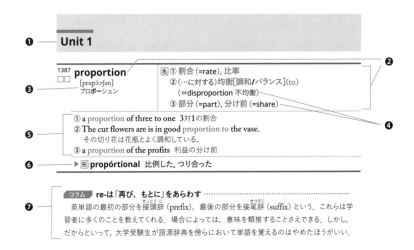

❶ ユニット方式｜ Part 2 〜 4 では暗記スケジュールの立てやすい 30 語ごと，じっくり取り組むべき Part 5 では 25 語ごとのユニットに。

❷ 見出し語と訳例・語法｜訳例と語法はすべて赤シートで消えるよう工夫。

❸ 発音｜アメリカ英語の発音を中心に，できるだけネイティブに近い音になるようにカタカナ表記。

❹ 同意語・反意語｜同意語や反意語をできる限り充実させ，その対応関係を意識化。

❺ 例文｜語法の入ったシンプルな例文。複数の意味がある語は，品詞や語義番号で対応を明記。語法を含んだ例文の重要な部分は赤シートが活用できるよう工夫。

❻ 派生語｜派生語にはアクセントの位置を明記。

❼ コラム｜接頭辞や接尾辞，重要語句の使い方についての実践的なコラム。

Part 7 の使い方

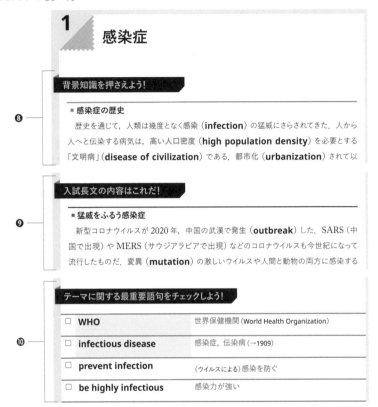

❽ **背景知識を押さえよう！** ｜ そのテーマの背景になる知識を理解しながら語彙増強が可能。

❾ **入試長文の内容はこれだ！** ｜ 入試英文に実際に出題された内容をもとに，そのテーマの英文に登場することが多い語句を太字，その意味を赤字で明記。赤シートの活用で暗記効率がアップ。

❿ **テーマに関する最重要語句をチェックしよう！** ｜ テーマに関する最も重要な語句と，あわせて覚えておきたい関連表現。文中にも登場する語句は背景を赤く，それ以外の語句は背景を白くして明示。

本書で用いた記号など

| 発 | 発音注意 |

| ア | アクセント注意 |

動 動詞　名 名詞　形 形容詞　副 副詞　前 前置詞　接 接続詞

(　)　意味の補足，語法，省略可能なことを示す。

[　]　置き換え可能なことを示す。

〈　〉　動詞の主語，他動詞の目的語を示す。

to *do*　to 不定詞

*do*ing　動名詞・現在分詞

(＝　)　同意語

(⇔　)　反意語

(→　)　他所参照。数字は単語番号。

関連　関連語

音声ダウンロード

　本単語集では音読をすることにより暗記効率をアップし，発音の改善につなげられるように，ネイティブスピーカーの音声がダウンロードできるようにしています。発音記号とカタカナ表記を見ながらネイティブ発音を聴き，音真似して発音していきましょう。

<ダウンロードの手順>

① 研究社ホームページ（https://www.kenkyusha.co.jp/）を開き，「音声・各種資料ダウンロード」をクリックする。

② 一覧から『〈大学入試〉英単語 最前線 2500』を探し，「ダウンロード」ボタンをクリックすると，ダウンロードが始まります。

③ ダウンロード完了後，解凍してご利用ください。

［音声ナレーション］

Xanthe Smith

Peter Serafin

Part 1 1義語

Basic Level	**424語**
Standard Level	**145語**

語法と多義性はないけれど頻出の単語です。音を確かめながら〈1単語＝1義〉でサクサクと覚えていきましょう。ここが入試"最前線"への第1歩です。

Basic Level

0001 □□	**abolish**	[əbáliʃ] アバリッシュ	動 …を廃止[撤廃]する
	▶ 名 **abolítion** 廃止, 撤廃		
0002 □□	**accelerate**	[əksélərèit] アク**セ**レレイト	動 …を加速する, …を促進する
	▶ 名 **accelerátion** 加速, 促進		
0003 □□	**access**	[ǽkses] **ア**クセス	名 接近(方法), 利用する権利　動 …にアクセスする
	▶ 形 **accéssible** 接近できる, 利用可能な		
0004 □□	**accurate**	[ǽkjurət] **ア**キュレット	形 (情報・数字などが)正確な, 精密な
	▶ 名 **áccuracy** 正確さ		
0005 □□	**ache**	[éik] **エ**イク	名 痛み　動 痛む
0006 □□	**admire**	[ədmáiər] アド**マ**イア(ー)	動 …を称賛する, …に感心する
	▶ 名 **admirátion** 称賛, 感心　形 **ádmirable** 称賛に値する, 見事な		
0007 □□	**advantage**	[ədvǽntidʒ] アド**ヴァ**ンテッジ	名 有利(⇔disadvantage 不利), 好都合
	▶ 形 **advantágeous** 有利な, 好都合な		
0008 □□	**advent**	[ǽdvent] **ア**ドヴェント	名 到来, 出現
0009 □□	**advertise**	[ǽdvərtàiz] **ア**ドヴァタイズ	動 …を公表する(=publicize), …を宣伝する
	▶ 名 **advertísement** 広告, 宣伝		
0010 □□	**alter**	[ɔ́ːltər] **オ**ールタ(ー)	動 …を変える, …変わる
	▶ 名 **alterátion** 変化, 変更		
0011 □□	**alternate**	[ɔ́ːltərnət] **オ**ールタネット [ɔ́ːltərnèit] **オ**ールタネイト	形 交互に起こる, 代わる代わるの 動 …を交互に行う, 交替でする
	▶ 名 **alternátion** 交互(にすること), 交替		
0012 □□	**ambition**	[æmbíʃən] アン**ビ**シュン	名 願望, 野心
	▶ 形 **ambítious** 野心的な		
0013 □□	**anniversary**	[æ̀nəvə́ːrs(ə)ri] アニ**ヴァー**サリ	名 …周年記念日, 記念行事
0014 □□	**annual**	[ǽnjuəl] **ア**ニュアル	形 毎年の, 年に1度の

0015 ☐☐	**Antarctic**	[æntά:rktik] アンタークティック	名 南極
0016 ☐☐	**apparatus**	[æpərǽtəs] アパラァタス	名 装置, 器具
0017 ☐☐	**appetite**	[ǽpətàit] アペタイト	名 食欲, 欲求
0018 ☐☐	**appliance**	[əpláiəns] アプライアンス	名 (家庭用の電気)器具
0019 ☐☐	**Arctic**	[ά:rktik] アークティック	名 北極
0020 ☐☐	**arise**	[əráiz] アライズ	動 生じる, 起こる
0021 ☐☐	**armament**	[ά:rməmənt] アーマムント	名 武装化(⇔disarmament 軍備縮小), 兵器
0022 ☐☐	**arrogant**	[ǽrəgənt] アロガント	形 横柄な, 傲慢な

▶ 名 **árrogance** 横柄さ, 傲慢さ

| 0023 ☐☐ | **ascend** | [əsénd] アセンド | 動 (…に)登る(⇔descend 降りる), 上がる |

▶ 名 **ascént** 上昇, 出世

| 0024 ☐☐ | **aspect** | [ǽspekt] アスペクト | 名 局面, 様相, 概観 |
| 0025 ☐☐ | **attain** | [ətéin] アテイン | 動 …を達成する, …を獲得する |

▶ 名 **attáinment** 達成, 学識　形 **attáinable** 到達できる

| 0026 ☐☐ | **aural** | [ɔ́:rəl] オーラル | 形 聴覚の, 耳の |
| 0027 ☐☐ | **authority** | [əθɔ́:rəti] オソーリティ | 名 権威(者), 権限, 当局 |

▶ 動 **áuthorize** …に権限を与える, …を許可する　形 **authóritative** 権威のある

0028 ☐☐	**autograph**	[ɔ́:təgræf] オートグラーフ	名 (有名人の)サイン, 直筆　動 …に(有名人が)サインする
0029 ☐☐	**bald**	[bɔ́:ld] ボールド	形 (頭が)はげた, 草木のはえてない
0030 ☐☐	**banish**	[bǽniʃ] バァニッシュ	動 …を追放する(= exile), …を追い払う

▶ 名 **bánishment** 追放

| 0031 ☐☐ | **bare** | [béər] ベア(ー) | 形 むき出しの, 裸の |

▶ 副 **bárely** かろうじて, なんとか

0032	**barn**	[bá:rn] バーン	名 納屋, 家畜小屋
0033	**bloom**	[blú:m] ブルーム	名 花, 開花　動〈花が〉咲く, …を開花させる
0034	**blossom**	[blásəm] ブラッサム	名 (主に果樹の)花, 開花(期)
0035	**boast**	[bóust] ボウスト	動 (…を)自慢げに言う　名 自慢の種

▶ 形 **bóastful** 自慢している

0036	**bold**	[bóuld] ボウルド	形 大胆な, ずうずうしい
0037	**boundary**	[báundəri] バウンダリ	名 境界(線), 限界
0038	**bully**	[búli] ブリ	名 いじめっ子　動 …をいじめる
0039	**bury**	[béri] 発 ベリ	動 …を埋める, …を埋葬する

▶ 名 **búrial** 埋葬

0040	**calculate**	[kǽlkjulèit] キャルキュレイト	動 …を計算する, …を推定する

▶ 名 **calculátion** 計算, 推定

0041	**calling**	[kɔ́:liŋ] コーリング	名 天職, 職業
0042	**carve**	[ká:rv] カーヴ	動 …を彫る, …を刻む
0043	**casualty**	[kǽʒuəlti] キャジュアルティ	名 死傷者, 犠牲者
0044	**chat**	[tʃǽt] チャ(ー)ット	動 おしゃべりする, (コンピュータで)チャットする 名 おしゃべり, チャット
0045	**chatter**	[tʃǽtər] チャタ(ー)	動 ペチャクチャしゃべる　名 (たわいない)おしゃべり
0046	**choke**	[tʃóuk] チョウク	動 …を窒息させる, 窒息する,〈言葉など〉を詰まらす
0047	**circulate**	[sə́:rkjulèit] サーキュレイト	動 循環する, 拡がる, 流通する

▶ 名 **circulátion** 循環, 流通, 発行部数　形 **círcular** 循環している, 円形の

0048	**cite**	[sáit] サイト	動 …を引用する, …に言及する
0049	**clarify**	[klǽrəfài] クラァリファイ	動 …を明らかにする

▶ 名 **clárity** (論理の)明快さ, 澄んでいること　名 **clarificátion** 明確化

4

0050	**clash**	[klǽʃ] クラァ(ー)ッシュ	名 対立, 衝突 動 〈意見・考えが〉対立する, 〈軍隊が〉衝突する
0051	**colony**	[káləni] カロニ	名 植民地

▶ 動 **cólonize** …を植民地にする　形 **colónial** 植民地の

0052	**commerce**	[kámə:rs] カマース	名 商業, 通商

▶ 動 **commércialize** …を商業化する　形 **commércial** 商業(上)の, 営利的な

0053	**committee**	[kəmíti] クミティ	名 委員会
0054	**commodity**	[kəmádəti] クマディティ	名 商品, 有用なもの
0055	**compassion**	[kəmpǽʃən] クンパァシュン	名 思いやり, 同情

▶ 形 **compássionate** 同情的な

0056	**complement**	[kámpləmènt] カンプレメント	動 …を補完する　名 補完物

▶ 形 **compleméntary** 補完的な, 補足的な

0057	**compliment**	[kámpləmənt] カンプリムント	名 賛辞, ほめ言葉　動 …をほめる

▶ 形 **compliméntary** 無料の, あいさつの

0058	**comprehend**	[kàmprəhénd] カンプリヘンド	動 …を理解する(= understand)

▶ 名 **comprehénsion** 理解(力)　形 **comprehénsive** 包括的な, 総合的な
▶ 形 **comprehénsible** 理解できる

0059	**conceal**	[kənsí:l] クンスィール	動 …を隠す, …を秘密にする

▶ 名 **concéalment** 隠蔽, 隠匿

0060	**concrete**	[kànkrí:t] カンクリート	形 具体的な, 現実の, コンクリート製の
0061	**conquer**	[káŋkər] カンカ(ー)	動 …を克服する, …を征服する

▶ 名 **cónquest** 克服, 征服　名 **cónqueror** 征服者

0062	**conscience**	[kánʃəns] 発 カンシャンス	名 良心

▶ 形 **consciéntious** 良心的な

0063	**consensus**	[kənsénsəs] クンセンサス	名 (意見の)一致, コンセンサス

0064	conserve	[kənsə́:rv] クンサーヴ	動 …を保存する, …を大切に使う

▶ 名 conservátion 保存, 保護　形 consérvative 保守的な, 控えめな

0065	contain	[kəntéin] クンテイン	動 (中身の全体または一部として)…を含む

▶ 名 contáiner 容器, コンテナ

0066	corrupt	[kərʌ́pt] クラプト	動 …を堕落させる, …を買収する　形 堕落した, 腐敗した

▶ 名 corrúption 堕落

0067	countless	[káuntləs] カウントゥレス	形 数え切れない (= innumerable), 無数の
0068	courteous	[kə́:rtiəs] カーティアス	形 礼儀正しい, ていねいな

▶ 名 cóurtesy 礼儀正しさ

0069	coward	[káuərd] カウアド	名 臆病者

▶ 名 cówardice 臆病　形 cówardly 臆病な, 意気地のない

0070	craft	[krǽft] クラァフト	名 (特殊技能が必要な)仕事, 技術

▶ 名 cráftsman 職人, 熟練工

0071	crash	[krǽʃ] クラァ(ー)ッシュ	動 〈乗り物が〉衝突する, 墜落する　名 衝突, 墜落
0072	crop	[krάp] クラップ	名 作物, 収穫
0073	crucial	[krú:ʃəl] クルーシャル	形 欠くことのできない (= critical), きわめて重大な
0074	crush	[krʌ́ʃ] クラッシュ	動 …を押しつぶす, …を粉々にする
0075	damp	[dǽmp] ダァンプ	形 湿った, 湿気を帯びた, じめじめした
0076	decay	[dikéi] ディケイ	動 腐る, 衰える　名 腐敗, 衰退
0077	deceive	[disí:v] ディスィーヴ	動 …をだます, …を欺く

▶ 名 decéit だますこと, 詐欺　名 decéption だますこと, 詐欺
▶ 形 decéitful (人が)うそつきの　形 decéptive (物が)虚偽の

0078	decent	[dí:s(ə)nt] ディーセント	形 まともな, きちんとした (⇔ indecent 下品な)

▶ 名 décency 品格, 礼儀正しさ

0079	**deed**	[díːd] ディード	名 行為, 実行

0080	**defect**	[díːfekt] ディーフェクト	名 欠陥, 短所

▶ 形 **deféctive** 欠陥のある, 不完全な

0081	**degrade**	[digréid] ディグレイド	動 〈人など〉の品位を下げる, …を悪化させる

▶ 名 **degradátion** 低下, 劣化

0082	**dense**	[déns] デンス	形 密集した, 密度の高い

▶ 名 **dénsity** 密集, (人口)密度

0083	**department**	[dipάːrtmənt] ディパートムント	名 (大学の)学科, (政府の)省, (会社・自治体の)部(門)

0084	**deplore**	[diplɔ́ːr] ディプロア(ー)	動 …を強く非難する, …を嘆かわしく思う

▶ 形 **deplórable** 嘆かわしい

0085	**deposit**	[dipάzit] ディパズィット	動 〈貴重品・お金など〉を預ける 名 預金

0086	**despise**	[dispáiz] ディスパイズ	動 …を軽蔑する, …をひどく嫌う(= hate)

0087	**destination**	[dèstənéiʃən] デスティネイシュン	名 目的地, 行き先

0088	**destiny**	[déstəni] デスティニ	名 運命, 宿命

▶ 形 **déstined** 運命づけられた

0089	**dig**	[díg] ディッグ	動 (…を)掘る

0090	**digital**	[dídʒətl] ディジトゥル	形 デジタルの, 数字の

▶ 名 **dígit** (数字の)桁

0091	**dignity**	[dígnəti] ディグニティ	名 威厳, (行動・外見などの)落ち着き

▶ 動 **dígnify** …に威厳を与える

0092	**dim**	[dím] ディム	形 薄暗い, ぼやけた 動 …を薄暗くする

0093	**diminish**	[dimíniʃ] ディミニッシュ	動 …を減らす, 減る

0094	**diplomacy**	[diplóuməsi] ディプロウマスィ	名 外交, 外交的手腕

▶ 形 **diplomátic** 外交(上)の, 駆け引きのうまい 名 **díplomat** 外交官

0095	**disabled**	[diséibld] ディスエイブルド	形 (身体・精神に)障害のある

▶ 名 **disabílity** 身体障害

0096	**discard**	[diskáːrd] ディスカード	動 …を捨てる, …を廃棄する

0097	**disclose**	[disklóuz] ディスクロウズ	動 …を暴露する, …を明らかにする

▶ 名 **disclósure** 暴露, 公開

0098	**disgust**	[disgʌ́st] ディスガスト	動 …を不快にさせる　名 嫌悪(感), 反感

0099	**displace**	[displéis] ディスプレイス	動 …に取って代わる, …を追放する

0100	**disregard**	[disrigáːrd] ディスリガード	動 …を無視する(= ignore)　名 無視, 軽視

0101	**distinction**	[distíŋ(k)ʃən] ディスティン(ク)ション	名 区別, 卓越

▶ 形 **distínctive** 独特の, 明確に区別できる
▶ 形 **distínct** はっきり区別できる, まったく異なった

0102	**distribute**	[distríbjuːt] ディストゥリビュート	動 …を分配する, …を販売する, …を散布する

▶ 名 **distribútion** 分配, 流通, 分布

0103	**district**	[dístrikt] ディストゥリクト	名 (行政・選挙などの)地区, (特色のある)地域

0104	**diversity**	[divə́ːrsəti] ディヴァースィティ	名 多様性, 相違

▶ 形 **divérse** 様々な, 多様な

0105	**divert**	[divə́ːrt] ディヴァート	動 …を変更する, 〈注意など〉をそらす

▶ 名 **divérsion** そらすこと, 気晴らし

0106	**dizzy**	[dízi] ディズィ	形 目まいがする, ふらふらする

0107	**domain**	[douméin] ドウメイン	名 (知識・活動などの)領域, 分野, 領地

0108	**dominant**	[dámənənt] ダミナント	形 支配的な, 優勢な, 有力な

▶ 名 **dóminance** 優越, 支配

0109	**dominate**	[dámənèit] ダミネイト	動 …を支配する, …で優位を占める

▶ 名 **dominátion** 支配, 優勢

0110	**drastic**	[drǽstik] ドゥ**ラ**アスティック	形 徹底的な, 抜本的な
	▶ 副 **drástically** 徹底的に, 思い切って		
0111	**drawback**	[drɔ́ːbæk] ドゥ**ロー**バァ(ー)ック	名 欠点, 短所
0112	**dread**	[dréd] ドゥ**レ**ッド	動 …を恐れる 名 恐怖, 不安
	▶ 形 **dréadful** 恐ろしい, ひどい		
0113	**drift**	[dríft] ドゥ**リ**フト	動 漂流する, 漂う 名 (人口などの)移動
0114	**drought**	[dráut] ドゥ**ラ**ウト	名 干ばつ, 不足
0115	**dumb**	[dʌ́m]発 **ダ**ム	形 口のきけない, 言葉を失って
0116	**elaborate**	[ilǽb(ə)rət] イ**ラ**アボレット	形 手の込んだ, 入念な, 精巧な
	▶ 名 **elaborátion** 入念(に作ること), (文章の)推敲		
0117	**eloquent**	[éləkwənt] **エ**ロクウェント	形 雄弁な, 表情豊かな
	▶ 名 **éloquence** 雄弁		
0118	**embody**	[imbάdi] イン**バ**ディ	動 …を具体化する, …を体現する
	▶ 名 **embódiment** 具体化, 権化		
0119	**emerge**	[imə́ːrdʒ] イ**マ**ージ	動 現れる, 明らかになる
	▶ 名 **emérgence** 出現, 発生		
0120	**emergency**	[imə́ːrdʒənsi] イ**マ**ージェンスィ	名 非常事態, 危機的状況
0121	**encounter**	[inkáuntər] イン**カ**ウンタ(ー)	動 …に遭遇する 名 (思いがけない)出会い, 遭遇
0122	**encyclopedia**	[insàikləpíːdiə] インサイクロ**ピ**ーディア	名 百科事典
0123	**endanger**	[indéindʒər] イン**デ**インジャ(ー)	動 …を危険にさらす, …を滅亡の危機にさらす
0124	**endure**	[ind(j)úər] イン**デュ**ア(ー)	動 …を我慢する, 持ちこたえる
	▶ 名 **endúrance** 忍耐(力), 耐久性		
0125	**enroll**	[inróul] イン**ロ**ウル	動 (…を)登録する, …を入学[入会]させる, 入学[入会]する
	▶ 名 **enróllment** 登録, 入学		

0126	eruption	[irʌ́pʃən] イラプシュン	名 (火山の)噴火, (感情の)爆発

▶ 動 erúpt 噴火する, 爆発する

0127	estate	[istéit] イステイト	名 地所, 土地, 財産

0128	esteem	[istíːm] イスティーム	動 …を尊重する, …を尊敬する　名 尊重, 尊敬

0129	eventual	[ivéntʃuəl] イヴェンチュアル	形 (長い期間を経て)最終的な

▶ 副 evéntually 結局は, ついに

0130	exclaim	[ikskléim] イクスクレイム	動 (興奮・驚きで突然)叫ぶ, 大声で話す

▶ 名 exclamátion 叫び声, 感嘆すること

0131	exclude	[iksklúːd] イクスクルード	動 …を除外する, …を締め出す

▶ 名 exclúsion 除外, 排除　形 exclúsive 排他的な, 独占的な

0132	expand	[ikspǽnd] イクスパァンド	動 (…を)拡大する, (…を)展開する

▶ 名 expánsion 拡大, 展開　名 expánse 拡がり, 広々とした場所

0133	expedition	[èkspədíʃən] エクスペディシュン	名 探検(隊), 遠征(隊)

0134	expenditure	[ikspénditʃər] イクスペンディチャ(ー)	名 支出, 出費

0135	explore	[ikspló:r] イクスプロア(ー)	動 …を探検する, …を調査する

▶ 名 explorátion 探検, 調査　名 explórer 探検家

0136	extend	[iksténd] イクステンド	動 …を延ばす, 延びる

▶ 名 exténsion 延長, 拡張, 内線(電話)　形 exténsive 大規模な, 広範囲に及ぶ

0137	exterior	[ikstí(ə)riər] イクスティ(ア)リア(ー)	形 外部の, 屋外の　名 外部, 外見

0138	extract	[ikstrǽkt] イクストゥラァクト	動 …を抽出する, …を抜き出す, …を抜粋する

0139	extreme	[ikstríːm] イクストゥリーム	形 極度の, 過激な　名 極端(な行為)

0140	fade	[féid] フェイド	動 色あせる, 消え去る, (徐々に)衰える

0141	fame	[féim] フェイム	名 名声

0142 famine ☐☐	[fǽmin] ファミン	名 飢饉, 不足, 欠乏
0143 fatal ☐☐	[féitl] フェイトゥル	形 致死的な, 破滅的な

▶ 名 fatálity （fatalitiesの形で）不慮の死, 死亡者（数）

0144 fate ☐☐	[féit] フェイト	名 運命
0145 feat ☐☐	[fíːt] フィート	名 偉業, 功績
0146 feeble ☐☐	[fíːbl] フィーブル	形 弱い, 効果のない
0147 fetch ☐☐	[fétʃ] フェッチ	動 …を（行って）取ってくる, …を（行って）連れてくる
0148 flesh ☐☐	[fléʃ] フレッシュ	名 （人・動物の皮・骨に対する）肉, 皮膚
0149 flock ☐☐	[flάk] フラック	名 （羊・ヤギ・鳥などの）群れ, （人の）一団, （a flock of …の形で）多数の… 動 群がる
0150 flourish ☐☐	[flə́ːriʃ] フラーリッシュ	動 繁栄する（= thrive）, 繁盛する, 繁茂する
0151 fluid ☐☐	[flúːid] フルーイッド	名 液体, 流動体 形 流動的な, 優雅な
0152 folly ☐☐	[fάli] ファリ	名 愚かさ, 愚行
0153 forecast ☐☐	[fɔ́ːrkæ̀st] フォーキャスト	名 予報, 予想 動 …を予報する, …を予想する
0154 foresee ☐☐	[fɔːrsíː] フォースィー	動 …を予想する, …を予測する

▶ 名 fóresight 先見の明, 先見性 形 foreséeable 予見できる

0155 forsake ☐☐	[fərséik] フセイク	動 …を見捨てる（= abandon）, 〈主義や習慣など〉をやめる
0156 foster ☐☐	[fɔ́stər] ファスタ(ー)	動 …を育成する, …を養育する, …を促進する
0157 found ☐☐	[fáund] ファウンド	動 …を設立する, …を創立する

▶ 名 foundátion 基礎, 財団, 創設

0158 fragment ☐☐	[frǽgmənt] フラァグムント	名 破片, 断片 動 バラバラになる
0159 frontier ☐☐	[frʌntíər] フランティア(ー)	名 （他国との）国境, 辺境, （学問などの）最先端
0160 frown ☐☐	[fráun] フラウン	動 眉をひそめる, （不満・怒りで）顔をしかめる

0161	**fruitful**	[frú:tf(ə)l] フルートフル	形 実りの多い (= productive), 有益な
□□			

0162	**fundamental**	[fʌndəméntl] ファンダメントゥル	形 基本的な, 不可欠の 名 (fundamentalsの形で) 基本, 原理
□□			

0163	**fund**	[fʌ́nd] ファンド	名 基金, 資金 動 …に資金を提供する
□□			

0164	**fuss**	[fʌ́s] ファス	動 大騒ぎする 名 (ささいなことでの) 大騒ぎ (=ado)
□□			

▶ 形 **fússy** (ささいなことに) うるさい, 気むずかしい

0165	**garment**	[gáːrmənt] ガームント	名 衣服
□□			

0166	**gasp**	[gǽsp] ギャスプ	動 思わず息をのむ, (空気を吸おうと) あえぐ 名 思わず息をのむこと, あえぎ
□□			

0167	**gender**	[dʒéndər] ジェンダ (一)	名 (文化的・社会的な) 性別, ジェンダー
□□			

0168	**generate**	[dʒénərèit] ジェネレイト	動 …を生み出す, 〈電気など〉を発生させる
□□			

▶ 名 **generátor** 発電機

0169	**germ**	[dʒə́ːrm] ジャーム	名 細菌, 病原菌
□□			

0170	**glimpse**	[glím(p)s] グリン(プ)ス	名 ちらりと見えること 動 …をちらりと見る
□□			

0171	**glory**	[glɔ́:ri] グローリ	名 栄光, 讃美, 荘厳
□□			

▶ 形 **glórious** 栄誉ある, 輝かしい

0172	**glow**	[glóu] グロウ	動 光を放つ, 輝く, 〈身体が〉ほてる 名 輝き, (身体の) ほてり
□□			

0173	**grab**	[grǽb] グラァ(一)ップ	動 …を不意につかむ, …をひったくる 名 不意につかむこと, ひったくり
□□			

0174	**grain**	[gréin] グレイン	名 穀物, (穀物などの) 粒
□□			

0175	**groan**	[gróun] グロウン	動 うめき声をあげる (= moan), 不平を言う 名 うめき声
□□			

0176	**grocery**	[gróus(ə)ri] グロウサリ	名 食料雑貨店, (groceriesの形で) 食料雑貨
□□			

0177	**guarantee**	[gæ̀rəntíː] ギャランティー	動 …を保証する 名 保証 (するもの)
□□			

0178	**habitat**	[hǽbətæ̀t] ハァビタァット	名 生息地, 自生地
□□			

0179	**handle**	[hǽndl] ハァンドゥル	動 〈状況や問題など〉を扱う, …を処理する 名 (ドアなどの) 取っ手
□□			

0180 ☐☐	**harvest**	[háːrvist] ハーヴェスト	名 収穫(期), 収穫高　動 …を収穫する

0181 ☐☐	**hazard**	[hǽzərd] ハァザド	名 危険なもの, 脅威

▶ 形 **házardous** 危険な, 危険が多い

0182 ☐☐	**heed**	[híːd] ヒード	動 …に注意を払う

0183 ☐☐	**heir**	[éər]発 エア(ー)	名 相続人

0184 ☐☐	**holy**	[hóuli] ホウリ	形 神聖な, 信心深い

0185 ☐☐	**hospitable**	[háspitəbl] ハスピタブル	形 (人を)親切にもてなす, (環境が)快適な

▶ 名 **hospitálity** 親切なもてなし, 接待

0186 ☐☐	**hostile**	[hástail] ハスタイル	形 敵意のある, 強く反対で, 敵の

▶ 名 **hostílity** 敵意, 反感

0187 ☐☐	**humanitarian**	[hjuːmæ̀nəté(ə)riən] ヒューマァニテ(ア)リアン	形 人道的な　名 人道主義者

0188 ☐☐	**humid**	[hjúːmid] ヒューミッド	形 湿気の多い, (高温)多湿の

▶ 名 **humídity** 湿気, 湿度

0189 ☐☐	**illustrate**	[íləstrèit] イラストゥレイト	動 …を説明する, …を例証する

▶ 名 **illustrátion** 説明, イラスト　形 **illústrative** 説明に役立つ, 実例となる

0190 ☐☐	**imprison**	[impríz(ə)n] インプリズン	動 …を投獄する, …を監禁する

▶ 名 **imprísonment** 投獄, 監禁

0191 ☐☐	**impulse**	[ímpʌls] インパルス	名 衝動, 衝撃

▶ 形 **impúlsive** 衝動的な

0192 ☐☐	**inborn**	[ìnbɔ́ːrn] インボーン	形 生まれつきの(=innate), 先天的な

0193 ☐☐	**incident**	[ínsədənt] インスィデント	名 (普通ではない)出来事, 事件

▶ 形 **incidéntal** 付随的な, 付随して起こる　副 **incidéntally** ついでながら, ところで

0194 ☐☐	**indicate**	[índikèit]発 インディケイト	動 …を示す, …をほのめかす, …の徴候である

▶ 名 **indicátion** 指示, 暗示, 徴候

0195	infinite	[ínfənət] インフィニット	形 無限の (⇔finite 有限の), 限りない
☐☐	▶ 名 infínity 無限		

0196	insight	[ínsàit] インサイト	名 洞察力, 理解
☐☐	▶ 形 ínsightful 洞察力に富む		

0197	inspect	[inspékt] インスペクト	動 …を (詳しく) 調べる, …を検査する
☐☐	▶ 名 inspéction (詳しい) 調査, 検査 名 inspéctor 調査官, 審査官		

0198	institute	[ínstət(j)ù:t] インスティテュート	動 …を設立する
☐☐	▶ 名 institútion 機構, 組織, 慣習 形 institútional 制度上の, 施設の		

0199	insult	[insʌ́lt] インサルト	動 …を侮辱する
☐☐		[ínsʌlt] インサルト	名 侮辱

0200	insurance	[inʃú(ə)rəns] インシュ(ア)ランス	名 保険, 保険料, 保険金
☐☐	▶ 動 insúre …に保険をかける		

0201	intelligible	[intélədʒəbl] インテリジブル	形 理解できる, わかりやすい
☐☐			

0202	intense	[inténs] インテンス	形 強烈な, 熱烈な
☐☐	▶ 名 inténsity 激しいこと, 強度 動 inténsify …を強める, 激しくなる		

0203	intercourse	[íntərkɔ̀:rs] インタコース	名 交流, 交際, 性交
☐☐			

0204	interior	[intí(ə)riər] インティ(ア)リア(ー)	形 内部の, 屋内の 名 内部, 内装
☐☐			

0205	internal	[intə́:rn(ə)l] インターヌル	形 内部の (⇔external 外部の), 体内の
☐☐			

0206	invade	[invéid] インヴェイド	動 …に侵入する, …を侵略する
☐☐	▶ 名 invásion 侵入, 侵略		

0207	invent	[invént] インヴェント	動 …を発明する, …をでっち上げる
☐☐	▶ 名 invéntion 発明(品) 形 invéntive 発明の才のある, 独創的な		

0208	irony	[ái(ə)rəni] アイ(ア)ロニ	名 皮肉 (な事態), 皮肉な結果
☐☐	▶ 形 irónical 皮肉の		

0209 irritate □□	[írətèit] イリテイト	動 …をいらいらさせる, …を怒らせる

▶ 名 irritátion いらだたせること　形 írritable 短気な, 怒りっぽい

0210 leak □□	[líːk] リーク	動 〈水や秘密など〉を漏らす (= disclose), 漏れる 名 漏れ(ること), (秘密の)漏洩

▶ 名 léakage 漏れ, 漏洩

0211 leap □□	[líːp] リープ	動 跳ぶ, さっと動く　名 跳躍, 飛躍

0212 legal □□	[líːg(ə)l] リーグル	形 法律(上)の (⇔illegal 違法な), 合法的な

0213 lengthen □□	[léŋ(k)θən] レン(ク)スン	動 …を長くする, 延びる

0214 linger □□	[líŋgər] リンガ(ー)	動 〈におい・記憶などが〉なかなか消えない, ぐずぐずする

0215 literal □□	[lítərəl] リテラル	形 文字通りの, 文字の

0216 lottery □□	[látəri] ラタリ	名 宝くじ, 抽選

0217 magnificent □□	[mægnífəs(ə)nt] マグニフィセント	形 壮大な, 立派な

▶ 名 magníficence 壮大さ, 素晴らしさ

0218 magnitude □□	[mǽgnət(j)ùːd] マァグニテュード	名 大きさ, 重大さ, マグニチュード(地震の規模を表す)

▶ 動 mágnify …を拡大する

0219 manifest □□	[mǽnəfèst] マァニフェスト	形 明らかな　動 …を明らかにする

▶ 名 manifestátion 明示, 兆候

0220 mankind □□	[mænkáind] 🔊 マァンカインド	名 人類, 人間

0221 mature □□	[mət(j)úər] マテュア(ー)	形 成熟した (⇔immature 未熟の), 大人びた, 熟した 動 成長する, 熟す

▶ 名 matúrity 成熟, 満期

0222 medieval □□	[mìːdiíːv(ə)l] ミーディイーヴァル	形 中世の

0223 melancholy □□	[mélənkàli] メランカリ	名 憂うつ, もの悲しさ　形 憂うつな

0224 mental □□	[méntl] メントゥル	形 精神の, 心の, 知能の

▶ 名 mentálity (物の)見方, 考え方

0225 ☐☐	**merchandise**	[má:rtʃəndàiz] マーチャンダイズ	名 商品 (= goods)　動 …の販売を促進する
0226 ☐☐	**mere**	[míər] ミア(ー)	形 単なる, ただ…だけの

▶ 副 **mérely** ただ単に…, …にすぎない

0227 ☐☐	**metropolitan**	[mètrəpálətn] メトゥロパリトゥン	形 大都市の, 主要都市の　名 大都市の住人

▶ 名 **metrópolis** 大都市, 主要都市

0228 ☐☐	**migrate**	[máigreit] マイグレイト	動 移住する, 移動する

▶ 名 **migrátion** 移住, 移動

0229 ☐☐	**mineral**	[mín(ə)rəl] ミネラル	名 鉱物, 無機物
0230 ☐☐	**minimum**	[mínəməm] ミニマム	名 最低限, 最小限　形 最低限の

▶ 動 **mínimize** …を最小にする

0231 ☐☐	**miserable**	[míz(ə)rəbl] ミズラブル	形 みじめな, 不幸な, 不愉快な

▶ 名 **mísery** みじめさ, 不幸

0232 ☐☐	**modify**	[mádəfài] マディファイ	動 …を修正する (= adapt), …を和らげる

▶ 名 **modificátion** 修正, 緩和

0233 ☐☐	**moisture**	[mɔ́istʃər] モイスチャ(ー)	名 湿気, 水分

▶ 形 **móist** 湿った

0234 ☐☐	**multitude**	[mʌ́ltət(j)ùːd] マルティテュード	名 多数, 一般大衆, (a multitude of …の形で) 多くの…
0235 ☐☐	**mutual**	[mjúːtʃuəl] ミューチュアル	形 相互の, 共通の
0236 ☐☐	**naive**	[nɑːíːv] ナーイーヴ	形 世間知らずの, 単純な, 無邪気な
0237 ☐☐	**naked**	[néikid] 発 ネイキッド	形 裸の, むきだしの
0238 ☐☐	**narrate**	[nǽreit] ナァレイト	動 …を(順序立てて)語る

▶ 名 **narrátion** 語り, ナレーション

0239 ☐☐	**nationality**	[næ̀ʃənǽləti] ナァシュナァリティ	名 国籍

Part

1

Basic Level

0240	**nationalize**	[nǽʃ(ə)nəlàiz] **ナァ**シュナライズ	動 …を国有[国営]化する
	▶ 名 **nationalizátion** 国有[国営]化		
0241	**neglect**	[niglékt] ニ**グレ**クト	動 …を気にかけない, …を怠る, …をし忘れる
	▶ 形 **negléctful** 怠慢な, 不注意な		
0242	**neutral**	[n(j)úːtrəl] **ニュー**トゥラル	形 (人・国などが) 中立の, はっきりしない
0243	**notion**	[nóuʃən] **ノウ**シュン	名 概念, 考え
0244	**novelty**	[nɑ́v(ə)lti] **ナ**ヴルティ	名 目新しさ, 斬新さ, 珍しさ
	▶ 形 **nóvel** 目新しい, 奇抜な		
0245	**nuisance**	[n(j)úːs(ə)ns] 発 **ニュー**サンス	名 やっかいな人[物], 迷惑
0246	**numerous**	[n(j)úːm(ə)rəs] **ニュー**メラス	形 多数の
0247	**nursery**	[nə́ːrs(ə)ri] **ナー**サリ	名 託児所, 保育園
0248	**obstacle**	[ɑ́bstəkl] **ア**ブスタクル	名 障害(物), 邪魔 (= hindrance)
0249	**obtain**	[əbtéin] オブ**テイ**ン	動 …を手に入れる, 通用する
	▶ 形 **obtáinable** 入手可能な		
0250	**odor**	[óudər] **オウ**ダ (ー)	名 におい, 香り
0251	**officer**	[ɔ́ːfisər] **オー**フィサ (ー)	名 公務員, 警察官
0252	**optimism**	[ɑ́ptəmìzm] **ア**プティミズム	名 楽観主義 (⇔ pessimism 悲観主義)
	▶ 形 **optimístic** 楽観的な　名 **óptimist** 楽観主義者		
0253	**oral**	[ɔ́ːrəl] **オー**ラル	形 口頭の, 口の
0254	**orbit**	[ɔ́ːrbit] **オー**ビット	名 軌道
0255	**organ**	[ɔ́ːrgən] **オー**ガン	名 臓器, (動植物の) 器官, (政府などの) 機関
0256	**organism**	[ɔ́ːrgənìzm] **オー**ガニズム	名 有機体, 生物
	▶ 形 **orgánic** 有機(体)の, 有機的な		

17

0257	origin	[ɔ́(:)rədʒin] オ(ー)リジン	名 起源, 生まれ

▶ 動 oríginate 生じる, 始まる

0258	outstanding	[àutstǽndiŋ] アウトスタァンディング	形 傑出した, 優れた, 目立った

0259	overcome	[òuvərkʌ́m] オウヴァカム	動 …を克服する, …に打ち勝つ

0260	overtake	[òuvərtéik] オウヴァテイク	動 …を追い越す, …にまさる

0261	paradox	[pǽrədàks] パァラダックス	名 逆説, 矛盾

▶ 形 paradóxical 逆説的な

0262	passive	[pǽsiv] パァッスィヴ	形 受動的な, 消極的な

▶ 名 passívity 受動性, 消極性

0263	pavement	[péivmənt] ペイヴムント	名 (舗装した)歩道[道路]

0264	pension	[pénʃən] ペンシュン	名 年金

0265	perceive	[pərsíːv] パスィーヴ	動 …を知覚する, …を理解する

▶ 名 percéption 知覚, 理解　形 percéptible 知覚できる
▶ 形 percéptive 知覚の鋭い, 鋭敏な

0266	perfume	[pə́ːrfjuːm] パーフューム [pə(ː)rfjúːm] パ(ー)フューム	名 香水, かおり 動 …に香料をつける

0267	periodical	[pi(ə)riádik(ə)l] ピ(ア)リアディクル	名 (日刊以外の)定期刊行物　形 定期的な

▶ 形 periódic 定期的な

0268	permanent	[pə́ːrm(ə)nənt] パーマネント	形 永久の, 不変の

▶ 名 pérmanence 永久, 不変

0269	petroleum	[pətróuliəm] ペトゥロウリアム	名 石油

0270	phase	[féiz] フェイズ	名 (発達・変化の)段階, 局面

0271	polish	[páliʃ] パリッシュ	動 …を磨く, …に磨きをかける　名 磨くこと, 光沢

0272	**portion**	[pɔ́ːrʃən] ポーシュン	名 部分, (食べ物の)1人前, 分担
0273	**potent**	[póutənt] ポウテント	形 効力がある, 有力な
0274	**potential**	[pəténʃəl] ポテンシャル	形 潜在的な, 可能性を秘めた　名 可能性, 資質
0275	**practical**	[præktik(ə)l] プラクティクル	形 現実的な, 実用的な

　▶ 副 **práctically** 実質的に, ほとんど

| 0276 | **precede** | [prisíːd]
プリスィード | 動 …に先行する, …より先に起こる |

　▶ 名 **precédence** 先行, 優先　名 **précedent** 先例, 前例

| 0277 | **precise** | [prisáis]
プリサイス | 形 正確な, 精密な |

　▶ 名 **precísion** 正確さ, 精密(さ)

| 0278 | **previous** | [príːviəs]
プリーヴィアス | 形 (時間・順序が) 前の (= prior) (⇔following 次の), 以前の |
| 0279 | **prior** | [práiər]
プライア(ー) | 形 (時間・順序が) 前の, 優先する |

　▶ 名 **priórity** 優先, 優先順位

| 0280 | **privatize** | [práivətàiz]
プライヴァタイズ | 動 …を民営化する |

　▶ 名 **privatizátion** 民営化

| 0281 | **profession** | [prəféʃən]
プロフェシュン | 名 (専門的で訓練を必要とする)職業 |
| 0282 | **prospect** | [práspekt]
プラスペクト | 名 見通し, 可能性 |

　▶ 形 **prospéctive** 見込みのある, 起こりそうな

| 0283 | **prosper** | [práspər]
プラスパ(ー) | 動 繁栄する, 繁殖する |

　▶ 名 **prospérity** 繁栄, (主に経済的な)成功　形 **prósperous** 繁栄した, 成功した

| 0284 | **punctual** | [pʌ́ŋ(k)tʃuəl]
パン(ク)チュアル | 形 時間厳守の, 時間通りの |

　▶ 名 **punctuálity** 時間厳守

| 0285 | **purchase** | [pɔ́ːrtʃəs]
パーチェス | 名 購入(品)　動 …を購入する |
| 0286 | **pursue** | [pərsúː]
パスー | 動 〈目標・夢など〉を追求する, …を追跡する |

　▶ 名 **pursúit** 追求, 追跡

0287 ☐☐	**puzzle**	[pʌ́zl] パズル	動〈人〉を悩ませる, 〈人〉を困らせる 名難問, 謎
0288 ☐☐	**queer**	[kwíər] クウィア(ー)	形奇妙な, 不思議な
0289 ☐☐	**radiate**	[réidièit] レイディエイト	動〈光や熱などが〉放射[放出]する, 表れる

▶ 名 **radiátion** 放射, 発散   形 **rádiant** 放射の, きらきらと輝く

0290 ☐☐	**reap**	[ríːp] リープ	動…を収穫する, 〈利益など〉を得る
0291 ☐☐	**recite**	[risáit] リサイト	動…を暗唱する, …を朗読する

▶ 名 **recitátion** 暗唱, 朗読

0292 ☐☐	**recollect**	[rèkəlékt] レクレクト	動…を思い出す, …を回想する

▶ 名 **recolléction** 記憶(力), 回想

0293 ☐☐	**refine**	[rifáin] リファイン	動…を洗練する, 〈石油や金属など〉を精製する

▶ 名 **refínement** 洗練, 精製

0294 ☐☐	**reflex**	[ríːfleks] リーフレックス	名 (reflexesの形で)反射神経
0295 ☐☐	**refuge**	[réfjuːdʒ] レフュージ	名避難, 保護, 逃げ場
0296 ☐☐	**refugee**	[rèfjudʒíː] レフュジー	名難民, 亡命者
0297 ☐☐	**regulate**	[régjulèit] レギュレイト	動…を規制する, …を調整する

▶ 名 **regulátion** 規制, 調整

0298 ☐☐	**reject**	[ridʒékt] リジェクト	動…を拒絶する, …を却下する

▶ 名 **rejéction** 拒絶, 拒否

0299 ☐☐	**remedy**	[rémədi] レメディ	名解決策, 治療(法) 動…を治療する, …を改善する
0300 ☐☐	**remote**	[rimóut] リモウト	形 (距離的・時間的に)遠く離れた, 遠隔操作の
0301 ☐☐	**resident**	[rézədənt] レズィデント	名居住者, 住民 形居住している
0302 ☐☐	**resign**	[rizáin] リザイン	動 (…を)辞職する, (…を)辞任する

▶ 名 **resignátion** 辞任, 辞職, 辞表

0303 □□	**respective**	[rispéktiv] リスペクティヴ	形 それぞれの, 各自の
0304 □□	**restore**	[ristɔ́:r] リストア(ー)	動 …を回復する, …を戻す
	▶ 名 **restorátion** 回復, 復元		
0305 □□	**retain**	[ritéin] リテイン	動 …を保つ, …を維持する
0306 □□	**reverse**	[rivə́:rs] リヴァース	動 …を逆にする, …を反対にする 名 逆, 反対
0307 □□	**revise**	[riváiz] リヴァイズ	動 …を修正する, …を改訂する
	▶ 名 **revísion** 修正, 改訂		
0308 □□	**revive**	[riváiv] リヴァイヴ	動 …を生き返らせる, …を復活させる[する], 生き返る
	▶ 名 **revíval** 生き返らせること, 復活, 再上演		
0309 □□	**ridicule**	[rídəkjù:l] リディキュール	名 あざけり, 嘲笑 動 …をあざ笑う, …を嘲笑する
	▶ 形 **ridículous** ばかげた, とんでもない		
0310 □□	**ruin**	[rú:in] ルーイン	動 …をだめにする, …を台無しにする 名 荒廃, 破滅, (ruinsの形で)廃墟
0311 □□	**rural**	[rú(ə)rəl] ル(ア)ラル	形 田舎の, 農村の
0312 □□	**rust**	[rʌ́st] ラスト	形 (金属の)さび 動 さびる, …をさびつかせる
	▶ 形 **rústy** さびついた, (能力が)衰えた		
0313 □□	**rustic**	[rʌ́stik] ラスティック	形 (素朴さを強調して)田舎の, 質素な
0314 □□	**sacred**	[séikrəd] セイクレッド	形 神聖な, 宗教的な
0315 □□	**sacrifice**	[sǽkrəfàis] サァクリファイス	名 犠牲 動 …を犠牲にする
0316 □□	**sanitary**	[sǽnətèri] サァニテリ	形 公衆衛生の, 衛生的な
	▶ 名 **sanitátion** 公衆衛生, 衛生設備		
0317 □□	**savage**	[sǽvidʒ] サァヴェッジ	形 どう猛な, 残酷な 名 未開人, 野蛮人
0318 □□	**scatter**	[skǽtər] スキャタ(ー)	動 …をまき散らす, …をばらまく
0319 □□	**scent**	[sént] セント	名 香り, におい 動 〈獲物〉をかぎつける

0320 scope ▢▢	[skóup] スコウプ	名 範囲, 程度
0321 sculpture ▢▢	[skʌ́lptʃər] スカルプチャ(ー)	名 彫刻, 彫像　動 (…を)彫刻する
▶ 名 scúlptor 彫刻家		
0322 seed ▢▢	[síːd] スィード	名 種, 種子　動 種をまく
0323 sew ▢▢	[sóu] 発 ソウ	動 …を縫う
0324 shallow ▢▢	[ʃǽlou] シャロウ	形 浅い, 浅薄な
0325 sheer ▢▢	[ʃíər] シア(ー)	形 全くの, 真の, まさに…の
0326 shiver ▢▢	[ʃívər] シヴァ(ー)	動 震える　名 震え, 身震い
0327 shortcoming ▢▢	[ʃɔ́ːrtkʌ̀miŋ] ショートカミング	名 欠点, 短所
0328 sigh ▢▢	[sái] サイ	動 ため息をつく　名 ため息
0329 sink ▢▢	[síŋk] スィンク	動 沈む, 衰える, …を沈める
0330 sip ▢▢	[síp] スィップ	動 (…を)少しずつ飲む　名 (飲み物の)一口
0331 site ▢▢	[sáit] サイト	名 (事件などの)現場, 敷地, (インターネットの)サイト
0332 slap ▢▢	[slǽp] スラァ(ー)ップ	動 (…を)平手打ちする　名 平手打ち
0333 soar ▢▢	[sɔ́ːr] ソア(ー)	動 急上昇する, (空高く)舞い上がる
0334 sob ▢▢	[sáb] サッブ	動 むせび泣く, 泣きじゃくる　名 むせび泣き
0335 sole ▢▢	[sóul] ソウル	形 唯一の, 独占的な (= exclusive)
▶ 副 sólely 単に, もっぱら		
0336 sore ▢▢	[sɔ́ːr] ソア(ー)	形 (体などが)痛い, 心の痛む
0337 sorrow ▢▢	[sárou] サロウ	名 悲しみ, 不幸
▶ 形 sórrowful 悲しげな		
0338 span ▢▢	[spǽn] スパァン	名 (ある一定の)期間, (時間の)長さ

0339 □□	**splendid**	[spléndid] スプレンディッド	形 素晴らしい (= excellent), 豪華な
	▶ 名 **spléndor** 豪華さ, 素晴らしさ		
0340 □□	**split**	[splít] スプリット	動 …を分ける, 分かれる, 裂ける 名 割れ目, 分裂
0341 □□	**spread**	[spréd] スプレッド	動 …を広げる, 広がる 名 普及, 広がり
0342 □□	**stable**	[stéibl] ステイブル	形 安定した, 落ち着いた
	▶ 名 **stabílity** 安定, 持続		
0343 □□	**stain**	[stéin] ステイン	動 …を汚す, …を着色する 名 しみ, 染料
	▶ 形 **stáinless** 汚れのない, さびない		
0344 □□	**startle**	[stá:rtl] スタートゥル	動 …をびっくりさせる, …を驚かせる
0345 □□	**statistics**	[stətístiks] スタティスティックス	名 統計(学), 統計データ
	▶ 形 **statístical** 統計(上)の, 統計学の		
0346 □□	**statue**	[stætʃu:] スタァチュー	名 彫像, 像
0347 □□	**steady**	[stédi] ステディ	形 着実な, 変わらない, 固定された
0348 □□	**steep**	[stí:p] スティープ	形 (坂などが) 急な, 険しい
0349 □□	**stiff**	[stíf] スティフ	形 (紙・生地などが) 堅い, やっかいな
	▶ 動 **stíffen** …を堅くする, 堅くなる		
0350 □□	**stream**	[strí:m] ストゥリーム	名 (とだえない) 流れ, 小川 動 流れる
0351 □□	**stress**	[strés] ストゥレス	名 緊張, ストレス, 強調 動 …を強調する
0352 □□	**stubborn**	[stʌ́bərn] スタバン	形 頑固な, 強情な, 頑強な
0353 □□	**substance**	[sʌ́bstəns] サブスタンス	名 物質, 実質, 趣旨
	▶ 形 **substántial** 実質的な		
0354 □□	**suit**	[sú:t] スート	動 …に似合う, …に都合がよい
	▶ 形 **súitable** 適している, 適切な		

0355	summarize	[sʌ́məràiz] サマライズ	動 …を要約する
□□			

▶ 名 súmmary 要約

0356	summit	[sʌ́mit] サミット	名 頂上, 頂点
□□			

0357	superstition	[sù:pərstíʃən] スーパスティシュン	名 迷信, 固定観念
□□			

▶ 形 superstítious 迷信の

0358	suppress	[səprés] サプレス	動 …を抑える, …を抑圧する, …を鎮圧する
□□			

▶ 名 suppréssion 抑制, 抑圧　形 suppréssive 抑制の, 抑圧の

0359	swallow	[swɑ́lou] スワロウ	動 …を飲み込む, 〈うそ・話〉をうのみにする
□□			

0360	tact	[tǽkt] タァクト	名 機転, 如才のなさ
□□			

▶ 形 táctful 機転のきく, 如才ない　副 táctfully 如才なく

0361	tame	[téim] テイム	形 飼い慣らされた, 従順な　動 …を飼い慣らす
□□			

0362	tease	[tí:z] ティーズ	動 …をからかう, …をいじめる
□□			

0363	temperament	[témp(ə)rəmənt] テンペラムント	名 気質, 気性
□□			

0364	temporary	[témpərèri] テンポレリ	形 一時的な, つかの間の
□□			

0365	tense	[téns] テンス	形 緊張した, 緊迫した　動 …を緊張させる, 緊張する
□□			

▶ 名 ténsion 緊張, 緊迫

0366	terrific	[tərífik] テリフィック	形 素晴らしい, ものすごい
□□			

0367	terrify	[térəfài] テリファイ	動 …をひどく怖がらせる (= frighten)
□□			

▶ 名 térror 恐怖, テロ (行為)

0368	thermometer	[θərmɑ́mətər] アク サマミタ (ー)	名 温度計, 体温計
□□			

0369	thesis	[θí:sis] スィーセス	名 (学位取得の) 論文 (= dissertation), 修士論文
□□			

0370	thorough	[θə́:rou] 発 サーロウ	形 徹底的な, 完全な
□□			

▶ 副 thóroughly 徹底的に, 完全に

0371 ▢▢	**threat**	[θrét] スレット	名 脅迫, 前兆
	▶ 動 **thréaten** …を脅す, …の恐れがある		
0372 ▢▢	**tide**	[táid] **タ**イド	名 潮, 風潮
	▶ 形 **tídal** 潮の		
0373 ▢▢	**tight**	[táit] **タ**イト	形 (服・靴などが)きつい, ぴんと張った, 厳しい
	▶ 動 **tíghten** …をきつくする, …をぴんと張る		
0374 ▢▢	**timid**	[tímid] **ティ**ミッド	形 臆病な, 内気な
	▶ 名 **timídity** 臆病, 内気		
0375 ▢▢	**tissue**	[tíʃuː] **ティ**シュー	名 (細胞の)組織, ティッシュペーパー
0376 ▢▢	**tolerate**	[tάlərèit] **タ**レレイト	動 …を許容する, …を寛大に扱う, …を我慢する
	▶ 名 **tólerance** 寛容, 忍耐　形 **tólerant** 寛容な, 寛大な　形 **tólerable** 我慢できる		
0377 ▢▢	**toll**	[tóul] **ト**ウル	名 通行料, 使用料, 犠牲者
0378 ▢▢	**trait**	[tréit] トゥ**レイ**ト	名 特性, 特徴
0379 ▢▢	**transaction**	[trænzǽkʃən] トゥラァン**ザ**クシュン	名 取引 (= deal), (業務の)処理
	▶ 動 **transáct** (…と)取引をする		
0380 ▢▢	**transfer**	[trænsfə́ːr] トゥラァンス**ファ**ー [trǽnsfəːr] トゥ**ラァ**ンスファ(ー)	動 …を移動させる, …を転勤[転校]させる 名 移動, 転勤
0381 ▢▢	**transmit**	[trænsmít] トゥラァンス**ミ**ット	動 〈情報など〉を伝える, …を送る
	▶ 名 **transmíssion** 伝達, 送信		
0382 ▢▢	**transplant**	[trænsplǽnt] トゥラァンスプ**ラ**ント [trǽnsplæ̀nt] トゥ**ラァ**ンスプラント	動 …を移植する 名 移植(手術), 移植された臓器
0383 ▢▢	**tremble**	[trémbl] トゥ**レ**ンブル	動 震える, 身震いする　名 震え, 身震い
0384 ▢▢	**tremendous**	[triméndəs] トゥリ**メ**ンダス	形 (量・程度が)すさまじい (= huge), 素晴らしい

0385	tribe	[tráib] トゥ**ラ**イブ	名 部族, 種族

▶ 形 **tríbal** 部族の, 種族の

0386	trigger	[trígər] トゥ**リ**ガ(ー)	名 引き金, きっかけ 動 〈事件など〉の引き金となる

0387	ugly	[ʌ́gli] **ア**グリ	形 醜い, 不快な

0388	ultimate	[ʌ́ltəmət] **ア**ルティメット	形 究極の, 最終的な

▶ 副 **últimately** 最終的に, 結局

0389	undergo	[ʌ̀ndərgóu] アンダ**ゴ**ウ	動 〈苦しいこと〉を経験する, 〈検査・治療など〉を受ける

0390	underlie	[ʌ̀ndərlái] アンダ**ラ**イ	動 …の基礎となる, …の背後にある

0391	undertake	[ʌ̀ndərtéik] アンダ**テ**イク	動 …を引き受ける, …を請け負う, …に着手する

0392	unprecedented	[ʌ̀nprésədèntid] アンプ**レ**セデンティッド	形 空前の, 先例のない

0393	upright	[ʌ́pràit] **ア**ップライト	形 直立した, 背筋の伸びた 副 直立して, まっすぐに

0394	urban	[ə́:rb(ə)n] **ア**ーバン	形 都会の (⇔rural 田舎の), 都市の

▶ 名 **urbanizátion** 都市化 動 **úrbanize** …を都市化する

0395	urbane	[ə:rbéin] アー**ベ**イン	形 (都会的な) センスがある, あか抜けした

0396	urgent	[ə́:rdʒənt] **ア**ージェント	形 緊急の, 切迫した

▶ 名 **úrgency** 緊急, 切迫

0397	usage	[jú:sidʒ] **ユ**ーセッジ	名 語法, 使い方

0398	utilize	[jú:təlàiz] **ユ**ーティライズ	動 …を利用する

▶ 名 **utílity** (ガス・水道・電気などの) 公益事業, 有用, 実用性
▶ 名 **utilizátion** 利用すること

0399	vague	[véig] 発 **ヴェ**イグ	形 あいまいな, 漠然とした

0400	valuable	[vǽlju(ə)bl] **ヴァ**リュ(ア)ブル	形 貴重な (=precious) (⇔valueless 価値のない) 関連 invaluable この上なく貴重な

0401	vanish	[vǽniʃ] **ヴァ**ニッシュ	動 (突然) 消える, 絶滅する

0402	**vapor** ☐☐	[véipər] **ヴェ**イパ(ー)	名 蒸気
0403	**vary** ☐☐	[vé(ə)ri] **ヴェ**(ア)リ	動 変わる, …を変える, 異なる

▶ 名 **varíety** 多様性, 種類 名 **variátion** 変化(すること), 変動

0404	**vehicle** ☐☐	[ví:(h)ikl] 発 **ヴィー**イクル	名 乗り物, (伝達)手段
0405	**vice** ☐☐	[váis] **ヴァ**イス	名 悪, 悪徳(行為)

▶ 形 **vícious** 悪意のある, 不道徳な

0406	**vigorous** ☐☐	[víg(ə)rəs] **ヴィ**ゴラス	形 力強い, 精力的な

▶ 名 **vígor** 活力, 力強さ

0407	**virtual** ☐☐	[vɔ́:rtʃuəl] **ヴァー**チュアル	形 実質上の, 事実上の, 仮想の

▶ 副 **vírtually** 事実上, 実質的に

0408	**vivid** ☐☐	[vívid] **ヴィ**ヴィッド	形 鮮やかな, 生き生きした
0409	**vocation** ☐☐	[voukéiʃən] ヴォウ**ケ**イシュン	名 職業, 天職

▶ 形 **vocátional** 職業の

0410	**vogue** ☐☐	[vóug] **ヴォ**ウグ	名 流行, 人気
0411	**voyage** ☐☐	[vɔ́iidʒ] **ヴォ**イエッジ	名 船旅, 航海
0412	**wander** ☐☐	[wándər] **ワ**ンダ(ー)	動 (…を)歩き回る, 道に迷う(= stray), (…を)さまよう
0413	**weed** ☐☐	[wí:d] **ウィー**ド	名 雑草 動 …の草を取り除く
0414	**weep** ☐☐	[wí:p] **ウィー**プ	動 泣く, 涙を流す
0415	**whisper** ☐☐	[(h)wíspər] **ウィ**スパ(ー)	動 (…を)ささやく, 内緒話をする 名 ささやき(声), 内緒話
0416	**wholesome** ☐☐	[hóulsəm] **ホ**ウルサム	形 健康によい, 健全な
0417	**widespread** ☐☐	[wáidspréd] **ワ**イドスプレッド	形 広範囲に及ぶ, 普及した
0418	**wit** ☐☐	[wít] **ウィ**ット	名 機知, 機転

▶ 形 **wítty** 機知のある, 気のきいた

0419 □□	**withstand**	[wiθstǽnd] ウィ**ス**スタ**ン**ド	動 …に耐える, …に抵抗する
0420 □□	**witness**	[wítnəs] **ウィ**ットネス	名 目撃者, 証人　動 …を目撃する, …を証言する
0421 □□	**wreck**	[rék] **レ**ック	名 難破船, 健康を損ねた人　動 …を破壊する, …を難破させる

▶ 名 **wréckage** 難破, 残骸

0422 □□	**wrinkle**	[ríŋkl] **リ**ンクル	名 (皮膚・衣服などの)しわ　動 …にしわを寄せる
0423 □□	**yawn**	[jɔ́ːn] **ヨ**ーン	動 あくびをする　名 あくび
0424 □□	**yell**	[jél] **イェ**ル	動 大声で叫ぶ　名 わめき声

コラム re-は「再び, もとに」をあらわす ·····················

　英単語の最初の部分を接頭辞 (prefix), 最後の部分を接尾辞 (suffix) という. これらは学習者に多くのことを教えてくれる. 場合によっては, 意味を類推することさえできる. しかし, だからといって, 大学受験生が語源辞典を傍らにおいて単語を覚えるのはやめたほうがいい. なぜかというと, 例外がたくさんあるし, 意味のわからない単語に出くわしたとき, 接頭辞や接尾辞ばかりに目がいってしまい, そこで思考が途切れてしまうからだ. とはいえ, 知っておくと役立つものもあるので, ここでは代表的な接頭辞を見ていこう.

《re-「再び・もとに」》
・recycle「再利用する」(再び+回る)
・reunite「再結合させる, 再結集させる」(再び+結合させる)
・regain「取り戻す」(再び+得る)
・restore「もとへ戻す, 回復する」(もとに+蓄える)
・replace「取り換える」(もとに+置く)

Standard Level

0425	**accumulate**	[əkjúːmjulèit] アキューミュレイト	動 …を蓄積する, …を集める
	▶ 名 **accumulátion** 蓄積(物)		

0426	**adverse**	[ædvə́ːrs] アドヴァース	形 反対の, 逆の
	▶ 名 **advérsity** 逆境, 災難		

0427	**advocate**	[ǽdvəkèit] アドヴォケイト	動 …を主張[提唱]する 名 提唱者, 支持者

0428	**aesthetic**	[esθétik] エスセティック	形 美的な, 美の, 審美眼のある
	▶ 名 **aesthétics** 美学		

0429	**affluent**	[ǽfluːənt] アフルエント	形 裕福な (= wealthy)
	▶ 名 **áffluence** 裕福		

0430	**agitate**	[ǽdʒətèit] アジテイト	動 扇動する, …をかき乱す
	▶ 名 **agitátion** 動揺, 社会運動をすること		

0431	**agony**	[ǽgəni] アゴニ	名 苦痛, 苦悩
	▶ 動 **ágonize** ひどく苦しむ		

0432	**ambiguous**	[æmbígjuəs] アンビギュアス	形 (2つ以上の意味に取れて)あいまいな, 多義的な
	▶ 名 **ambigúity** 意味のあいまいさ, 多義性		

0433	**ample**	[ǽmpl] アンプル	形 十分な, 豊富な, 広々とした
	▶ 動 **ámplify** …を拡大する		

0434	**analyze**	[ǽnəlàiz] アナライズ	動 …を分析する
	▶ 名 **análysis** 分析		

0435	**anticipate**	[æntísəpèit] アンティスィペイト	動 …を予期する, …を楽しみに待つ
	▶ 名 **anticipátion** 予期, 期待		

0436	**applause**	[əplɔ́ːz] アプローズ	名 拍手, 喝采, 賞賛
	▶ 動 **appláud** 拍手する		

0437	**approximate**	[əpráksəmət] アプラクスィメット	形 おおよその, 近似の
	▶ 名 **approximátion** 概数, 類似 副 **appróximately** おおよそ		

0438 ☐☐	**asset**	[ǽset] アセット	名 有用なもの, 資産
0439 ☐☐	**awe**	[ɔ́ː] オー	名 畏敬, 畏怖　動 …に畏敬の念を抱かせる
	▶ 形 **áwful** 恐ろしい, ものすごい　副 **áwfully** 非常に, ひどく		
0440 ☐☐	**bias**	[báiəs] バイアス	名 偏見, 先入観　動 …に偏見を持たせる
0441 ☐☐	**bureaucracy**	[bju(ə)rɑ́krəsi] ビュ(ア)ラクラスィ	名 官僚制度, 官僚主義
	▶ 形 **bureaucrátic** 官僚的な, お役所的な　名 **búreaucrat** 官僚, 役人		
0442 ☐☐	**catastrophe**	[kətǽstrəfi] クタァストゥロフィ	名 大惨事 (= disaster), 大災害
0443 ☐☐	**chaos**	[kéiɑs] ケイアス	名 無秩序, 混沌
	▶ 形 **chaótic** 無秩序の, 混沌とした		
0444 ☐☐	**chore**	[tʃɔ́ːr] 発 チョー	名 日課, きまりきった仕事
0445 ☐☐	**clumsy**	[klʌ́mzi] クラムズィ	形 不器用な, 気のきかない
0446 ☐☐	**collapse**	[kəlǽps] クラァップス	動 崩壊する, 失敗する　名 崩壊, (株などの)暴落
0447 ☐☐	**compile**	[kəmpáil] クンパイル	動 〈情報や資料など〉を編集[収集]する
	▶ 名 **compilátion** 編集(したもの)		
0448 ☐☐	**compound**	[kámpaund] カンパウンド	名 化合物, 合成物
		[kɑmpáund] カンパウンド	動 …を混合する, …を悪化させる
0449 ☐☐	**conceit**	[kənsíːt] クンスィート	名 うぬぼれ, 自信過剰
0450 ☐☐	**conspicuous**	[kənspíkjuəs] クンスピキュアス	形 目立つ (⇔inconspicuous 自立たない), 人目を引く, めざましい
0451 ☐☐	**contempt**	[kəntém(p)t] クンテンプト	名 軽蔑, 侮辱, 軽視
	▶ 形 **contémptuous** 軽蔑して　形 **contémptible** 軽蔑に値する, 卑劣な		
0452 ☐☐	**controversy**	[kántrəvə̀ːrsi] カントゥロヴァースィ	名 論争, 物議
	▶ 形 **controvérsial** 論争を呼ぶ, 物議をかもす		
0453 ☐☐	**counterpart**	[káuntərpɑ̀ːrt] カウンタパート	名 対応[相当]するもの, 写し

30

0454	**creditable**	[kréditəbl] クレディタブル	形 立派な(⇔discreditable 不名誉な), 名誉となる
0455	**crude**	[krúːd] クルード	形 大ざっぱな, 天然のままの, 雑な
0456	**curse**	[kə́ːrs] カース	名 呪い, ののしり, 災い　動 …を呪う, …をののしる
0457	**cynical**	[sínik(ə)l] スィニクル	形 冷笑的な, シニカルな
0458	**devour**	[diváuər] ディヴァウア(ー)	動 …をむさぼり食う, …をむさぼるように読む
0459	**discreet**	[diskríːt] ディスクリート	形 慎重で, 思慮のある, 控えめな

▶ 名 **discrétion** 思慮分別, 慎重さ

0460	**disillusion**	[dìsilúːʒən] ディスィルージュン	動 …を幻滅させる, 迷いから覚ます 名 幻滅, 迷いから覚めること
0461	**disinterested**	[disíntrəstid] ディスインタリスティッド	形 私利私欲のない, 中立的な
0462	**distort**	[distɔ́ːrt] ディストート	動 …をゆがめる, …を歪曲する

▶ 名 **distórtion** ゆがみ, 歪曲

0463	**distress**	[distrés] ディストゥレス	名 苦悩, 困窮, 苦痛　動 …を悩ませる

▶ 形 **distréssful** 苦しい, つらい

0464	**doom**	[dúːm] ドゥーム	名 (不幸な)運命, 破滅, 死　動 …を(悪い方向へ)運命づける
0465	**drain**	[dréin] ドゥレイン	動 …を排水する, …を排出させる　名 排水溝, 流出
0466	**eccentric**	[ikséntrik] イクセントゥリック	形 風変わりな, 変な　名 奇人, 変人

▶ 名 **eccentrícity** 風変わりなこと, 奇抜

0467	**eclipse**	[iklíps] イクリップス	名 (太陽・月の)食
0468	**eminent**	[émənənt] エミネント	形 著名な, 優れた

▶ 名 **éminence** 卓越, 名士

0469	**enlighten**	[inláitn] インライトゥン	動 …を啓蒙する, …に教える

▶ 名 **enlíghtenment** 啓蒙, 啓発

0470	**epoch**	[épək] エポック	名 (重大な出来事が起こった)時代, 新時代

0471	erroneous	[iróuniəs] イ**ロ**ウニアス	形 間違った (= incorrect), 誤った情報に基づく
	▶ 名 érror 間違い, 誤り　動 érr 間違いをする		
0472	evaluate	[ivǽljuèit] イ**ヴァ**リュエイト	動 …を評価する, …を見積もる
	▶ 名 evaluátion 評価, 見積もり		
0473	exterminate	[ikstə́ːrmənèit] イクス**ター**ミネイト	動 〈種や病気など〉を絶滅させる, …を根絶する
	▶ 名 extermination 絶滅, 根絶		
0474	fertile	[fə́ːrtl] **ファー**トゥル	形 (土地が)肥沃な (⇔infertile 不毛の), 多産の
	▶ 名 fertílity (土地が)肥沃なこと, 多産　動 fértilize …を肥沃にする		
0475	fragile	[frǽdʒəl] フ**ラァ**ジル	形 壊れやすい, もろい
	▶ 名 fragílity 壊れやすさ		
0476	freight	[fréit] 発 フ**レ**イト	名 貨物(運送), 運送料
0477	friction	[fríkʃən] フ**リ**クシュン	名 摩擦, 不和
	▶ 形 fríctional 摩擦の		
0478	gloomy	[glúːmi] グ**ルー**ミ	形 憂うつな, 薄暗い
	▶ 名 glóom 憂うつ, 暗闇		
0479	growl	[grául] グ**ラ**ウル	動 〈犬などが〉うなる　名 うなり声
0480	harsh	[háːrʃ] **ハー**シュ	形 厳しい (= severe), 無情な, 不快な
0481	hereditary	[hirédətèri] ヒ**レ**ディテリ	形 遺伝(性)の, 遺伝的な, 世襲の
	▶ 名 herédity 遺伝		
0482	heritage	[héritidʒ] **ヘ**リテッジ	名 (文化的な)遺産, 伝統
0483	hypocrisy	[hipákrəsi] ヒ**パ**クリスィ	名 偽善, 見せかけ
	▶ 形 hypocrítical 偽善的な, 見せかけの		
0484	illuminate	[ilúːmənèit] イ**ルー**ミネイト	動 …を照らす, 〈問題点など〉を明らかにする (= clarify)
	▶ 名 illuminátion 照明, 解明		

32

0485 □□	**impart**	[impá:rt] インパート	動 …を分け与える, …を伝える
0486 □□	**indignation**	[ìndignéiʃən] インディグ**ネ**イシュン	名 憤慨

▶ 形 **indígnant** 憤慨した

0487 □□	**innate**	[inéit] イ**ネ**イト	形 生まれつきの (= inborn), 生得的な
0488 □□	**instantaneous**	[ìnstəntéiniəs] インスタン**テ**イニアス	形 瞬間の, 即座の
0489 □□	**intuition**	[ìnt(j)uíʃən] インテュ**イ**シュン	名 直観(力), 洞察力

▶ 形 **intúitive** 直観的な, 直観力のある

0490 □□	**irrigate**	[írigèit] **イ**リゲイト	動 …を灌漑する, …に水を引く

▶ 名 **irrigátion** 灌漑, 水を引くこと

0491 □□	**kin**	[kín] **キ**ン	名 血縁, 親族

▶ 形 **akín** 同類の, 血族の

0492 □□	**latitude**	[lǽtət(j)ù:d] **ラァ**ティテュード	名 緯度
0493 □□	**legacy**	[légəsi] **レ**ガスィ	名 (遺言による)遺産, 遺物
0494 □□	**legislation**	[lèdʒisléiʃən] レジス**レ**イシュン	名 立法, 法律

▶ 動 **législate** 法律を制定する　形 **législative** 立法上の, 立法の

0495 □□	**legitimate**	[lidʒítəmət] レ**ジ**ティメット	形 合法な (= legal), 道理にかなった

▶ 名 **legítimacy** 合法性, 正当性

0496 □□	**longitude**	[lándʒət(j)ù:d] **ラ**ンジテュード	名 経度
0497 □□	**lunatic**	[lú:nətik] **ル**ーナティック	形 常軌を逸した, 気が触れた　名 愚か者
0498 □□	**manipulate**	[mənípjulèit] マ**ニ**ピュレイト	動 〈人・世論など〉を操る, 〈機械など〉を巧みに操作する

▶ 名 **manipulátion** 操作　形 **manípulative** 巧みに扱う

0499 □□	**marginal**	[má:rdʒin(ə)l] **マ**ージヌル	形 重要でない, 周辺の, 欄外の

▶ 名 **márgin** 余白, 差, マージン

0500 □□	**molecule**	[málikjù:l] **マ**リキュール	名 分子

0501 ☐☐	**monopoly**	[mənáp(ə)li] モ**ナ**ポリ	图 独占(権), 専売(権)
	▶ 動 **monópolize** …を独占する		
0502 ☐☐	**nasty**	[nǽsti] **ナァ**スティ	形 不快な, 意地悪な, (病気・けがが) ひどい
0503 ☐☐	**naughty**	[nɔ́ːti] **ノー**ティ	形 (子供が) いたずらな, やんちゃな
0504 ☐☐	**nutrition**	[n(j)uːtríʃən] ニュートゥ**リ**シュン	图 栄養摂取, 滋養
	▶ 形 **nutrítious** 栄養のある 形 **nutrítional** 栄養の		
0505 ☐☐	**obstinate**	[ábstənət] **ア**ブスティネット	形 頑固な (= stubborn), 強情な
	▶ 图 **óbstinacy** 頑固さ		
0506 ☐☐	**oppress**	[əprés] オプ**レ**ス	動 …を抑圧する, …を迫害する, …を悩ませる
	▶ 图 **oppréssion** 抑圧, 圧迫 图 **oppréssor** 圧制者, 暴君 ▶ 形 **oppréssive** 弾圧的な, 不快な		
0507 ☐☐	**outrage**	[áutrèidʒ] **ア**ウトレイジ	图 激怒, 暴力 動 …を激怒させる
	▶ 形 **outrágeous** 無礼な, 突飛な		
0508 ☐☐	**paralyze**	[pǽrəlàiz] **パァ**ラライズ	動 〈体の一部〉を麻痺させる
	▶ 图 **parálysis** 麻痺(状態)		
0509 ☐☐	**perish**	[périʃ] **ペ**リッシュ	動 (事故・災害などで) 死ぬ, 消滅する
	▶ 形 **périshable** 腐りやすい, 滅びやすい		
0510 ☐☐	**perpetual**	[pərpétʃuəl] パ**ペ**チュアル	形 絶え間のない, 頻繁な
	▶ 動 **perpétuate** …を永続させる		
0511 ☐☐	**persecute**	[pɔ́ːrsikjùːt] **パー**スィキュート	動 …を迫害する, …にいやがらせをする
	▶ 图 **persecútion** 迫害		
0512 ☐☐	**perspective**	[pərspéktiv] パス**ペ**クティヴ	图 観点, 大局観, 遠近法
0513 ☐☐	**pierce**	[píərs] **ピ**アス	動 …を貫通する, …に突き刺さる
0514 ☐☐	**posterity**	[pastérəti] パス**テ**リティ	图 後世(の人々), 子孫 (⇔ancestry 祖先)

0515	**posture**	[pάstʃər] パスチャ(ー)	名 (立っている体の)姿勢, 心構え
0516	**preoccupy**	[priːάkjupài] プリーアキュパイ	動 …を夢中にさせる

▶ 名 **preoccupátion** 夢中, 没頭

0517	**prestige**	[prestíːʒ] プレスティージ	名 名声, 威信　形 一流の

▶ 形 **prestígious** 名声のある, 一流の

0518	**primate**	[práimeit] プライメイト	名 霊長類(の動物)
0519	**prominent**	[prάmənənt] プラミネント	形 卓越した, 目立った, 突き出た

▶ 名 **próminence** 著名, 突き出たところ

0520	**prophecy**	[prάfəsi] プラフェスィ	名 予言(すること)

▶ 動 **próphesy** …を予言する　名 **próphet** 予言者

0521	**quiver**	[kwívər] クウィヴァ(ー)	動 ぶるぶる震える, 揺れる　名 震え, 震動
0522	**realm**	[rélm] レルム	名 領域, 分野, 王国
0523	**recede**	[risíːd] リスィード	動 退く, 後退する

▶ 名 **recéssion** 景気後退, 不況

0524	**recess**	[ríːses] リーセス	名 休会, (授業間の)休憩(時間)
0525	**reconcile**	[rékənsàil] レクンサイル	動 …を調和させる, …を和解させる

▶ 名 **reconciliátion** 和解, 調和

0526	**resent**	[rizént] リゼント	動 …に憤慨する, …に腹を立てる

▶ 名 **reséntment** 憤慨　形 **reséntful** 憤慨している

0527	**retreat**	[ritríːt] リトゥリート	動 退却する, 後退する　名 退却, 退去
0528	**retrieve**	[ritríːv] リトゥリーヴ	動 …を取り戻す, …を回収する, …を検索する

▶ 名 **retríeval** 回復, 回収, 検索

0529	**riddle**	[rídl] リドゥル	名 なぞなぞ, 謎, 不可解な人[もの]
0530	**righteous**	[ráitʃəs] ライチャス	形 (道徳的に)正しい, 正義の

0531	**rigorous**	[ríg(ə)rəs] リゴラス	形 厳しい(= strict), 厳密な
	▶ 名 **rígor** 厳密さ, 厳しさ		
0532	**riot**	[ráiət] ライアット	名 暴動 動 暴動を起こす
	▶ 形 **ríotous** 暴動を起こす, 騒々しい		
0533	**ritual**	[rítʃuəl] リチュアル	名 儀式, 日常の習慣 形 儀式の, 日頃の
0534	**roar**	[rɔ́:r] ロア(ー)	動 吠える, わめく, 轟音を立てる 名 吠え声, 轟音
0535	**ruthless**	[rú:θləs] ルースレス	形 無慈悲な, 冷酷な, 情け容赦ない
0536	**sane**	[séin] セイン	形 正気の(⇔insane 狂気の)
	▶ 名 **sánity** 正気		
0537	**scheme**	[skí:m] 発 スキーム	名 陰謀, 計画, 体系
0538	**scorn**	[skɔ́:rn] スコーン	名 軽蔑(の的), あざけり 動 …を軽蔑する, …をばかにする
	▶ 形 **scórnful** 軽蔑した		
0539	**sermon**	[sɔ́:rmən] サーモン	名 (教会での)説教, 小言
0540	**shabby**	[ʃǽbi] シャビ	形 (身なりなどが)みすぼらしい, 使い古した
0541	**shrewd**	[ʃrú:d] シュルード	形 抜け目のない, やり手の, 賢明な
0542	**shriek**	[ʃrí:k] シュリーク	動 悲鳴を上げる(= scream), 金切り声を出す 名 悲鳴, 金切り声
0543	**simultaneous**	[sàim(ə)ltéiniəs] サイマルテイニアス	形 同時の, 同時に起こる
	▶ 名 **simultanéity** 同時に起こること, 同時性		
0544	**snobbish**	[snábiʃ] スナビッシュ	形 お高くとまった, 俗物の
	▶ 名 **snóbbery** 俗物根性 名 **snób** 俗物, 上流気取りの人		
0545	**solemn**	[sáləm] 発 サレム	形 厳かな, 真面目な, 偽りのない
	▶ 名 **solémnity** 厳粛, 真面目さ		
0546	**specimen**	[spésəmən] スペスィメン	名 見本, 標本, 検体

0547	**spontaneous**	[spɑntéiniəs] スパン**テ**イニアス	形 無意識の, 自発的な
	▶ 名 **spontanéity** 自発性		
0548	**squeeze**	[skwíːz] スク**ウィ**ーズ	動 …を強く押す, 〈果汁など〉を絞る, 〈利益など〉を絞り出す
0549	**static**	[stǽtik] ス**タァ**ティック	形 静止した, 活気のない
0550	**stout**	[stáut] ス**タ**ウト	形 頑丈な, がっしりした, 勇敢な
0551	**strategy**	[strǽtədʒi] スト**ゥ**ラァテジ	名 戦略, 戦術
	▶ 形 **stratégic** 戦略(上)の, 戦略上重要な		
0552	**subliminal**	[sʌblímən(ə)l] サブ**リ**ミヌル	形 潜在意識の, 意識下の
0553	**subsequent**	[sʌ́bsikwənt] **サ**ブスィクウェント	形 その後の (⇔previous 前の), 続いて起こる
	▶ 名 **súbsequence** 続いて起こること		
0554	**superficial**	[sùːpərfíʃəl] スーパ**フィ**シャル	形 表面的な, 見せかけの
0555	**swell**	[swél] ス**ウェ**ル	動 〈手足が〉はれる, ふくらむ, (…を)増す 名 はれ, 増大
0556	**symptom**	[sím(p)təm] ス**ィ**ン(プ)トム	名 症状, 徴候
0557	**synthesize**	[sínθəsàiz] ス**ィ**ンセサイズ	動 …を総合する, …を合成する
	▶ 名 **sýnthesis** 総合, 合成 形 **synthétic(al)** 総合的な, 合成の		
0558	**terminate**	[tə́ːrmənèit] **タ**ーミネイト	動 …を終わらせる, 終わる, …を解雇する
0559	**thrive**	[θráiv] ス**ラ**イヴ	動 すくすく育つ, 繁栄する
0560	**thrust**	[θrʌ́st] ス**ラ**スト	動 …を押し付ける, …を突き刺す 名 強く押すこと, 要旨
0561	**torture**	[tɔ́ːrtʃər] **トー**チャ(ー)	名 拷問, 苦痛(を与えること) 動 …を拷問にかける, …をひどく苦しめる
0562	**toxic**	[tɑ́ksik] **タ**クスィック	形 有毒な
	▶ 名 **tóxin** 毒素		
0563	**transient**	[trǽnʃənt] ト**ゥラァ**ンシャント	形 一時的な (= temporary), つかの間の, 短期滞在の
0564	**transitory**	[trǽnsətɔ̀ːri] ト**ゥラ**アンスィトーリ	形 一時的な, つかの間の

0565 transparent □□	[trænspǽrənt] トゥ**ラ**ンスパ**ア**レント	形 透明な, (うそ・言い訳が) 見えすいた
▶ 名 transpárency 透明度		

0566 trivial □□	[tríviəl] トゥ**リ**ヴィアル	形 ささいな, つまらない
▶ 名 triviálity つまらないこと[物]		

0567 tuition □□	[t(j)uíʃən] テュ**イ**シュン	名 授業(料), 指導

0568 velocity □□	[vəlásəti] ヴェ**ラ**スィティ	名 速度

0569 wicked □□	[wíkid] 発 **ウィ**キッド	形 邪悪な, 不道徳な, いやな

コラム in- / im-「中へ, 内へ」vs. ex- / e-「外へ」 ………………………………………

接頭辞のなかで, in-/im- と ex- の関係はとりわけ大切である. たとえば, inspire は「in(中へ) + spire (息をする)→鼓舞する」, explain は「ex (外へ) + plain (わかりやすい)→説明する」と考えることができる.

《in- / im-「中へ, 内へ」》

・include「含む」 in (中へ) + clude (閉じる)

・import「輸入する」 im (中へ) + port (港, 運ぶ)

・imprison「投獄する」 im (中へ) + prison「刑務所」

《ex- / e-「外へ」》

・exclude「排除する」 ex (外へ) + clude (閉じる)

・export「輸出する」 ex (外へ) + port (港, 運ぶ)

・exceed「超える」 ex (外へ) + ceed (行く)

・evacuate「避難させる」 e (外へ) + vacuate「空にする」

・emancipate「解放する」 e (外へ) + mancipate「手でつかむ」

300語

「語法」が問われる単語です。例文やフレーズでその語の使い方を学べば, 作文にも応用できる語彙力が身につきます。

0570 graduate [grǽdʒuèit]
□□ グラァジュエイト
動 (…を) 卒業する (from)
名 卒業生, 大学院生

I will graduate from graduate school next spring. 私は来春, 大学院を卒業する.

▶ 名 **graduátion** 卒業

0571 remind [rimáind]
□□ リマインド
動 …に (…を/…ということを) 思い出させる (of/that節),
…に (…すること) を忘れないように言う (to do)

Your voice reminds me of my late grandfather.
君の声を聞くと亡くなった祖父を思い出す.

▶ 名 **remínder** 思い出させるもの

0572 praise [préiz]
□□ プレイズ
動 …を (…のことで) 称賛する (for) (⇔blame …を非難する)
名 称賛, ほめること

We praised him for his screen performance.
我々は彼を映画での演技のことで称賛した.

▶ 形 **práiseworthy** 称賛に値する

0573 protect [prətékt]
□□ プロテクト
動 …を (…から) 保護する (from)

protect a tree from the frost 木を霜から保護する

▶ 名 **protéction** 保護, 予防
▶ 形 **protéctive** 保護のための

0574 imagine [imǽdʒin]
□□ イマァジン
動 …が (…するのを) 想像する (doing) (=fancy)

Can you imagine them getting married? あの二人が結婚するのを想像できますか?

0575 aware [əwéər]
□□ アウェア(ー)
形 (…に/…ということに) 気づいて (of/that節)
(⇔unaware 気づかなくて)

I was not aware of his presence. 私は彼がいることに気がつかなかった.

▶ 名 **awáreness** 意識, 認識

0576 depend [dipénd]
□□ ディペンド
動 依存する, 頼る (=rely)
depend on [upon] A for B AにBを依存する
depend on A to do Aに…するのを任せる
depend on it that節 …ということをあてにする

Japan depends on other countries for wheat. 日本は他国に小麦を依存している.
You can depend on me to do it. それをやるのは私にお任せください.
You may depend on it that he will join us. 彼が我々に加わることをあてにできる.

▶ 名 **depéndence** 依存, 信頼
▶ 形 **depéndent** 依存している

0577 promise	[prάmis] プラミス	動 (…する)と約束する(to do)(=pledge)

promise to improve working conditions 労働条件を改善すると約束する

0578 agree	[əgríː] アグリー	動 (人・意見に)同意見である(with), (提案・計画を)受け入れる(to)

I agree to your terms. 私はあなたの条件を受け入れる.

▶ 名 agréement 同意, 協定
▶ 形 agréeable 感じのよい

0579 escape	[iskéip] イスケイプ	動 (…から)逃げる(from), …を逃れる, (…すること)を逃れる(doing)(=evade)

escape from house arrest 自宅軟禁状態から逃れる

0580 join	[dʒɔ́in] ジョイン	動 〈仲間・組織など〉に参加する, (活動などに)加わる[参加する](in)

join in the election campaign 選挙運動に加わる

0581 similar	[símələr] スィミラ(ー)	形 (…と)類似した(to)(=parallel)

Belarusian is similar to Russian. ベラルーシ語はロシア語に類似している.

▶ 名 similárity 類似, 相似

0582 request	[rikwést] リクウェスト	動 …に(…するよう/…ということを)頼む(to do/that節)(=ask)

I requested her to come earlier. 私は彼女にもっと早く来るように頼んだ.

0583 doubt	[dáut] ダウト	動 …を疑う, (…でない)と思う(that節)(=don't think that節)

I doubt that I can do what he did. 彼がしたことは, 私にはできないと思います.

▶ 形 dóubtful 疑いを持っている, 疑わしい
▶ 副 dóubtfully 疑わしく, 不安な様子で

0584 invite	[inváit] インヴァイト	動 …を(…に)招待する(to)(=ask), …に(…するよう)勧める(to do)

invite refugees to apply for settlement 難民たちに定住するための申請をするよう勧める

0585 desire	[dizáiər] ディザイア(ー)	動 (…すること/…ということ)を望む(to do/that節), …が(…すること)を望む(to do)(=want)

They desire you to abandon the plan.
彼らはあなたがその計画を中止することを望んでいる.

▶ 形 desírable 望ましい
▶ 形 desírous 切望している

0586 **pride**	[práid] プライド	動 (pride oneself on ...の形で) …を**誇りに思う**, …を**自慢する** (=take pride in ..., be proud of ...) 名 **誇り, 自慢**(の種)

The hotel prides itself on superb service. そのホテルは一流のサービスを誇っている.

▶ 形 **próud** 誇りに思っている

0587 **likely**	[láikli] ライクリ	形 …**しそうな** (to do), **起こり得る** 副 **たぶん, おそらく**

The party is likely to win an absolute majority.
その政党が絶対多数を確保しそうである.

▶ 名 **líkelihood** 可能性, 見込み

0588 **long**	[lɔ́(ː)ŋ] ロ(ー)ング	動 (…を/…することを)**切望する** (for/to do) (=crave)

long for a world free of nuclear arms 核兵器のない世界を切望する

0589 **wish**	[wíʃ] ウィッシュ	動 **望む** wish to do …することを望む wish A to do Aに…してもらいたい wish A B AにB(幸運など)を祈る

I wish to express my appreciation. 感謝を申し上げたいと思います.
We all wish her to be happy. 我々はみな彼女に幸せであってもらいたい.
I wish you a pleasant voyage. みなさんに快適な旅を祈っています.

0590 **limit**	[límit] リミット	動 …を(…に)**制限[限定]する** (to) (=restrict) 名 **制限, 限界**

limit membership to adults 会員を成人に限定する

▶ 名 **limitátion** 制限, 限界

0591 **risk**	[rísk] リスク	動 (…する)**危険を冒す** (doing) 名 **危険, 恐れ**

He risked damaging his credibility as a teacher.
彼は教師としての信頼を失う危険を冒した.

0592 **appeal**	[əpíːl] アピール	動 (…に)**訴える** (to) 名 **訴え, 懇願** (=petition)

appeal to public opinion 世論に訴える

0593 **faith**	[féiθ] フェイス	名 (…への)**信頼[信仰/自信]** (in)

have faith in Christ キリストを信仰する

▶ 形 **fáithful** 信頼できる, 忠実な

0594	**senior**	[síːnjər] スィーニア(－)	形 上位[上級]の, (…より)年上の(to) 名 年長者, 高齢者

Most of the senior positions in the company were held by men.
その会社の上級職はほとんど男性に占められていた.

0595	**junior**	[dʒúːnjər] ジューニア(－)	形 下位[下級]の, 若手の, (…より)年下の(to) 名 年少者

She is a role model for people junior to her.
彼女は自分より年下の人の手本となっている.

0596	**burst**	[bɔ́ːrst] バースト	動 爆発する(=explode), 突然(…し)始める(into) 名 爆発

burst into laughter 突然笑い出す

0597	**scold**	[skóuld] スコウルド	動 …を(…のことで)叱る(for)(=tell off)

I scolded my son for making excuses. 私は息子を言い訳したことで叱った.

0598	**base**	[béis] ベイス	動 …の基礎を(…に)置く(on), (be based on ...の形で)…に 基づいている 名 基礎(=basis)

In our company, promotions are based on merit. 当社では, 昇進は功績に基づいている.

▶ 名 **básis** 基礎, 基準
▶ 形 **básic** 基礎的な
▶ 副 **básically** 基本的に

0599	**worry**	[wɔ́ːri] ウォーリ	動 心配する, …を心配させる 名 心配(の種), 悩み(の種) worry about A　Aを心配する be worried about A　Aのことで心配している be worried that節　…ということを心配している

He was worrying about a problem at work. 彼は仕事上の問題を心配していた.
She is worried about the weather tomorrow. 彼女は明日の天気を心配している.
I am worried that the game might be called off. 試合が中止になることを心配している.

Unit 2

0600 prepare [pripéər] プリ**ペア**(ー) 　動 (…の)準備をする(for), …を準備する

prepare for the launch of negotiations　交渉開始の準備をする

▶ 名 **preparátion** 準備
▶ 形 **prepáratory** 準備の, 予備の

0601 accept [əksépt] アク**セプト**　動 …を(…として)受け入れる(as)(⇔refuse …を拒絶する), …を容認する

accept five Americans as exchange students
5人のアメリカ人を交換留学生として受け入れる

▶ 名 **accéptance** 容認, 受諾
▶ 形 **accéptable** 容認できる

0602 complain [kəmpléin] クン**プレイン**　動 (…について/…であると)不平を言う(about[of]/that節)

complain about the temperature inside the train　電車の車内温度について不平を言う

▶ 名 **compláint** 不平, 不満, 文句

0603 expect [ikspékt] イクス**ペクト**　動 …を予想する(=anticipate), …を期待する(=look forward to)
　expect to *do* 　…するつもりである
　expect A to *do* 　Aに…してほしいと思う, Aが…すると予想する[思う]
　expect A of B 　AをBに期待する

I expect to be there tonight.　私は今夜そこに行くつもりです.
I am expecting him to come at any moment.　彼が今にも来るかと思っているところです.
We expect a lot of him.　我々は多くのことを彼に期待している.

0604 warn [wɔ́ːrn] **ウォーン**　動 …に(…を)警告する(of[about]), …に(…するように/…ということを)警告する(to *do*/that節)

warn patients of potential side effects　患者に起こりうる副作用を警告する

▶ 名 **wárning** 警告

0605 ashamed [əʃéimd] ア**シェイムド**　形 (…を)恥じている(of), (…するのが)恥ずかしい(to *do*)

I am ashamed of my behavior yesterday.　昨日の自分の振る舞いを恥じています.

0606 quit [kwít] ク**ウィット**　動 (…すること)をやめる(*do*ing)(=stop)

You should quit complaining.　君は文句を言うのをやめるべきだ.

0607 □□ **retire** [ritáiər] リタイア(ー)

動 (…から)**引退する**(from)

retire from medicine 医師の仕事から引退する

▶ 名 **retírement** 引退, 退職
▶ 名 **retirée** (定年)退職者

0608 □□ **focus** [fóukəs] フォウカス

動 (…に)**焦点を合わせる[注目する]**(on)
名 **焦点, 中心**

focus on a critical area 重要な分野に焦点を合わせる

▶ 形 **fócal** 焦点の(ある)

0609 □□ **rejoice** [ridʒɔ́is] リジョイス

動 (…を)**喜ぶ**(in[over])

We rejoiced over the victory. 我々はその勝利を喜んだ.

0610 □□ **pretend** [priténd] プリテンド

動 (…する/…という)**ふりをする**(to *do*/that節)(=make believe)

I pretended to be dead when I met a bear. 熊に会ったとき私は死んでいるふりをした.

▶ 名 **prétense** 見せかけ, 口実

0611 □□ **responsible** [rispánsəbl] リスパンスィブル

形 (…に対する)**責任がある**(for)

I am wholly responsible for the confusion. 混乱の責任はすべて私にある.

▶ 名 **responsibílity** 責任, 責務

0612 □□ **rely** [rilái] リライ

動 **頼る**(=depend)
rely on A　Aに頼る
rely on A for B　AにBを頼る
rely on A to *do*　Aが…するのをあてにする

rely on her help 彼女の援助に頼る
We rely on the lake for drinking water. 我々はその湖に飲み水を頼っている.
I am relying on you to be a good example for the other students.
君が他の生徒の模範になることをあてにしています.

▶ 名 **relíance** 頼ること, 信頼
▶ 形 **relíable** 頼りになる, 信頼できる

0613 □□ **persuade** [pərswéid] パスウェイド

動 …に(…するよう)**説得する**(to *do*), …に(…を/…であると)**確信させる**(of/that節)(=convince)

persuade hijackers to surrender ハイジャック犯たちに投降するよう説得する

▶ 名 **persuásion** 説得(力), 確信
▶ 形 **persuásive** 説得力のある

0614	**dissuade** [diswéid] ディス**ウェイド**	動 …に(…するのを)思いとどまらせる(from *doing*) (⇔persuade …を説得する)

dissuade her from studying abroad　彼女に留学を思いとどまらせる

- ▶ 名 **dissuásion** (説得や忠告で)思いとどまらせること
- ▶ 形 **dissuásive** (行動を)制止させる

0615	**detect** [ditékt] ディ**テクト**	動 …を見つける[見抜く], …を検出する, (…ということ)を知る(that節)(=notice)

I detected that he was having a stroke.　私は彼が脳卒中を起こしているのを知った.

- ▶ 名 **detéction** 発見, 探知

0616	**suppose** [səpóuz] サ**ポウズ**	動 …と仮定する, …と推測する, (be supposed to *do* …の形 で) …することになっている, (supposing[suppose] that 節 …の形で)もし…ならば(=if節)

Suppose you were in his place, what would you do?　もし彼の立場なら君はどうする?

- ▶ 名 **supposítion** 仮定, 推測
- ▶ 形 **suppósed** 仮定の, 想像上の
- ▶ 副 **suppósedly** たぶん, おそらく

0617	**convenient** [kənvíːnjənt] クン**ヴィー**ニアント	形 便利な, (…にとって/…するのに)都合のよい(for/to *do*) (⇔inconvenient 都合の悪い)

Saturday would be convenient for me.　土曜は私にとって都合がよい.

- ▶ 名 **convénience** 便利(さ), 好都合

0618	**ascertain** [æsərtéin] アサ**テイン**	動 (…ということ/…かどうか)を確かめる(that節/whether節) (=make sure)

ascertain whether they are safe or not　彼らが無事かどうかを確かめる

0619	**capable** [kéipəbl] **ケ**イパブル	形 (…の/…する)能力がある(of/of *doing*) (⇔incapable 能力がない)

The missile is capable of traveling enormous distances.
そのミサイルは途方もない距離を飛行する能力がある.

- ▶ 名 **capabílity** 能力, 才能

0620	**disguise** [disgáiz] ディス**ガイズ**	動 …を変装させる, (be disguisedの形で)変装している (=disguise oneself) 名 変装, 偽装

He was disguised as a police officer.　彼は警官に変装していた.

0621	**compel**	[kəmpél] クンペル	動 …に(…するよう)**強制する**(to do)(=force), (be compelled to do ...の形で)…**せざるをえない**

Hunger compelled the boy to steal money.　空腹のため少年はやむなくお金を盗んだ.

▶ 名 **compúlsion** 強制, 衝動
▶ 形 **compúlsory** 強制的な, 義務的な

0622	**justify**	[dʒʌ́stəfài] ジャスティファイ	動 …を**正当化する**, …が(…するのを)**正当化する**(doing), …が(…する)**正当な理由となる**(doing), (be justified in doing ...の形で)…**するのも当然だ**

You are justified in saying so.　あなたがそう言うのも当然です.

▶ 名 **justificátion** 正当化, 正当な理由
▶ 名 **jústice** 正義, 校正, 正当性

0623	**prevent**	[privént] プリ**ヴェ**ント	動 …が(…することを)**妨げる**(from doing)(=hinder), 〈事故・病気など〉を**防ぐ**

prevent a baby from sleeping　赤ちゃんが眠るのを妨げる

▶ 名 **prevéntion** 妨害, 予防
▶ 形 **prevéntive** 予防の

0624	**outlook**	[áutlùk] **ア**ウトルック	名 (…についての)**見方**(on)(=view), 見通し, 視野

an optimistic outlook on life　人生についての楽観的な見方

0625	**glance**	[glǽns] グ**ラ**ァンス	動 (意図的に)(…を)**ちらりと見る**(at) 名 **ちらりと見ること**

glance at her face　彼女の顔をちらりと見る

0626	**isolate**	[áisəlèit] **ア**イソレイト	動 …を(…から)**孤立させる[分離する/隔離する]**(from)

isolate the virus from the blood sample　そのウイルスを血液サンプルから分離する

▶ 名 **isolátion** 孤立, 分離, 隔離

0627	**restrict**	[ristríkt] リストゥ**リクト**	動 …を(…に)**制限する**(to)(=limit)

He restricted his drinking to one beer a day.　彼は酒を1日ビール一杯に制限した.

▶ 名 **restríction** 制限(するもの)

0628	**devote**	[divóut] ディ**ヴォ**ウト	動 〈時間・労力〉を(…に)**捧げる**(to)(=dedicate), (devote oneself to ...の形で)…に**熱中する**

He devoted his fortune to curing the sick.　彼はみずからの財産を病人の治療に捧げた.

▶ 名 **devótion** 献身, 専念

| 0629 **accustomed** [əkʌ́stəmd] アカスタムド | 形 (…に) **慣れて** (to) (=used) |

I am not accustomed to walking long distances. 私は長距離を歩くことに慣れていない.

▶ 動 **accústom** …を慣らす

コラム **dis-は「非・逆・反対・除去」をあらわす** ‥‥‥‥‥‥‥‥‥‥‥‥‥

接頭辞の dis- は〈非・逆・反対・除去〉をあらわす.

たとえば, cover と discover の関係で考えてみよう. cover (覆う) に dis- を付けると, discover(覆いを除去する→発見する) になるというわけである. このことを覚えておくだけで, 単語の増強に役立つはずだ.

・advantage (有利) ⇔ disadvantage (不利)

・agree (一致する) ⇔ disagree (一致しない)

・appear (現われる) ⇔ disappear (消える)

・armament (軍備, 武装化) ⇔ disarmament (軍備縮小, 武装解除)

・close (閉める) ⇔ disclose (暴く)

・honest (正直な) ⇔ dishonest (不正直な)

・honor (名誉) ⇔ dishonor (不名誉)

・like (好む) ⇔ dislike (嫌う)

・order (秩序) ⇔ disorder (無秩序, 混乱)

Unit 3

0630	**forgive**	[fərgív] フギヴ	動 …の(…という罪を)**許す**(for), …が(…したことを)**許す** (for *doing*)

I cannot forgive him for what he said. 彼の言ったことが許せません.

0631	**permit**	[pərmít] パミット	動 …が(…するのを)**許可[可能に]する**(to *do*)

permit them to disembark the ship 彼らが下船するのを許可する

▶ 名 **permíssion** 許可
▶ 形 **permíssive** 許される, 寛大な

0632	**gaze**	[géiz] ゲイズ	動 (…を)(興味を持って)**じっと見つめる**(at)(=stare) 名 じっと見ること, 凝視

gaze at the Christmas tree クリスマスツリーをじっと見つめる

0633	**stare**	[stéər] ステア(ー)	動 (…を)(驚いて)**じっと見つめる**(at)(=gaze) 名 じっと見ること, 凝視

Oxen stared at us with big eyes. 牛たちが大きな目で私たちをじっと見た.

0634	**inquire**	[inkwáiər] インクワイア(ー)	動 (人に)…を**尋ねる**(of[from]), **尋ねる**(=ask)

"Where do you live?" he inquired of me. 彼は私に「どこに住んでいるの?」と尋ねた.

0635	**reluctant**	[rilʌ́ktənt] リラクタント	形 (…するのに)**気が進まない**(to *do*)(=unwilling), しぶしぶの

Some soldiers were reluctant to obey the command.
その命令にしぶしぶ従う兵士もいた.

▶ 名 **relúctance** 気が進まないこと

0636	**willing**	[wíliŋ] **ウィ**リング	形 (…する)**気持ちがある**(to *do*)(⇔unwilling 気が進まない), (…しても)**構わないと思っている**(to *do*)

I'm willing to help. 手伝っても構いませんよ.

0637	**reproach**	[ripróutʃ] リプ**ロ**ウチ	動 …を(…のことで)**非難する**(for)(=blame) 名 非難, 叱責

I reproached her for her extravagance. 私は彼女の浪費癖を非難した.

▶ 形 **repróachful** 非難するような

0638	**differ**	[dífər] **ディ**ファ(ー)	動 (…と/…の点で)**異なる**(from/in)

The two regions differ in religion and culture.
その2つの地域は宗教と文化の点で異なる.

▶ 名 **dífference** 違い, 差異
▶ 形 **dífferent** 異なる

| 0639 **despair** | [dispéər]
ディスペア(ー) | 動 (…に) 絶望する (of)
名 絶望, 失望 |
| □□ | | |

despair of the future 未来に絶望する

▶ 名 **desperátion** 絶望, 死に物狂い
▶ 形 **désperate** 絶望的な, 必死の

| 0640 **pant** | [pǽnt]
パァント | 動 息を切らす, (…を/…することを) 切望[渇望]する (for/to do) (=crave) |
| □□ | | |

She is panting for more. 彼女はより多くのことを渇望している.

| 0641 **cooperate** | | 動 (…と) 協力する (with) |
| □□ | [kouápərèit]
コウア**ペ**レイト | |

cooperate with colleagues 同僚と協力する

▶ 名 **cooperátion** 協力
▶ 形 **coóperative** 協力的な

| 0642 **regret** | [rigrét]
リグレット | 動 (…したこと) を後悔する (doing), 残念ながら (…する) (to do)
名 後悔, 遺憾 |
| □□ | | |

I regret to say that she has been seriously injured.
残念ながら彼女は重傷だと言わなければなりません.

▶ 形 **regrétful** 後悔している
▶ 形 **regréttable** 残念な, 遺憾な

| 0643 **attempt** | [ətém(p)t]
ア**テ**ン(プ)ト | 動 (…すること) を試みる (to do) (=try)
名 (…する) 試み[企て] (to do) |
| □□ | | |

I attempted to convince her. 私は彼女の説得を試みた.

| 0644 **decorate** | [dékərèit]
デクレイト | 動 …を (…で) 飾る (with) (=adorn) |
| □□ | | |

decorate a cake with whipped cream ケーキをホイップクリームで飾る

▶ 名 **decorátion** 装飾(物), 飾り付け

| 0645 **convince** | [kənvíns]
クン**ヴィ**ンス | 動 …に (…を/…ということを) 納得させる (of/that節) (=persuade),
(be convinced that節 …の形で) …と確信している |
| □□ | | |

convince customers of the advantage of the product 客にその製品の利点を納得させる

▶ 名 **convíction** 確信, 説得(力)

| 0646 **endeavor** | [indévər]
イン**デ**ヴァ(ー) | 動 (…しようと) 努力する (to do) (=attempt)
名 努力 |
| □□ | | |

I will endeavor to acquire research funds. 研究費の獲得に努力するつもりだ.

0647	**curious**	[kjú(ə)riəs] キュ(ア)リアス	形 (…に対して) 好奇心が強い (about) (⇔incurious 好奇心のない), しきりに…したがる (to *do*)

I am curious to read the sequel of the story. その話の続きが早く読みたい.

▶ 名 **curiósity** 好奇心

0648	**consent**	[kənsént] クンセント	動 (…に) 同意する (to) (⇔dissent 異議を唱える) 名 同意, 承諾

I will consent to the divorce. 離婚に同意するつもりだ.

0649	**offer**	[ɔ́(:)fər] オ(ー)ファ(ー)	動 (offer A Bの形で) AにBを提供する (=offer B to A), …を申し出る 名 提供, 申し出

offer the first 10 customers a small gift 先着10名の客に粗品を提供する

0650	**cope**	[kóup] コウプ	動 (…に) 対処する (with) (=deal), (…を) 処理する (with)

cope well with stress ストレスにうまく対処する

0651	**warrant**	[wɔ́(:)rənt] ウォ(ー)ラント	動 …を保証する 名 保証, 正当な理由 warrant that節　…ということを保証する warrant A (to be) B　AをBであると保証する warrant for A　Aの正当な理由

The antique dealer warranted that this coin is genuine.
=The antique dealer warranted this coin genuine.
古物商はこのコインが本物と保証した.
They had no warrant for their action. 彼らの行動には正当な理由がなかった.

▶ 名 **wárranty** 保証(書)

0652	**indifferent** [indíf(ə)rənt] インディファ(ア)レント	形 (…に) 無関心な (to), (…に) 冷淡な (to)

He is indifferent to fame. 彼は名声には無関心だ.

▶ 名 **indífference** 無関心

0653	**estimate**	[éstəmèit] エスティメイト	動 〈費用・損害など〉を (…であると) 見積もる (at), …を推定する 名 見積もり, 概算

I estimate her loss at 2 million dollars. 私は彼女の損害を200万ドルと見積もった.

▶ 名 **estimátion** 見積もり, 推定

0654 announce [ənáuns] アナウンス	動 (…ということ)を**発表する**[知らせる](that節)(=declare)

The minister announced that he would resign on April 2.
大臣は4月2日に辞任すると発表した.

▶ 名 annóuncement 発表, お知らせ, 放送

0655 intend [inténd] インテンド	動 (…する)**つもりである**(to do)(=mean), …を**意図する**

I intend to file a lawsuit. 私は訴訟を起こすつもりだ.

▶ 名 inténtion 意図, 意思
▶ 形 inténtional 意図的な, 故意の

0656 emphasis[émfəsis] エンファスィス	名 **強調**(=stress), 重視, (put[lay/place] (an) emphasis on ...の形で) …を**強調する**

put a special emphasis on cutting costs コスト削減を特に強調する

▶ 動 émphasize …を強調する
▶ 形 emphátic 協調された, 語気の強い

0657 meditate [médətèit] メディテイト	動 (…について)**深く考える**(on)(=contemplate), (…しよう)と思っている(doing)(=consider)

meditate on the meaning of marriage 結婚の意味について深く考える

▶ 名 meditátion 熟慮, 瞑想

0658 starve [stá:rv] スターヴ	動 **飢える**, …を**餓死させる**, (be starved[starving] for ...の形 で)〈愛情・知識など〉に**飢えている**, …を**切望している**

They are starving for affection. 彼らは愛情に飢えている.

▶ 名 starvátion 飢え, 餓死

0659 eager [í:gər] イーガ(ー)	形 (…を/…するのを)**熱望して**(for/to do)(=anxious), **熱心な**(=enthusiastic)

We are all eager for world peace. 我々はみな世界平和を熱望している.

Unit 4

0660	**reply**	[riplái] リプ**ライ**	動 (…に)**返事をする**(to) (=respond), …と**答える** 名 **返事, 返答**

I won't reply to this letter.　私はこの手紙に返事をするつもりはない.

0661	**protest**	[prətést] プロ**テスト** [próutest] **プロ**ウテスト	動 (…に)**抗議する**(against[at]), (…ということ)を**主張する** (that節) 名 **抗議, 異議**(申し立て)

protest against excessive taxes　高すぎる税金に抗議する

0662	**ensure**	[inʃúər] イン**シュ**ア(ー)	動 …を**確保する, 確実に**(…する)**ようにする**(that節) (=make sure)

I'll ensure that this package arrives on time.
この小包が時間通りに届くようにいたします.

0663	**decide**	[disáid] ディ**サイド**	動 **決定する, 決心する** decide to *do* …しようと決心する decide that節 …ということを決心[決定]する decide whether節 …するかどうかを決定する decide on A　Aを[に]決める

I decided to postpone my departure.　私は出発を延期すると決めた.
They decided that they would live in Sydney.　彼らはシドニーに住むと決心した.
He hasn't decided whether to go to university.
彼は大学に進学するかどうかを決定していない.
I have decided on the date to visit him.　彼のところに行く日付を決めた.

▶ 名 **decísion** 決心, 決定
▶ 形 **decísive** 決定的な, 決断力のある

0664	**mass**	[mǽs] **マァ**(ー)ス	名 **多数, 多量,** (the massesの形で) **大衆, 庶民,** (a mass of ...の形で) **大量の**… 形 **大規模の**

A mass of data is stored in the computer.
大量のデータがコンピュータに記憶されている.

0665	**encourage** [inkə́:ridʒ] インカーレッジ		動 …を**励ます**(⇔discourage …を落胆させる), …を**勇気づける,** …に(…するよう)**促す**(to *do*)

encourage him to join the committee　彼に委員会に参加するよう促す

▶ 名 **encóuragement** 励まし, 促進

0666	**enable**	[inéibl] イ**ネ**イブル	動 …に(…するのを)**可能にする**(to *do*)

This skill will enable you to find a job soon.
この技術があれば仕事がすぐ見つかるでしょう.

0667 **prejudice** [prédʒudis] プレジュディス	動 …に偏見をもたせる, (be prejudiced against …の形で) …に偏見を持っている 名 偏見, 先入観

They are prejudiced against e-sports. 彼らはeスポーツに偏見を持っている.

▶ 形 **préjudiced** 偏見を持った

0668 **distinguish** [distíŋ(g)wiʃ] ディスティングウィッシュ	動 …を区別する distinguish A from B　AをBと区別する distinguish between A and B　AとBを区別する distinguish between As　Aの間の相違を区別する[見分ける]

distinguish farmed scallops from wild ones 養殖ホタテを天然ものと区別する
distinguish between legitimate e-mail and spam
通常のメールと迷惑メールを区別する
distinguish between colors 色の違いを見分ける

▶ 形 **distínguishable** 区別できる

0669 **jealous** [dʒéləs] ジェラス	形 (…を)ねたんでいる(of)(=envious), 嫉妬深い

He was jealous of her achievement. 彼は彼女の業績をねたんでいた.

▶ 名 **jéalousy** ねたみ, 嫉妬

0670 **hesitate** [hézətèit] ヘズィテイト	動 (…するの)をためらう(to do)

He did not hesitate to come forward. 彼はためらうことなく前に進み出た.

▶ 名 **hesitátion** ためらい
▶ 形 **hésitant** ためらいがちな

0671 **conflict** [kənflíkt] クンフリクト [kánflikt] カンフリクト	動 (…と)対立[矛盾]する(with) 名 対立, 衝突, 矛盾 (=contradiction)

Our interests conflict with each other's. 我々の利害は相反する.

0672 **inform** [infɔ́ːrm] インフォーム	動 …に(…を/…ということを)知らせる(of/that節) (=acquaint)

inform customers of price revision 顧客に価格改定を知らせる

▶ 名 **informátion** 情報
▶ 形 **infórmative** 知識を提供する, 有益な

0673 □□ **excel**	[iksél] イク**セ**ル	動 (…に) 秀でている (in[at]), より優れている (=surpass)

The company excels in particular fields. その会社は特定の分野で秀でている.

▶ 名 **éxcellence** 優秀さ, 長所
▶ 形 **éxcellent** 優れた, 素晴らしい

0674 □□ **rumor**	[rú:mər] **ルー**マ(ー)	動 …とうわさする 名 うわさ Rumor says[has it] that節 ... うわさでは…ということである There is a rumor that節 ... …といううわさがある It is rumored that節... …とうわさされている

Rumor has it that the Cabinet will be reshuffled. うわさでは内閣が改造されるということだ.
There is a rumor that our teacher is leaving. 先生がやめるといううわさがある.
It is rumored that he has gone bankrupt. 彼は破産したとうわさされている.

0675 □□ **inferior**	[infí(ə)riər] インフィ(ア)リア(ー)	形 (…より) 劣った[下位の] (to) (⇔superior 優れた) 名 目下の人, 劣った人

A colonel is inferior to a general. 大佐は将軍よりも下位である.

▶ 名 **inferiórity** 下位, 劣等

0676 □□ **superior**	[supí(ə)riər] スピ(ア)リア(ー)	形 (…よりも) 優れた[上級の] (to) (⇔inferior 劣った) 名 目上の人, 上司

His paper is superior to mine. 彼の論文は私のものより優れている.

▶ 名 **superiórity** 優越

0677 □□ **congratulate** [kəngrǽtʃulèit] クングラ**ァ**チュレイト	動 …を (…のことで) 祝う (on)

I congratulate you on your promotion. 昇進おめでとう.

▶ 名 **congratulátion** 祝うこと, (congratulationsの形で) 祝辞

0678 □□ **acquaint**	[əkwéint] アク**ウェ**イント	動 …を (…と) 知り合いにさせる[知らせる] (with), (be acquainted with ...の形で) …と知り合いである

acquaint a newcomer with the rules of the club 新入会員にクラブの規則を知らせる

▶ 名 **acquáintance** 知り合い, 面識, 知識

0679 □□ **refrain**	[rifréin] リフ**レ**イン	動 (…を/…することを) 差し控える[慎む] (from/from doing) (=abstain)

refrain from eating greasy food 脂っこい食事を控える

0680 □□ **heal**	[hí:l] **ヒー**ル	動 …の (病気・傷・けがなどを) 治す (of) (=cure), 治る, 〈悲しみ・悩み〉を癒す

heal him of a disease 彼の病気を治す

0681	**mention** [ménʃən] メンシュン	動 …に言及する, (…ということ)を述べる(that節) 名 言及

Don't mention it. (感謝・お詫びに対して)どういたしまして.

0682	**confident** [kánfədənt] カンフィデント	形 (…に)自信がある(in), (…を/…ということを)確信している(of[about]/that節)(⇔unconfident 確信していない)

They are confident of victory. 彼らは勝利を確信している.

▶ 動 confíde 信頼する, …を打ち明ける
▶ 名 cónfidence 信頼, 自信, 確信

0683	**compete** [kəmpíːt] クンピート	動 (…と)競争する(with), (…に)匹敵する(with)

compete with foreign companies 外国企業と競争する

▶ 名 competítion 競争
▶ 名 compétitor 競争相手
▶ 形 compétitive 競争力のある, 競争心の強い

0684	**define** [difáin] ディファイン	動 …を(…と)定義する(as), …を明確にする

Aristotle defined man as a political animal.
アリストテレスは人間を政治的動物と定義した.

▶ 名 definítion 定義, 明確にすること
▶ 形 définite 明確な, はっきりと限定された

0685	**assert** [əsə́ːrt] アサート	動 (…ということ)を断言[主張]する(that節)(=insist)

Her friends asserted that she was innocent. 友人たちが彼女は無実だと断言した.

0686	**detach** [ditǽtʃ] ディタッチ	動 …を(…から)切り離す(from)(⇔attach …をくっつける)

detach a leaf from the plant 葉を1枚その植物から切り離す

▶ 名 detáchment 分離, 孤立, 無関心

0687	**insert** [insə́ːrt] インサート	動 (…に)…を挿入する[書き込む/掲載する](into[in])

insert a clause in a sentence 文中に1節を書き込む

▶ 名 insértion 挿入, 折り込み(広告)

0688	**compatible** [kəmpǽtəbl] クンパァティブル	形 (…と)両立できる[互換性がある](with)(⇔incompatible 両立しない)

This printer is compatible with most PCs.
このプリンターはたいていのパソコンと互換性がある.

| 0689 **lack** □□ | [lǽk] **ラァ(ー)ック** | 動 …を欠いている (=want), (be lacking in ...の形で) …を欠いている |
| | | 名 (…の)不足 (of), 欠如, 欠落 |

Her attitude is lacking in warmth. 彼女の態度は温かさを欠いている.

コラム 動詞の代表的な「接尾辞」 ……………………………………

《-fy / -ify「〜化する, 〜させる」》

　ここでは「〜化する」という動詞の語尾を見ていこう.

・justify「正当化する, 正しいと証明する」

・simplify「単純化する, 容易にする」

・modify「変更する, 修正する」

・intensify「強くする, 激しくする, 増大させる」

・purify「浄化する, 清める, 精製する」

・classify「分類する, 機密扱いにする」

《-ize / -ise「〜化する, 〜にする, 〜になる」》

・modernize「近代化する, 現代化する, 最新化する」

・organize「組織化する, 系統立てる, まとめあげる」

・specialize「専門にする, 専攻する」

・theorize「理論づける, 理論立てする」

・supervise「監督する, 管理する」

Unit 5

0690 ☐☐	**quarrel**	[kwɔ́(ː)rəl] クウォ(ー)ラル	動 (Aと)(Bについて)口論する(with A)(about[over] B) 名 口論

quarrel with one another about trivial things. 互いにちょっとしたことで口論する

▶ 形 **quárrelsome** 口論好きな

0691 ☐☐	**explain**	[ikspléin] イクスプレイン	動 …を説明する(=account for) explain A to B　AをBに説明する explain to A that節[wh-節] ...　Aに…を説明する

Will you explain the rule to me? その規則を私に説明してください.
The pilot explained to us why the landing was delayed.
パイロットは私たちになぜ着陸が遅れたかを説明した.

▶ 名 **explanátion** 説明
▶ 形 **explánatory** 説明のための, 説明的な

0692 ☐☐	**reward**	[riwɔ́ːrd] リウォード	動 …に(…で)報いる(with)(=repay), …に報酬を与える 名 報酬, 見返り

reward his past service with a watch これまでの彼の功績に腕時計で報いる

0693 ☐☐	**determine**	[ditɔ́ːrmin] ディターミン	動 (…ということを)決心する(that節)(=decide), (be determined to do ...の形で)…することを決心する

I am determined to fight to the end. 私は最後まで戦い抜く決意だ.

▶ 名 **determinátion** 決意, 決定, 決断力

0694 ☐☐	**eliminate**	[ilímənèit] イリミネイト	動 …を(…から)取り除く(from), …を排除する(=exclude)

eliminate unnecessary words from an essay 論文から不要語を取り除く

▶ 名 **eliminátion** 削除, 排除

0695 ☐☐	**competent**	[kámpətənt] カンペテント	形 (…の/…する)能力がある(for/to do) (⇔incompetent 能力のない), 有能な

They are competent to teach physics. 彼らは物理学を教える能力がある.

▶ 名 **cómpetence** 能力, 力量

0696 ☐☐	**motivate**	[móutəvèit] モウティヴェイト	動 …に(…する)動機を与える(to do)(=stimulate), …を(…する)気にさせる(to do)

What motivates you to lose weight? なぜ減量しようと思うのですか.

0697 ☐☐	**confront**	[kənfrʌ́nt] クンフラント	動 …と直面する, …に立ち向かう, (be confronted with ... の形で)…に直面する

We have been confronted with a new problem. 我々は新たな問題に直面している.

▶ 名 **confrontátion** 直面, 対決

0698 **remove**	[rimú:v] リムーヴ	動 …を(…から)**取り除く**(from)(=take away)

remove wine stains from the shirt　ワインのしみをシャツから取り除く

▶ 名 **remóval** 除去, 撤去

0699 **criticize**	[krítəsàiz] クリティサイズ	動 …を(…のことで)**非難する**(for), …を**批評する**

criticize her for abusing her power　彼女を権力乱用の件で非難する

▶ 名 **críticism** 批判, 批評
▶ 名 **crític** 批評家, 評論家
▶ 形 **crítical** 批評の, 重大な, 危機的な

0700 **calm**	[ká:m] カーム	動 …を**静める**, (calm ... downの形で)…を**落ち着かせる**, (calm downの形で)**落ち着く** 形 穏やかな, 落ち着いた

He tried to calm her down.　彼は彼女を落ち着かせようとした.

0701 **equivalent** [ikwívələnt] イクウィヴァレント		形 **同等の**(=equal), (…に)**相当する**(to) 名 同等の物, 相当語句

One dollar is equivalent to 122 yen as of today.　今日現在1ドルは122円に相当する.

▶ 名 **equívalence** 同等(物), 等価(物)

0702 **confirm**	[kənfə́:rm] クンファーム	動 (…ということ/…かどうか)を**確認する**(that節/whether 節), …を**裏付ける**

confirm that there are no omissions　記入漏れがないことを確認する

▶ 名 **confirmátion** 確認, 確証, 裏付け
▶ 形 **confírmed** 確認された, 常習の

0703 **assent**	[əsént] アセント	動 (…に/…することに)**同意する**(to/to do) (⇔dissent 異議を唱える) 名 同意, 賛成

Nobody would assent to the terms.　誰もその条件には同意することはないだろう.

0704 **evaporate** [ivǽpərèit] イヴァポレイト		動 (…に)**蒸発する**(into), 消滅する

Water evaporates into the atmosphere.　水は大気中へと蒸発する.

▶ 名 **evaporátion** 蒸発, 消滅

0705 **capacity** [kəpǽsəti] クパァスィティ		名 (…の/…する)**能力**(for/to do)(⇔incapacity 無能), 才能, 収容能力

a capacity for eloquent speech　弁舌の才能

0706	**postpone** [pous(t)póun] ポウス(ト)**ポウ**ン	動 (…すること)を延期[先送り]する (doing) (=put off)

postpone making a decision 決断を先送りする

▶ 名 **postpónement** 延期

0707	**sensitive** [sénsətiv] **セ**ンスィティヴ	形 (…に)敏感な (to) (⇔insensitive 鈍感な), 繊細な, 神経 過敏の

a person who is sensitive to the cold 寒さに敏感な人

▶ 名 **sensitívity** 感度, 敏感さ

0708	**inspire** [inspáiər] インス**パイア**(ー)	動 …を激励する, …に (…する)気にさせる (to do)

The true events inspired me to write the story.
その実話に刺激されて私はその物語を書いた.

▶ 名 **inspirátion** ひらめき, 霊感

0709	**revenge** [rivéndʒ] リ**ヴェ**ンジ	動 (revenge oneself on …の形で) …に復讐する (= be revenged on …) 名 復讐, 報復

I revenged myself on her for her disloyalty. 背信行為をしたので, 彼女に私は復讐した.

▶ 形 **revéngeful** 執念深い, 復讐に燃えている

0710	**classify** [klǽsəfài] ク**ラ**スィファイ	動 …を (…に)分類する (into[as])

classify this plant as a moss この植物をコケ類に分類する

▶ 名 **classificátion** 分類, 区分

0711	**conform** [kənfɔ́:rm] クン**フォー**ム	動 (…に)従う (to[with]), (…と)一致する (to[with])

These measurements conform to the blueprints. これらの寸法は設計図に一致する.

▶ 名 **confórmity** 服従, 一致, 適合

0712	**convert** [kənvá:rt] クン**ヴァー**ト	動 …を (…に)変換する (to[into]) (=change)

convert uppercase letters to lowercase 大文字を小文字に変換する

▶ 形 **convértible** 変換できる, 転換できる

0713	**unite**	[juːnáit] ユーナイト	動 …を団結させる（⇔disunite …を分裂させる），（…と）団結[結合]する（with）

unite with oxygen 酸素と化合する

▶ 名 **únity** 統一, 調和
▶ 形 **united** 結合した, 団結した

0714	**efficient**	[ifíʃənt] イフィシャント	形 能率的な（⇔inefficient 能率の悪い），効率的な，（…に）有能な（at[in]）

He is efficient at his work. 彼は仕事に有能だ.

▶ 名 **efficiency** 能率, 能力

0715	**proficient** [prəfíʃənt] プロフィシャント		形 （言語などに）堪能な（in），（…に）熟練した（in）（=skilled）

She is proficient in general office duties. 彼女は事務仕事全般に熟練している.

▶ 名 **proficiency** 熟練, 技量

0716	**fatigue**	[fətíːg] ファティーグ	動 …を（…で）疲れさせる（from[with]），（be fatigued with …の形で）…で疲れている 名 疲労

I am fatigued from sitting up all night. 私は徹夜して疲れている.

0717	**distract**	[distrǽkt] ディストゥラクト	動 〈気持ち・注意など〉を（…から）そらす（from）（=attract）

The noise distracted his attention from his book. 騒音で彼の注意が本からそれた.

▶ 名 **distráction** 気をそらすこと[物], 気晴らし

0718	**participate** [pɑːrtísəpèit] パーティスィペイト		動 （…に）参加する（in）（=take part in）

participate in the demonstration デモに参加する

▶ 名 **participátion** 参加
▶ 名 **partícipant** 参加者

0719	**add**	[ǽd] ア(ー)ッド	動 …を（…に）加える（to），（…を）増す[増やす]（to）

add to knowledge of the universe 宇宙に関する知識を増やす

▶ 名 **addítion** 追加, 付加, 添加
▶ 形 **addítional** 追加の, 追加的な

Unit 6

0720	**dispute**	[dispjúːt] ディスピュート	動 (Aと) (Bについて)論争する (with A) (about[over] B), (…ということ) に異議を唱える (that節) 名 論争, 紛争

No one disputes that he is kind. 彼が親切だということに異論を唱える人はいない.

▶ 形 **dispútable** 議論の余地がある, 疑わしい

0721	**profit**	[práfit] プラフィット	動 (…から)利益を得る (from) 名 (…からの)利益 (from)

The walled city made huge profit from maritime trade.
その城塞都市は海洋貿易から莫大な利益を得ていた.

▶ 形 **prófitable** 儲かる, 有益な

0722	**assign**	[əsáin] アサイン	動 (…に)…を割り当てる (to) (=allocate)

assign a code to each product 各製品にコード番号を割り当てる

▶ 名 **assígnment** 割り当て(られた仕事), 宿題, 任命

0723	**tempt**	[tém(p)t] テン(プ)ト	動 …を誘惑する (=allure), …に (…する) 気にさせる (to do), (be tempted to do …の形で) …したくなる

I was tempted to drink. つい酒が飲みたくなった.

0724	**vow**	[váu] ヴァウ	動 (…すること)を誓う (to do) (=pledge) 名 誓い, 誓約

I vow to be loyal to you. あなたに忠誠を誓います.

0725	**heap**	[híːp] ヒープ	名 (ものを積み上げた)山, (a heap [heaps] of …の形で) たくさんの… 動 …を積み上げる

a heap of trouble たくさんの困難

0726	**pile**	[páil] パイル	名 (ものを積み上げた)山, (a pile [piles] of …の形で) たくさんの… 動 …を (きちんと)積み上げる

I have piles of work to do this morning. 今朝はたくさんのすべき仕事がある.

0727	**hinder**	[híndər] ヒンダ (ー)	動 …が (…するのを)妨げる (from doing) (=prevent)

The sound hindered me from getting enough sleep. 騒音でよく眠れなかった.

▶ 名 **híndrance** 妨害, 障害物

| 0728 | **constitute** [kánstət(j)ùːt] カンスティテュート | 動 …を構成する, (be constituted of …の形で)…で構成されている (=be made up of) |

This book is constituted of six chapters. この本は6章で構成されている.

▶ 名 **constitútion** 構成, 体質, 憲法
▶ 形 **constitútional** 体質の, 憲法の
▶ 形 **constítuent** 構成する, 成分の

| 0729 | **seize** [síːz] スィーズ | 動 (seize A by the Bの形で) A(人)のB(体の部分)をつかむ (=grab), 〈権力など〉を奪い取る, 〈犯人〉をとらえる |

The police officer seized the suspect by the neck. 警官は容疑者の首をつかんだ.

▶ 名 **séizure** つかむこと, 押収(物)

| 0730 | **apologize** [əpálədʒàiz] アパロジャイズ | 動 (Aに)(Bのことで)謝罪する(to A)(for B) |

I apologized to him for my clumsiness. 私は彼に不手際を謝罪した.

▶ 名 **apólogy** 謝罪
▶ 形 **apologétic** 謝罪の, 申し訳なさそうな

| 0731 | **fluent** [flúːənt] フルーエント | 形 (言葉が)流暢な(in)(=proficient) |

The linguist is fluent in some Chinese dialects.
その言語学者はいくつかの中国の方言を流暢に話す.

▶ 名 **flúency** 流暢さ

| 0732 | **divide** [diváid] ディヴァイド | 動 …を(…に)分割する(into), …を(…から)隔てる(from) (=separate) |

divide the pupils into three groups 生徒を3つのグループに分ける

▶ 名 **divísion** 分割, 分裂, 割り算

| 0733 | **oppose** [əpóuz] オポウズ | 動 …に反対する, …に抵抗する(=resist), (be opposed to …の形で)…に反対している |

I am opposed to nuclear power. 私は原発に反対している.

▶ 名 **opposítion** 反対, 対戦相手, 野党
▶ 形 **ópposite** 反対側の, 正反対の

| 0734 | **react** [riǽkt] リアクト | 動 (…に)反応する(to)(=respond), (…に)反発する(against) |

The people reacted against the tyrannical system. 人民は圧政に反発した.

▶ 名 **reáction** 反応, 反発, 反作用
▶ 形 **reáctionary** 反動的な, 保守的な

0735	adapt	[ədǽpt] アダプト	動 …を(…に)適応させる(to)(=accommodate), (…に)適応する(to)

Children adapt quickly to a new environment.　子供はすぐに新しい環境に適応する.

▶ 名 adaptátion　適応, 順応
▶ 形 adáptable　適応できる, 順応性のある

0736	approve	[əprúːv] アプルーヴ	動 (…に)賛成する(of)(⇔disapprove 反対する), …に賛成する, …を承認する

I approve of his appointment.　彼を任命することに私は賛成する.

▶ 名 appróval　賛成, 承認

0737	disapprove	[dìsəprúːv] ディサプルーヴ	動 (…に)反対する(of)(⇔approve 賛成する), …を承認しない

The majority disapprove of the measure.　多数の人がその措置に反対している.

▶ 名 disappróval　不賛成, 不承認

0738	appropriate	[əpróupriət] アプロウプリエット	形 (…に)適切な(for[to])(=apt)

This dress is appropriate for the occasion.　このドレスこそ, その場面にふさわしい.

0739	beware	[biwéər] ビウェア(ー)	動 (…に)用心[注意]する(of)

The notice says, "Beware of pickpockets".　掲示には「スリに注意」と書いてある.

0740	supply	[səplái] サプライ	動 …に(…を)供給[提供]する(with) 名 供給(量), (suppliesの形で)必需品

The media supplies us with a lot of information.
マスコミは我々に大量の情報を提供する.

0741	surpass	[sərpǽs] サパァス	動 …を超える, (…で)…に勝る(in[at])(=excel)

Her idea surpasses yours in originality.　彼女のアイディアは独創性で君のものに勝る.

0742	aspire	[əspáiər] アスパイア(ー)	動 (…を/…することを)熱望する(to/to do)

All people naturally aspire to knowledge.　人はみな生まれつき知識を熱望する.

▶ 名 aspirátion　熱望, 向上心, 呼吸, 吸引

0743 stimulate [stímjulèit] スティミュレイト	動 …を刺激する, …に刺激して(…)させる(to *do*)(=encourage)

stimulate the immune system to attack tumor cells
免疫系を刺激して腫瘍細胞を攻撃する

▶ 名 stímulus 刺激(物)
▶ 名 stimulátion 刺激, 激励

0744 notorious [noutɔ́:riəs] ノウトーリアス	形 (…で)悪名高い(for)(=infamous)

Our village is notorious for muddy roads. 私たちの村は泥んこ道で悪名高い.

▶ 名 notoríety 悪評, 悪名

0745 infamous[ínfəməs] インファマス	形 (…で)悪名高い(for)(=notorious)

The queen is infamous for her decadent lifestyle.
その女王は堕落した暮らしぶりで悪名高い.

0746 impose [impóuz] インポウズ	動 (…に)〈義務・負担・税金など〉を課す[押し付ける](on) (=inflict), (impose on …の形で)…に付け込む

impose sanctions on the union その組合に制裁を課す

▶ 名 imposítion 課すこと, 課税

0747 grieve [grí:v] グリーヴ	動 (…を)嘆き悲しむ(for[over]), …を悲しませる

grieve over past mistakes 過去の過ちを嘆き悲しむ

▶ 名 gríef 嘆き, 悲しみ
▶ 形 gríevous 悲惨な, 嘆かわしい

0748 deprive [dipráiv] ディプライヴ	動 …から(…を)奪う(of)(=take away)

deprive a monarch of the crown 王から王位を奪う

▶ 名 deprivátion はく奪, 欠乏

0749 function [fʌ́ŋ(k)ʃən] ファン(ク)シュン	動 (…の)機能を果たす(as)(=serve) 名 機能, 役割

The school building functions as a place of refuge. その校舎は避難所の機能を果たす.

Unit 7

0750 ☐☐	**fraction** [frǽkʃən] フ**ラ**クシュン	名 (…の) ほんの一部 (of), 断片, ごくわずか

Only a small fraction of the population fled. 避難したのは人口のほんの一部だった.

▶ 形 **fráctional** わずかな, 断片的な

0751 ☐☐	**cease** [síːs] 発 ス**ィ**ース	動 …をやめる (=quit), 止まる, (…) しなくなる (to do[doing])

cease posting any content 書き込みをしなくなる

▶ 形 **céaseless** 絶え間ない, 不断の

0752 ☐☐	**exchange** [ikstʃéindʒ] イクス**チェ**インジ	動 …を (…と) 交換する (for) (=swap), …を両替する 名 交換, 為替 (相場)

exchange yen for dollars 円をドルと交換する

0753 ☐☐	**strive** [stráiv] ストゥ**ラ**イヴ	動 (…を求めて/…しようと) 努力する (for/to do) (=try), 奮闘する, 戦う

We will strive to reduce costs. 経費削減に努力します.

▶ 名 **strífe** 争い, 敵対

0754 ☐☐	**exceed** [iksíːd] イク**スィ**ード	動 …を超える, …に (…で) 勝る (in) (=excel)

London exceeds New York in size. ロンドンはニューヨークに大きさで勝る.

▶ 名 **excéss** 超過, 過度 (の行為)
▶ 形 **excéssive** 過剰な, 過度の

0755 ☐☐	**withhold** [wiθhóuld] ウィズ**ホ**ウルド	動 …を保留する, …を差し控える, …に (…を) 与えずにおく (from)

She withheld information from the police. 彼女は警察に情報を与えずにおいた.

0756 ☐☐	**sufficient** [səfíʃənt] サ**フィ**シュント	形 (…に/…するのに) 十分な (for/to do) (⇔insufficient 不十分な)

The pension is sufficient for my living expenses. この年金で私の生活費に十分だ.

▶ 名 **sufficiency** 十分 (な量)

0757 ☐☐	**ban** [bǽn] **バ**ァン	動 …が (…するのを) 禁止する (from doing) (=prohibit) 名 禁止 (令)

ban people from smoking in public places 人々が公共の場で喫煙するのを禁止する

0758 ☐☐	**ornament** [ɔ́ːrnəmènt] **オ**ーナメント	動 …を (…で) 飾る (with) (=adorn) 名 装飾 (品)

ornament an altar with carvings 祭壇を彫刻で飾る

▶ 形 **ornaméntal** 装飾用の

0759	**compensate** [kámpənsèit] カンペンセイト	動 (…を)…に**補償する**(for), (…の)**埋め合わせをする**(for) (=make up for)

compensate the farmers for the damage to the crops 作物への被害を農民に補償する

▶ 名 **compensátion** 補償(金), 賠償, 埋め合わせ

0760	**marvel**　[má:rv(ə)l] マーヴル	動 (…に)**驚嘆する**(at) (=wonder) 名 **驚異**

Researchers marveled at the boy's spatial abilities.
研究者たちはその少年の空間認知能力に驚嘆した.

▶ 形 **márvelous** 驚くべき, 素晴らしい

0761	**convey**　[kənvéi] クンヴェイ	動 …を**運ぶ**, 〈情報など〉を(…に)**伝える**(to) (=communicate)

convey my intentions to the other person 私の意図を相手に伝える

▶ 名 **convéyance** 運送, 伝達

0762	**loyal**　[lɔ́iəl] ロイアル	形 (…に)**忠実[誠実]な**(to) (⇔disloyal 不忠実な)

He is loyal to his boss. 彼は上司に忠実だ.

▶ 名 **lóyalty** 忠実, 忠誠(心)

0763	**concentrate** [káns(ə)ntrèit] カンセントゥレイト	動 (…に)**集中する**(on), …を(…に)**集中させる[絞る]**(on)

Let's concentrate our discussion on this point. 議論をこの点に絞りましょう.

▶ 名 **concentrátion** 集中(力), 専念

0764	**transform** [trænsfɔ́:rm] トゥラァンスフォーム	動 …を(…に)**変える**(into[to]) (=change)

transform heat into power 熱を力に変える

▶ 名 **transformátion** 変化, 変質

0765	**reside**　[rizáid] リザイド	動 (…に)**居住する**(in[at]) (=live)

reside permanently in Ireland アイルランドに永住する

▶ 名 **résidence** 住居, 居住
▶ 形 **residéntial** 住宅(用)の, 居住の

0766	**rob**	[ráb] ラップ	動 …から（…を）奪う(of), …を襲う

A mugger robbed me of my wallet. 強盗が私から財布を奪った.

▶ 名 **róbbery** 強奪, 強盗(事件)

0767	**restrain**	[ristréin] リストゥレイン	動 〈感情・行動など〉を抑制する, …が（…するのを）抑える (from doing) (=prevent)

He restrained me from interfering. 彼は私が口出しするのを制止した.

▶ 名 **restráint** 抑制, 制限, 制止

0768	**abundant** [əbʌ́ndənt] アバンダント		形 （…が）豊富な(in) (⇔scarce 乏しい), （…に）富んでいる(in)

Australia is abundant in minerals. オーストラリアは鉱物が豊富だ.

▶ 動 **abóund** 豊富にある
▶ 名 **abúndance** 豊富, 多量

0769	**pat**	[pǽt] パァ(ー)ット	動 （pat A on the Bの形で）A(人)のB(体の部分)を軽くたたく [なでる]

I patted him on the shoulder. 私は彼の肩を軽くたたいた.

0770	**descend**	[disénd] ディセンド	動 降りる(⇔ascend 登る), 下がる, (be descended from ...の形で) …の子孫である

They are all descended from immigrants. 彼らはみな移民の子孫である.

▶ 名 **descént** 降下, 家系
▶ 名 **descéndant** 子孫, 末裔

0771	**continue**	[kəntínjuː] クンティニュー	動 （…をし）続ける(to do[doing]), 続く

I continued to honk the horn. 私はクラクションを鳴らし続けた.

▶ 名 **continúity** 連続性, 継続性
▶ 名 **continuátion** 継続, 連続
▶ 形 **contínual** 断続的な, 繰り返される
▶ 形 **contínuous** 連続的な, 絶え間ない

0772	**prefer**	[prifə́ːr] プリファー	動 （…よりも）…を好む[選ぶ] (to)

prefer death to surrender 降伏よりも死を選ぶ

0773 **supplement** [sΛpləmènt] **サ**プリメント	動 (…で)…を補う(with) 名 補足, 付録, 追加

I supplemented my explanation with some examples.
私はいくつかの例を出して説明を補足した.

▶ 形 **suppleméntary** 補足の, 補助的な

0774 **grateful** [gréitf(ə)l] グ**レ**イトフル	形 (Aに)(Bのことで)感謝している(to A)(for B) (⇔ ungrateful 感謝しない)

I am grateful to you all for your tolerant measures.
みなさんの寛大な処置に感謝いたします.

▶ 名 **grátitude** 感謝(の気持ち)

0775 **deserve** [dizə́:rv] ディ**ザ**ーヴ	動 …に値する(=merit), (…する)価値がある(to do)

The plan deserves to be taken seriously. その計画は真剣に検討される価値がある.

0776 **hasten** [héis(ə)n] **ヘ**イスン	動 …を急がせる, (hasten to do …の形で)急いで…する

I hasten to inform you of this matter. このことを急ぎお伝えいたします.

0777 **qualify** [kwάləfài] ク**ワ**リファイ	動 …に資格を与える, 資格を得る, (be qualified to do …の形で)…する資格がある(=be qualified for doing …)

I am qualified to receive a pension. 私は年金をもらう資格がある.

▶ 名 **qualificátion** 資格, 免許

0778 **furnish** [fə́:rniʃ] **ファ**ーニッシュ	動 …に(…を)備え付ける(with), …に(…を)供給する(with) (=supply)

furnish the refugees with food and clothing 難民に食料と衣類を提供する

▶ 名 **fúrnishing** 備え付け家具, 備品

0779 **enthusiastic** [inθ(j)ù:ziǽstik] インスゥーズィ**ア**スティック	形 熱狂的な, (…に)熱心な(about[over/for/at]) (⇔unenthusiastic 熱心でない)

The old man is enthusiastic about making pottery.
その老人は陶芸に熱心に取り組んでいる.

0780 **compromise** [kámprəmàiz] カンプロマイズ ☐☐	動 (…と) 妥協する (with) 名 妥協, 和解
Both sides had to compromise with each other. 両者が互いに妥協しなくてはならなかった.	

0781 **forbid** [fərbíd] フビッド ☐☐	動 …を禁止する (=ban), …に (…することを) 禁じる (to *do*)
I forbid you to go near the horse. その馬に近づいてはいけません.	
▶形 **forbídding** 近寄りがたい, 人を寄せ付けない	

0782 **investigate** [invéstigèit] インヴェスティゲイト ☐☐	動 (…を) 調査する (into), …を調査する (=look into)
investigate into an affair 事件を調査する	
▶名 **investigátion** 調査, 捜査	

0783 **clue** [klú:] クルー ☐☐	名 (…に対する) 手がかり (to)
The police received no clues to the mystery. 警察はその怪事件の手がかりが得られなかった.	

0784 **equip** [ikwíp] イクウィップ ☐☐	動 …に (…を) 備え付ける (with) (=supply), …に (…を) 装備する (with)
equip our office with new computers 仕事場に新しいコンピュータを備え付ける	
▶名 **equípment** 装備, 備品	

0785 **award** [əwɔ́:rd] アウォード ☐☐	動 (award A Bの形で) AにB (賞など) を授与する (=award B to A) 名 賞 (品), 賞金
The judges awarded her the first prize. 審査員たちは彼女に1等賞を授与した.	

0786 **passion** [pǽʃən] パァッシュン ☐☐	名 情熱, 激情, (…に) 夢中 (になること) (for)
He has a great passion for soccer. 彼はサッカーに夢中だ.	
▶形 **pássionate** 情熱的な	

0787 **acknowledge** [əknálidʒ] アクナレッジ ☐☐	動 …を (…と) 認める (as) (⇔deny …を否定する), …を承認する
acknowledge his statement as true 彼の話を真実と認める	
▶名 **acknówledg(e)ment** 承認, 感謝	

0788	**recommend** [rèkəménd] レクメンド	動 …を**推薦する**, …に(…するよう/…だと)**勧める**(to *do*/that 節)

recommend that the death penalty be abolished 死刑の廃止を勧告する

▶ 名 **recommendátion** 推薦(状), 提案

0789	**resist** [rizíst] リズィスト	動 (…すること)に**抵抗する**(*doing*)(=oppose), (…すること)を**こらえる**(*doing*), …に**耐える**

I could hardly resist laughing. ほとんど笑いをこらえることができなかった.

▶ 名 **resístance** 抵抗, 体制
▶ 形 **resístible** 抵抗できる

0790	**pray** [préi] プレイ	動 (…を求めて)**祈る**(for)

People prayed for rain. 人々は雨が降るよう祈った.

▶ 名 **práyer** 祈り(の言葉), 祈る人

0791	**alien** [éiliən] エイリアン	形 (…にとって)**なじみがない**[相いれない](to), (…と)**異質な**(from)

Thrift is alien to my nature. 倹約なんて私の性に合わない.

▶ 動 **álienate** …を疎外する, …を遠ざける
▶ 名 **alienátion** 疎外(感), 疎遠

0792	**prohibit** [prouhíbit] プロウヒビット	動 …に(…するのを)**禁止する**(from *doing*)(=ban), …が(…するのを)**防ぐ**(from *doing*)

prohibit overstayers from attending schools 不法長期滞在者に通学を禁止する

▶ 名 **prohibítion** 禁止

0793	**invest** [invést] インヴェスト	動 …を**投資する**, (…に)**投資する**(into), …に(権力・地位などを)**与える**(with)

invest the delegation with full authority 代表団に全権を与える

▶ 名 **invéstment** 投資(すること), 出資(金)

0794	**conceive** [kənsíːv] クンス**ィ**ーヴ □□	動 …を思いつく, 思いつく, 想像する conceive A (to be) B　AをBだと考える conceive that節　…だと思う conceive of A　Aを想像する, Aを思いつく

I conceive him to be stingy.　私は彼をケチだと考えている.
I conceived that there must be some difficulties.
少々面倒なことがあるにちがいないと私は思った.
She conceived of a robot which would help paralyzed patients.
彼女は麻痺した患者を助けるロボットを思いついた.

▶ 名 **concéption** 概念, 着想, 考え
▶ 形 **concéivable** 考えられる

0795	**imply** [implái] イン**プ**ライ □□	動 (…ということを)**ほのめかす**(that節)(=hint), …を**含意する**

She implied that she'd donated the money.　その金を寄付したことを彼女はほのめかした.

▶ 名 **implicátion** 暗示, 含意

0796	**interact** [ìntərǽkt] インタ**ラ**クト □□	動 (…と)**交流する**(with), (…と)**相互に作用**[**影響**]**する** (with)

Children learn by interacting with each other.　子供は互いに影響し合って学ぶ.

▶ 名 **interáction** 相互作用
▶ 形 **interáctive** 双方向の

0797	**relevant** [réləv(ə)nt] **レ**レヴ(ァ)ント □□	形 (…と)**関連する**(to)(⇔irrelevant 無関係の), **適切な**

The question is not relevant to the subject.　その質問はその話題と関係ない.

▶ 名 **rélevance** 関連(性), 適切さ

0798	**affirm** [əfə́ːrm] ア**ファ**ーム □□	動 (…ということを)**断言する**(that節), …を**肯定する**(⇔deny …を否定する), …を**主張する**

He affirmed that all lives matter.　あらゆる命が大切だと彼は断言した.

0799	**quote** [kwóut] ク**ウォ**ウト □□	動 (…から)…を**引用する**(from)(=cite), (…から)**引用する** (from)

quote a verse from Shakespeare　シェークスピアの一節を引用する

▶ 名 **quotátion** 引用(した表現)

0800	**console** [kənsóul] クン**ソ**ウル □□	動 …を(…のことについて)**慰める**(for)(=comfort), …を**元気づける**

console him for his misfortune　彼の不運を慰める

▶ 名 **consolátion** 慰め(ること)

0801	**collide**	[kəláid] クライド	動 (Aと)(Bについて)**衝突[対立]する**(with A)(over B) (=clash)

We collided with each other over politics. 私たちは互いに政治について対立した.

▶ 名 **collísion** 衝突, 対立

0802	**ascribe**	[əskráib] アスクライブ	動 …を(…の)**せいにする**(to)(=attribute), …の**原因を**(…に)**帰する**(to)

He ascribed his failure to bad luck. 彼は失敗を運の悪さのせいにした.

▶ 形 **ascríbable** …のせいである

0803	**barren**	[bǽrən] バァレン	形 (土地が)**不毛の, 不妊の,** (…を)**欠いている**(of) (=lacking in)

His life was barren of pleasure. 彼の生活は喜びを欠いている.

0804	**barter**	[báːrtər] バータ(ー)	動 …を(…と)**交換する**(for)(=trade), (barter with A for B の形で)A(人)とBを求めて**物々交換する** 名 **物々交換**

They bartered with the islanders for rice. 彼らは米を求めて島民と物々交換した.

0805	**intervene** [intərvíːn] インタヴィーン		動 (…に)**介入[干渉]する**(in)(=meddle)

The U.N. intervened in the civil war. 国連はその内戦に介入した.

▶ 名 **intervéntion** 介入, 干渉

0806	**donate**	[dóuneit] ドウネイト	動 …を(…に)**寄付する**(to)(=contribute), (…に)〈臓器など〉を**提供する**(to)

donate $10,000 to the refugee fund 1万ドルを難民救済基金に寄付する

▶ 名 **donátion** 寄付(金), 贈与

0807	**detest**	[ditést] ディテスト	動 (…すること)を**ひどく嫌う**(doing)(=hate)

I detest being interrupted. 私は話の腰を折られるのが大嫌いだ.

▶ 形 **detéstable** 大嫌いな, 憎むべき

0808	**yearn**	[jə́ːrn] ヤーン	動 (…を/…することを)**切望する**(for/to do)(=long)

The refugees yearned to go back to their native land. 難民は故郷に戻ることを切望した.

0809	**skeptical**	[sképtik(ə)l] スケプティクル	形 (…について)**懐疑的な**(about[of])(=doubtful)

I still remain skeptical about what he said. 私は彼が言ったことに懐疑的なままである.

▶ 名 **sképticism** 懐疑(的な態度)
▶ 名 **sképtic** 懐疑主義者

Unit 9

0810 ☐☐	**mourn**	[mɔ́ːrn] モーン	動 (死・不幸などを) 嘆き悲しむ[悼む](over[for])

The people mourned over their slain leader. 国民は殺害された指導者を悼んだ.

▶ 名 **móurning** 悲嘆, 哀悼, 喪(服)

0811 ☐☐	**discern**	[disɔ́ːrn] ディサーン	動 …を(…と)見分ける(from)(=distinguish)

discern friend from foe 味方を敵と見分ける

▶ 形 **discérnible** 識別できる

0812 ☐☐	**triumph**	[tráiəmf] トゥライアンフ	動 (…に)勝利する(over) 名 大勝利, 大成功

He triumphed over a disease 彼は病気に打ち勝った.

▶ 形 **triúmphant** 勝ち誇った
▶ 形 **triúmphal** 勝利の, 祝勝の

0813 ☐☐	**menace**	[ménəs] メナス	名 (…に対する)脅威(to)(=threat) 動 …に脅威を与える

It'll constitute a serious menace to the human race. それは人類に深刻な脅威となろう.

0814 ☐☐	**expel**	[ikspél] イクスペル	動 …を(…から)追放する[追い払う](from)(=evict), …を(…から)除名する(from)

expel the intruders from our country 侵略者を我々の国から追い払う

▶ 名 **expúlsion** 追放, 除名

0815 ☐☐	**repent**	[ripént] リペント	動 (…を)後悔する(of)

She repented of her folly. 彼女はみずからの愚行を後悔した.

▶ 名 **repéntance** 後悔, 良心の呵責
▶ 形 **repéntant** 後悔している

0816 ☐☐	**vulnerable** [vʌ́ln(ə)rəbl] **ヴァ**ルネラブル	形 傷つきやすい(⇔invulnerable 傷つくことのない), 脆弱で, (病気などに)かかりやすい(to)

The bedridden are vulnerable to bedsores. 寝たきりの人は床ずれになりやすい.

▶ 名 **vulnerabílity** 傷つきやすさ, 脆弱性

0817 ☐☐	**inhibit**	[inhíbit] インヒビット	動 …を抑制する, …が(…するのを)妨げる(from *doing*) (=hinder)

Low temperatures inhibit bacteria from developing. 低温はバクテリアの増殖を妨げる.

▶ 名 **inhibítion** 抑制, 疎外

| 0818 **flatter** ☐☐ | [flǽtər] フラァタ(ー) | 動 …にお世辞を言う, …をおだてる flatter A about[on] B BのことでAにお世辞を言う be flattered at[by] A Aをうれしく思う flatter A into *doing* Aをおだてて…させる |

He flattered his mother-in-law on her cooking.
彼は料理のことで義理の母にお世辞を言った.
I was flattered by all the attention you gave me.
私はあなたのお心遣いをうれしく思います.
She flattered her son into helping her. 彼女は息子をおだてて手伝いをさせた.

▶ 名 **fláttery** お世辞(を言うこと)

| 0819 **commute** ☐☐ | [kəmjúːt] クミュート | 動 (Aから)(Bに)通勤[通学]する(from A)(to B) |

commute from Fujisawa to Kamakura 藤沢から鎌倉まで通学する

▶ 名 **commutátion** 通勤, 通学
▶ 名 **commúter** 通勤客, 通学者

| 0820 **presume** ☐☐ | [prizúːm] プリズーム | 動 (presume A (to be) Bの形で) AがB(無罪など)と推定する, (…だ)と考える(that節)(=suppose) |

I presumed him to be innocent. 私は彼が無罪だと推定した.

▶ 名 **presúmption** 推定(の根拠)
▶ 形 **presúmable** 推定できる
▶ 副 **presúmably** どうも…らしい

| 0821 **aloof** ☐☐ | [əlúːf] アルーフ | 形 よそよそしい, うち解けない(=reserved), (…から)距離を置く(from) |

He stays aloof from the world. 彼は俗世間から距離を置いている.

▶ 名 **alóofness** よそよそしい態度

| 0822 **intrude** ☐☐ | [intrúːd] イントゥルード | 動 (…に)侵入する(into)(=invade), (…を)侵害する(on[into]) |

intrude into private property 私有地に侵入する

▶ 名 **intrúsion** 侵入, 侵害

| 0823 **addict** ☐☐ | [ədíkt] アディクト [ǽdikt] アディクト | 動 …を(…に)中毒にさせる(to), (be addicted to ...の形で)…の中毒である[…にふけっている] 名 中毒者, 依存症の人, 大ファン |

He is addicted to cocaine. 彼はコカイン中毒だ.

▶ 名 **addíction** 中毒, 依存症, 熱中
▶ 形 **addíctive** 中毒症の, 病みつきになる

0824	**brood**	[brúːd] ブルード	動 (…を) **くよくよ考える** (over[about])

It is pointless to brood over your troubles all day.
一日中悩みごとをくよくよ考えていても無駄だ.

0825	**combine**	[kəmbáin] クンバイン	動 …を (…と) **結びつける** (with), (…と) **結合する** (with)

combine work with pleasure　仕事と楽しみを結びつける

▶ 名 **combinátion** 結合, 組み合わせ

0826	**profess**	[prəfés] プロフェス	動 (…する)と**主張[公言]する** (to do), …を**明言する**

He professes to know everything about classical music.
彼はクラシック音楽については何でも知っていると公言している.

0827	**indispensable**	[ìndispénsəbl] インディスペンサブル	形 (…に) **不可欠な** (to[for]) (⇔dispensable なくても済む)

Fertile soil is indispensable for agriculture.　肥えた土地が農業には不可欠だ.

0828	**negotiate**	[nigóuʃièit] ニゴウシエイト	動 (Aと) (Bのことで) **交渉する** (with A) (about[on] B), **協議する**, (交渉などで)…を**取り決める** (=arrange)

I negotiated with my employer about my wage.
私は雇い主と私の賃金について交渉した.

▶ 名 **negotiátion** 交渉, 折衝
▶ 名 **negótiator** 交渉相手

0829	**censure**	[sénʃər] センシャ(ー)	動 …を (…のことで) **厳しく非難する** (for) (=reproach) 名 **厳しい非難**

censure the government for its negligence　政府を職務怠慢で非難する

0830	**rebel**	[ribél] リベル	動 (…に) **反抗する** (against) (=revolt)

rebel against the Establishment　支配層に反抗する

▶ 名 **rebéllion** 反抗, 反乱
▶ 形 **rebéllious** 反抗的な, 反乱の

0831	**ponder**	[pándər] パンダ(ー)	動 (…することを/…について) **熟慮する** (doing/on[about/ over]) (=consider)

ponder over the widening income gap　収入格差の拡大について熟慮する

0832	**inherent**	[inhí(ə)rənt] インヒ(ア)レント	形 (…に) **固有の**[**生まれつき備わっている**] (in) (=innate)

The fear of death is inherent in everyone.　死の恐怖はみなに生まれつき備わっている.

0833 ☐☐	**infect**	[infékt] インフェクト	動 〈病気が〉…に**伝染する**, …に(…を)**感染させる**(with)

infect the area with cholera　その地域にコレラをうつす

▶ 名 **inféction** 感染(症), 伝染(病)
▶ 形 **inféctious** 伝染性の

0834 ☐☐	**immune**	[imjúːn] イミューン	形 (…に)**免疫のある**(to), (…に)**影響を受けない**(to)

The cattle are immune to mad cow disease.　その牛たちは狂牛病に免疫がある.

▶ 名 **immúnity** 免疫(力)

0835 ☐☐	**nourish**	[nɔ́ːriʃ] ナーリッシュ	動 …に**栄養を与える**, …を**育てる**, (be nourished with[on] …の形で)…で**育つ**

A kitten is nourished on milk.　子猫はミルクで育つ.

▶ 名 **nóurishment** 栄養, 養育

0836 ☐☐	**torment**	[tɔːrmént] 発 トーメント	動 …を(…で)**困らせる**[**悩ませる**](with) (=bother)
		[tɔ́ːrment] **トー**メント	名 **苦痛**, **苦悩**

torment him with silly questions　彼を馬鹿げた質問で困らせる

0837 ☐☐	**lament**	[ləmént] ラメント	動 …を**嘆き悲しむ**, (…を)**嘆き悲しむ**(for[over]), (…ということ)を**残念に思う**(that節)

lament over past mistakes　過去の失敗を嘆く

▶ 形 **laméntable** 嘆かわしい

0838 ☐☐	**comply**	[kəmplái] クンプライ	動 (命令・法律などに)**従う**(with)

I complied with his instructions.　私は彼の指示に従った.

0839 ☐☐	**devoid**	[divɔ́id] ディヴォイド	形 (…を)**欠いている**(of) (=empty)

He is completely devoid of common sense.　彼は完全に常識を欠いている.

Unit 10

0840	**retort**	[ritɔ́ːrt] リトート	動 (…と) **言い返す**[**反論する**] (that節) (=answer back) 名 口答え, 反論

She retorted that my question was not worth answering.
私の質問は答えるに値しないと彼女は言い返した.

0841	**infer**	[infə́ːr] インファー	動 …を (…から) **推論**[**推測**]**する** (from) (=deduce), (…と) **推測する** (that節)

infer many things from limited information 限られた情報から多くのことを推論する

▶ 名 **ínference** 推論, 推測

0842	**allot**	[əlát] アラット	動 (allot A Bの形で) AにBを**割り当てる** (=allot B to A), …を**分配する**

allot him a difficult task 彼に難しい課題を割り当てる

▶ 名 **allótment** 割り当て, 分配

0843	**proclaim**	[proukléim] プロウクレイム	動 (proclaim A (to be) Bの形で) AがBであると**宣言する** (=declare), …を**公表する**

proclaim him to be a national hero 彼が国民的英雄であると宣言する

▶ 名 **proclamátion** 宣言, 公表

0844	**dedicate**	[dédikèit] デディケイト	動 …を (…に) **捧げる** (to), (dedicate oneself to doing …の 形で) …**することに専念する**

She dedicated her life to medical work. 彼女は生涯を医療に捧げた.

▶ 名 **dedicátion** 献身, 献辞

0845	**intrinsic**	[intrínzik] イントゥリンズィック	形 (…に) **本来備わっている** (to[in]) (=inherent), **本質的な**

The survival instinct is intrinsic to animals. 生存本能は動物に本来的に備わっている.

0846	**inflict**	[inflíkt] インフリクト	動 〈損害・苦痛など〉を (…に) **与える** (on)

inflict suffering on civilians 民間人に苦しみを与える

0847	**certify**	[sə́ːrtəfài] サーティファイ	動 (正式に…と) **証明する** (that節), …を (…と) **認定する** (as), …を**保証する**

certify the food as gluten-free その食品をグルテンフリーと認定する

▶ 名 **certíficate** 証明書, 免状
▶ 名 **certificátion** 証明, 認定

0848	**bestow**	[bistóu] ビストウ	動 (…に) 〈名誉・賞など〉を**授ける**[**与える**] (on) (=confer)

bestow a gold medal on the winner 優勝者に金メダルを与える

▶ 名 **bestówal** 授与, 贈与

0849	**roam**	[róum] ロウム	動 (…を)**歩き回る** (about[around/over]) (=wander), **放浪する, ぶらつく**

The lost children roamed around the forest. 迷子になった子供たちは森を歩き回った.

0850	**commence**	[kəméns] クメンス	動 …を(し)**始める** (doing) (=start), **始まる**

She commenced studying pharmacy. 彼女は薬学を勉強し始めた.

▶ 名 **comméncement** 開始, 卒業式

0851	**prudent**	[prú:dənt] プルーデント	形 **慎重な** (⇔imprudent 軽率な), **分別のある**, (…の点で) **用心深い** (in)

He is prudent in his conduct. 彼は行動が思慮深い.

▶ 名 **prúdence** 慎重さ, 分別

0852	**sue**	[sú:] スー	動 …に(…のことで[…を求めて])**訴訟を起こす** (for)

sue the government for damages 政府に損害賠償訴訟を起こす

0853	**diagnose**	[dàiəgnóus] ダイアグノウス	動 〈病気・人〉を(…と)**診断する** (as[with]), (be diagnosed as [with] …の形で) …と**診断される**

They were diagnosed as COVID-19 positive. 彼らはコロナ陽性だと診断された.

▶ 名 **diagnósis** 診断(法), 診察
▶ 形 **diagnóstic** 診断の, 診断に役立つ

0854	**testify**	[téstəfài] テスティファイ	動 (…を)**証言[証明/保証]する** (to)

I can testify to his innocence. 彼の無罪を証明できます.

▶ 名 **testimónial** 証明書, 推薦文

0855	**emancipate**	[imǽnsəpèit] イマァンスィペイト	動 …を(…から)**解放する** (from) (=liberate)

emancipate the people from tyranny 国民を圧政から解放する

▶ 名 **emancipátion** (社会的な束縛からの)**解放**

0856	**coerce**	[kouə́:rs] コウアース	動 …に(…することを)**強制する** (into doing)

coerce her into signing the contract 彼女に契約の署名を強制する

▶ 名 **coércion** 強制力
▶ 形 **coércive** 強制的な

0857 susceptible □□ [səséptəbl] サセプティブル	形 (…の) 影響を受けやすい (to) (=subject), 多感な

My husband is susceptible to flattery. 私の夫はお世辞に弱い.

▶ 名 susceptibílity 影響を受けやすいこと

0858 mingle □□ [míŋgl] ミングル	動 …を混ぜる (=mix), (…と) 混ざる[交流する] (with)

mingle with people who have a positive outlook 前向きな見解を持つ人と交わる

0859 vouch □□ [váutʃ] ヴァウチ	動 (真実・人格などを) 保証する[請け合う] (for), (…だと) 保証する (that節) (=guarantee)

I am willing to vouch for her honesty. 私は彼女の誠実さを喜んで保証します.

▶ 名 vóucher 保証, 証拠 (書類)

0860 segregate □□ [ségrigèit] セグレゲイト	動 …を (…から) 分離[隔離]する (from), …を (人種) 差別する (=discriminate against)

segregate the people who have tested positive from the rest 陽性者をその他の人から隔離する

▶ 名 segregátion 分離, 人種差別
▶ 形 ségregated 分離された

0861 abstain □□ [æbstéin] アブステイン	動 (…を) 控える[避ける] (from) (=refrain)

abstain from rich foods 美食を控える

0862 attest □□ [ətést] アテスト	動 …を証明する, (…を) 証明する (to), (…ということ) を証明する (that節) (=prove)

Your promotion attests to your ability. 昇進したことが君の有能さを証明している.

0863 relish □□ [réliʃ] レリッシュ	動 (…すること) を楽しむ (doing), …を待ち望む (=anticipate) 名 楽しみ, 喜び

He relishes cooking for his family. 彼は家族のために料理するのが楽しみだ.

0864 versed □□ [vá:rst] ヴァースト	形 (…に) 精通した (in) (=skilled)

They are versed in cryptography. 彼らは暗号文に精通している.

0865 succumb [səkám] □□ サカム	動 (…に) 負ける[屈する] (to) (=yield)

succumb to temptation 誘惑に負ける

0866 evade □□	[ivéid] イヴェイド	動 (…すること)を逃れる[回避する](doing)

evade paying taxes　税金の支払いを逃れる

▶ 名 evásion　逃れること, 回避

0867 verify □□	[vérəfài] ヴェリファイ	動 …を立証する, …を確認する, (…ということ)を確かめる (that節)(=confirm)

I verified that he's entitled to the estate.　私は彼に遺産相続の権利があることを確認した.

▶ 名 verificátion　立証, 確認

0868 deficient □□	[difíʃənt] ディフィシャント	形 (…が)不足している(in)

That diet will leave you deficient in vitamins.　その食事ではビタミンが不足します.

▶ 名 defíciency　不足, 欠如

0869 sequence □□	[síːkwəns] スィークウェンス	名 一連(の…)(of), (…の)連続(of)(=series), 順序

a miserable sequence of defeats　みじめな敗北の連続

▶ 形 séquent　続いて起こる, 必然の
▶ 形 sequéntial　連続的な, 順次の

　a- で始まる語には，覚えておくと役に立つ考え方がある．とくに下の (4) で示した叙述形容詞 (補語として働く用法) は入試必出である．

(1) a- は，形容詞や副詞に付いて，もとの意味の反対，またはそれが存在しないことをあらわす．

・amoral「道徳観念のない，道徳意識のない」

・atypically「不規則に，型にはまらず」

(2) a- は to / in / on / at の意味をあらわす接頭辞や前置詞が語源であることから，「〜のほうへ，〜の中に，〜において」といった意味で用いられることがある．

・abroad「外国へ」(広いほうへ)

・abreast「横に並んで」(胸のほうへ)

・ahead「前方へ」(頭のほうへ)

・ashore「岸へ」(岸のほうへ)

(3) a- で始まる動詞もある．その場合も，「〜のほうへ」の意味をもつことが多い．

・affirm「肯定する」(確固たるほうへ)

・annex「合併する」(結びつけるほうへ)

・amaze「驚かせる」(迷路のほうへ)

・allure「誘う」(ルアー[おとり]のほうへ)

(4) a- で始まる形容詞は，そのほとんどが名詞に添えてできたという歴史があるため，名詞の前におくことはできない．

(×) asleep dog on the sofa (名詞の前におくことはできない)

(○) dog asleep on the sofa「ソファで眠っている犬」(名詞の後ろにおくことは可能)

(○) be asleep「眠っている」(be 動詞の後ろで用いられることが多い)

・asleep「眠って，（手足などが）しびれて」

・alive「生きて，生き生きした」

・ashamed「恥じて，恥に思って」

・afloat「浮かんで，漂って」

・awake「目がさめて，眠らないで」

・akin「同類の，類似の」

Part 3 2義語

210語

「多義」は受験生を悩ませます。このパートでは2つの意味を持つ単語に注目し，整理しています。2つ目の意味をきちんと覚えることが難関大合格の決め手です。

Unit 1

0870 ☐☐	**select**	[səlékt] セレクト	動 …を選ぶ 形 えり抜きの, 上等な (=choice)

動 select candidates 候補者を選ぶ
形 select wines 上等なワイン

▶ 名 seléction 選択, 選ばれた物[人]
▶ 形 seléctive 選択力のある, えり好みする

0871 ☐☐	**available**	[əvéiləbl] アヴェイラブル	形 ① 利用できる (=usable), 手に入る ② 手が空いている, 会うことができる

① The room is available for meetings. その部屋は会議に利用できる.
② I will be available tomorrow. 明日なら手が空いてます.

▶ 動 aváil 役に立つ
▶ 名 availabílity 利用できること

0872 ☐☐	**nature**	[néitʃər] ネイチャ(ー)	名 ① 性質, 本質 ② 自然

① human nature 人間の本質
② the laws of nature 自然法則

▶ 形 nátural 自然な, 当然の, 生まれつきの
▶ 副 náturally 当然ながら, 生まれつき

0873 ☐☐	**deliver**	[dilívər] ディリヴァ(ー)	動 ① …を配達する, …を引き渡す ② 〈演説など〉をする, …を述べる (=utter)

① A motorcycle messenger will deliver the documents. バイク便が書類を配達します.
② deliver a foreign policy speech 外交演説をする

▶ 名 delívery 配達, 演説, 出産

0874 ☐☐	**pain**	[péin] ペイン	名 ① 痛み, 苦痛 ② (painsの形で)苦労 (=trouble), 骨折り

① an acute pain 激しい痛み
② She spared no pains. 彼女は苦労を惜しまなかった.

▶ 形 páinful 痛い, 苦しい

0875 ☐☐	**public**	[pʌ́blik] パブリック	形 公(共)の (⇔private 私有[用]の), 公開の (⇔secret 内密の), 公営の 名 (the publicの形で) 一般(人), 大衆, 国民(全般)

形 the public interest 公共の利益
名 The castle is open to the public. その城は一般に公開されている.

▶ 名 publícity 宣伝, 世間の注目
▶ 副 públicly 公然と, 公的に

| 0876 **express** | [iksprés] イクスプレス | 動 …を表現する, …を表す |
| | | 名 急行(列車), 速達便 |

動 express a sense of well-being 幸福感を表現する
名 travel by express 急行列車で旅行する

▶ 名 **expréssion** 表現
▶ 形 **expréssive** 表現力の豊かな

| 0877 **tongue** | [tʌ́ŋ] タング | 名 ① 言語(能力) (=lauguage) |
| | | ② 舌 |

① Einstein's mother tongue was German. アインシュタインの母語はドイツ語だった.
② She clicked her tongue sharply. 彼女は強く舌打ちをした.

| 0878 **innocent** | [ínəs(ə)nt] イノスント | 形 ① 無罪の (=guiltless), 潔白の |
| | | ② 無邪気な (=harmless), 純真な |

① The court found him innocent. 裁判所は彼に無罪の判決を下した.
② an innocent girl 無邪気な少女

▶ 名 **ínnocence** 無罪, 無邪気

| 0879 **judge** | [dʒʌ́dʒ] ジャッジ | 動 …を判断する, …を裁く, …を審査する |
| | | 名 裁判官, 審判 |

動 judge a situation properly 状況を適切に判断する
名 The judge ruled he was guilty. 裁判官は彼に有罪判決を下した.

▶ 名 **júdg(e)ment** 判断, 裁判

| 0880 **respect** | [rispékt] リスペクト | 動 …を尊敬する, …を尊重する |
| | | 名 ① 点 (=point) ② 尊敬(⇔disrespect 軽蔑), 尊重 |

動 respect a humble person 謙虚な人を尊敬する
名 ① in this respect この点において
② have no respect for law and order 法と秩序を尊重しない

▶ 形 **respéctable** 立派な, かなりの
▶ 形 **respéctful** 礼儀正しい, 敬意を表する
▶ 形 **respéctive** それぞれの, 各自の

| 0881 **diet** | [dáiət] ダイエット | 名 ① (日常の)食事, ダイエット |
| | | ② (the Dietの形で) (日本の)国会, 議会 |

① I am on a diet. 私はダイエット中です.
② The Diet is now in session. 国会は今開会中です.

| 0882 | original | [ərídʒ(ə)n(ə)l] オリジヌル | 形 ① 元々の, 本来の ② 独創的な(⇔unoriginal ありふれた), 斬新な |
| | | | 名 (複製に対する)原本, 原型 |

形 ① the original plan 元々の計画
　② an original idea 独創的な考え
名 the original and five copies 原本と5枚の写し

▶ 名 originálity 独創性, 斬新さ

0883	last	[lǽst] ラァスト	動 続く(=continue), 持ちこたえる
			形 最後の, この前の
			副 最後に

動 The Civil War lasted for 4 years. 南北戦争は4年続いた.
形 the Last Supper of Leonardo da Vinci レオナルド・ダ・ヴィンチの『最後の晩餐』

| 0884 | antique | [æntí:k] アンティーク | 形 骨董の, 古風な |
| | | | 名 骨董品, 古美術品 |

形 a piece of antique china アンティークの陶磁器
名 collect priceless antiques 貴重な骨董品を収集する

| 0885 | climate | [kláimət] クライメット | 名 ① 気候 |
| | | | ② 風土, 風潮, 傾向 |

① The Inuit live in a harsh climate. イヌイット族は厳しい気候の中で暮らしている.
② foster a climate of mutual support 互いを支え合う風土をはぐくむ

▶ 形 climátic 気候の, 風土の

| 0886 | serious | [sí(ə)riəs] スィ(ア)リアス | 形 ① 真面目な, 真剣な, 本格的な |
| | | | ② 深刻な(=grave), 重大な(⇔trivial ささいな) |

① He was serious about racial issues. 彼は人種問題については真剣だった.
② serious contamination 深刻な汚染

| 0887 | branch | [brǽntʃ] ブラァンチ | 名 ① 枝 |
| | | | ② 支店, 分野 |

① saw a branch off のこぎりで枝を切る
② a branch of mathematics called geometry 幾何学という数学の1分野

| 0888 | lie | [lái] ライ | 動 ① 横たわる ② うそをつく |
| | | | 名 うそ |

動 ① lie on the sofa ソファーに横たわる
　② She lied about getting good grades. 彼女はよい成績をとったとうそをついた.
名 a white lie 罪のないうそ

▶ 名 líar うそつき

0889 ☐☐	**lay**	[léi] レイ	**動**① …を横たえる, …を置く(=put) ②〈卵〉を産む

① lay a computer on the desk　机の上にパソコンを置く
② Salmon lay their eggs in fresh water.　サケは淡水で卵を産む.

0890 ☐☐	**roll**	[róul] ロウル	**動**…を転がす, 転がる, …を巻く **名**巻いたもの, ロールパン

動 roll a carpet　じゅうたんを巻く
名 bread rolls　ロールパン

0891 ☐☐	**tough**	[tʌ́f] タフ	**形**① 困難な(=difficult), 厳しい, 手ごわい ② 堅い(⇔soft 柔らかい), 丈夫な(=sturdy)

① a tough negotiator　手ごわい交渉人
② a tough box　丈夫な箱

0892 ☐☐	**atmosphere** [ǽtməsfìər] アトモスフィア		**名**① 大気, (特定の場の)空気 ② 雰囲気(=aura), ムード

① CO₂-enriched atmosphere　二酸化炭素濃度の高い大気
② atmosphere of doubt　疑うような雰囲気

▶ **形 atmosphéric**　大気(中)の, ムードのある

0893 ☐☐	**press**	[prés] プレス	**動**…を押す, …を押し付ける **名**新聞(記者), 報道(機関)

動 press the button　ボタンを押す
名 the freedom of press　報道の自由

▶ **名 préssure**　圧力, 苦痛

0894 ☐☐	**initial**	[iníʃəl] イニシャル	**形**最初の(⇔last 最後の), 初期の **名**頭文字, イニシャル

形 The initial schedule has been changed.　最初の予定は変更されました.
名 He cut his initials on the tree.　彼は木に自分のイニシャルを刻み込んだ.

▶ **動 inítiate**　…を開始する, …を入会させる
▶ **名 initiátion**　開始, 入会(式)

0895 ☐☐	**soul**	[sóul] ソウル	**名**① 魂, 精神 ② 人

① believe in the immortality of the soul　魂の不滅を信じる
② an honest soul　正直な人

0896 ☐☐	**draw**	[drɔ́ː] ドゥロー	**動**① …を引く, …を引き付ける(=attract) ②〈線・図〉を描く

① draw public attention　人々の関心を引く
② draw a family tree　家系図を描く

| 0897 **humanity**
□□ [hju:mǽnəti]
ヒューマ**ア**ニティ | 名 ① 人類 (=mankind)
② 人間性, 人間らしさ |

① the challenges facing humanity　人類が直面している課題
② Have we lost our humanity?　我々は人間らしさを失ってしまったのか？

▶ 形 **húman** 人間の, 人間らしい

| 0898 **organize** [ɔ́:rgənàiz]
□□ オー**ガ**ナイズ | 動 ① …を組織する (=coordinate), …を準備[計画]する
② …を整理する, …を (体系的に) まとめる |

① organize a protest meeting　抗議集会を計画する
② I organized my thoughts before I spoke.　私は話す前に考えを整理した.

▶ 名 **organizátion** 組織(化), 編成, 構成

| 0899 **instant** [ínstənt]
□□ **イ**ンスタント | 形 即座の (=swift), 即刻の
名 瞬間 (=moment), 一瞬 |

形 The student made an instant answer.　その生徒は即答した.
名 solve a problem in an instant　たちまちのうちに問題を解く

コラム **trans-のコアイメージ** ‥‥‥‥‥‥‥‥‥‥‥‥‥‥‥‥‥‥‥‥‥‥‥‥‥‥‥‥‥‥‥

　trans- で始まっている単語を見たら, すぐに「他方へ, 越えて」といったイメージをもつことだ. たとえば, transform は〈trans (他方へ) + form (形づくる)〉であることを思えば, 「(機能を) 変換する, (外見を) 一変させる, (電流を) 変圧する」などの意味をもつことがわかるだろう. 以下で, trans- で始まる単語の意味を確認してみよう.

・transfer「転勤させる, 乗り換える」
　trans (他方へ) + fer (運ぶ)
・transmit「(データや電波などを) 送信する, (ウイルスや病気を) 感染させる」
　trans (他方へ) + mit (送る)
・transport「輸送する, 運搬する, 搬送する」
　trans (他方へ) + port (運ぶ)
・transpire「(水分が) 蒸散する, (秘密が) 漏れる」
　trans (他方へ) + (s)pire (息をする)

Unit 2

0900 own　[óun]　オウン

動 …を所有する（=possess）
形 自分自身の, 独自の

動 own a large orchard　大きな果樹園を所有する
形 Don't poisonous snakes die from their own toxins?　毒蛇は自分自身の毒で死なないの?

0901 casual　[kǽʒuəl]　キャジュアル

形 ① 気楽な, 普段着の
　② 偶然の（=chance）, 何気ない

① have a casual conversation　気楽な会話をする
② a casual discovery　偶然の発見

0902 issue　[íʃuː]　イシュー

名 ① 問題（点）　② 発行（物）,（雑誌などの）…号（=edition）
動 …を発行する

名 ① resolve the issue of the Northern Territories　北方領土問題を解決する
　② The December issue will come out next Tuesday.　12月号は来週火曜日に出ます.
動 issue a digital certificate　デジタル証明書を発行する

0903 conclude　[kənklúːd]　クンクルード

動 ① …と結論を出す, …と決定する
　② …を終える（=close）, 終わる

① conclude that the entire plan can be realized　全計画が実現可能と結論づける
② He concluded his speech by thanking everyone.　彼はみなに感謝して演説を終えた.

▶ 名 conclúsion　結論, 決定, 結末
▶ 形 conclúsive　決定的な, 最終的な

0904 agency　[éidʒənsi]　エイジェンスィ

名 ① 代理店, あっせん業者　② （the agencyの形で）作用, 働き,（ある結果をもたらす）力（=power）

① adoption agency　養子縁組あっせん業者
② color change by the agency of heat　熱の作用による色の変化

0905 adopt　[ədápt]　アダプト

動 ① …を採用する, …を取り入れる
　② …を養子にする,〈動物など〉を引き取る

① adopt a centralized system　中央集権型システムを採用する
② adopt a dog from an animal shelter　動物保護施設から犬を引き取る

▶ 名 adóption　採用, 採択, 養子縁組

0906 circuit　[sə́ːrkit]　サーキット

名 ① （電気）回路, 回線
　② 一周, 巡回

① switch off the power before checking the circuit　回路を調べる前に電源を切る
② make a circuit of the town　町を一周する

0907 bright　[bráit]　ブライト

形 ① 明るい, 色鮮やかな（⇔dull 鈍い）
　② 賢い, 利口な

① a bright economic outlook　明るい経済見通し
② the brightest kid in the school　学校で一番賢い子供

0908	**brilliant**	[bríljənt] ブリリアント	形① 光り輝く, (色)鮮やかな ② 素晴らしい (=superb), きわめて優秀な

① a brilliant yellow　鮮やかな黄色
② a brilliant performance　素晴らしい演技

▶ 名 **brílliance**　輝き, 素晴らしさ, 才能

0909	**alarm**	[əláːrm] アラーム	動 …を驚かす (=shock), …を不安にする 名① 驚き, 恐怖 (=fright)　② 警報(装置), 目覚まし時計

動 Her high temperature alarmed the doctors.　彼女の高熱に医者たちは驚いた.
名① The squirrel darted off in alarm.　リスは驚いて逃げて行った.
　② set the alarm clock for 4 o'clock　4時に鳴るように目覚ましをセットする

0910	**reform**	[rifɔ́ːrm] リフォーム	動①〈制度・組織など〉を改革する ②〈人〉を改心させる

① reform the tax system　税制を改革する
② reform a juvenile delinquent　非行少年を改心させる

▶ 名 **reformátion**　改革, 改善, 改心

0911	**economy**	[ikánəmi] イカノミ	名① 経済, 景気 (=business) ② 節約, 倹約 (=thriftiness)

① booming economy　好景気に沸く経済
② practice economy　節約する

▶ 形 **económic**　経済の
▶ 形 **económical**　経済的な, 節約の

0912	**finance**	[fáinæns] ファイナンス	名 財政, 金融 動 …に出資する, …に融資する

名 a person who is skilled in finance　財政に通じた人
動 The bank will finance our project.　その銀行は我々の計画に出資するだろう.

▶ 形 **fináncial**　財政(上)の, 金融(上)の

0913	**dull**	[dʌ́l] ダル	形① 退屈な (=boring), 面白くない ② 鈍い, さえない

① repetition of dull acts　退屈な作業の繰り返し
② a dull pain　鈍い痛み

0914	**release**	[rilíːs] リリース	動① …を解放する (=set free) ②〈情報・映画など〉を公開する,〈本・楽曲など〉を発売する 名① 解放, 釈放　② 公開, 公表, 発売

動① release hostages　人質を解放する
　② release a draft　草案を公開する
名① release of prisoners of war　戦争捕虜の釈放
　② release of classified documents　機密文書の公開

0915	**patient**	[péiʃənt] ペイシャント	形 我慢強い（⇔impatient いらいらしている）, 忍耐力のある 名 患者（=practice）

形 He has learned to be patient. 彼は忍耐強くなった.
名 The hospital has a lot of patients. その病院にはたくさんの患者がいる.

▶ 名 **pátience** 我慢強さ, 忍耐力

0916	**innovate**	[ínəvèit] イノヴェイト	動 ① …を革新[刷新]する ② 〈新技術など〉を導入する（=introduce）

① innovate national politics 国内政治を革新する
② innovate new methods 新しい手法を導入する

▶ 名 **innovátion** 革新, 導入

0917	**proper**	[prápər] プラパ(ー)	形 ① 適切な（⇔improper 不適切な） ② 固有の（=peculiar）, 特有の

① a proper dose of medicine 適量の薬
② instinct proper to mankind 人類特有の本能

▶ 名 **propríety** 適切さ, 礼儀作法

0918	**code**	[kóud] コウド	名 ① 暗号（=cypher）, 符号, 記号 ② 規則, 規定, 慣例

① enter a 6-digit code number 6桁の暗証番号を入力する
② break the dress code 服装規定を破る

0919	**survey**	[sə:rvéi] サーヴェイ	動 ① …を調査する ② 〈学問分野など〉を概観[概説]する, …を見渡す 名 調査, 概観

動 ① The board surveyed the opinions of housewives. 委員会は主婦たちの意見を調査した.
名 a survey on fauna and flora 動物相と植物相に関する調査

0920	**suspend**	[səspénd] サスペンド	動 ① …を一時中断する ② …を吊るす（=hang）, …をぶら下げる

① suspend the Masters Tournament マスターズトーナメントを一時中断する
② suspend a chandelier from a ceiling 天井からシャンデリアを吊るす

▶ 名 **suspénsion** 一時停止, 吊るす[される]こと

0921	**immediate**	[imí:diət] イミーディエット	形 ① 即時の（=prompt）, さっそくの ② すぐ近くの（=adjacent）, 直接の

① an immediate answer 即答
② There was a fire in the immediate neighborhood. すぐ近くの場所で火事があった.

0922	expense	[ikspéns] イクスペンス	名① 費用, 支出 (⇔revenue 収入) ② (比喩的な) 犠牲, 対価 (=price)

① expense of advertising　広告費
② a position obtained at great expense　大きな犠牲を払って手に入れた地位

▶ 動 expénd　…を費やす, …を消費する
▶ 形 expénsive　高価な, 金のかかる

0923	debt	[dét] デット	名① 借金, 負債, 債務 ② 恩義, 義理, 借り

① I am free of debt.　私には借金がない.
② Don't forget your debt to your parents.　親の恩を忘れるな.

0924	waste	[wéist] ウェイスト	動 …を浪費する, …を無駄にする 名① 廃棄物, 荒地 (=wilderness)　② 浪費 (=extravagance)

動 waste time on trivial things　つまらないことで時間を浪費する
名① the safe disposal of medical waste　医療廃棄物の安全な処理
　② avoid the waste of resources　資源の浪費を避ける

▶ 形 wásteful　浪費的な, 無駄の多い

0925	horizon	[həráiz(ə)n] ホライズン	名① 地平線, 水平線　② (horizonsの形で) (思考・知識など の及ぶ) 範囲, 視野, (経験・知識などの) 限界

① The wilderness stretches beyond the horizon.　原野が地平線の彼方まで続いている.
② broaden the horizons of students　生徒たちの視野を広げる

▶ 形 horizóntal　水平の, 地平線(上)の

0926	incorrect	[ìnkərékt] インクレクト	形① 不正確な, 誤った (=wrong)　② (社会の決まりに照らし て) ふさわしくない (=inapt), 不適当な

① an incorrect diagnosis　誤った診断
② My dress was incorrect for the occasion.　私の服装はその場にふさわしくなかった.

0927	violate	[váiəlèit] ヴァイオレイト	動① 〈法律・約束など〉を破る, …に違反する ② …を侵害する (=invade), …を妨害する (=obstruct)

① violate a campaign finance law　選挙資金法に違反する
② violate a patent　特許を侵害する

▶ 名 violátion　違反, 侵害, 妨害

0928	complete	[kəmplí:t] クンプリート	形 完全な (=total), 完成した 動 …を完成する, …を育む

形 a complete failure　完全な失敗
動 complete a prototype　試作品を完成する

▶ 名 complétion　完成, 完了

| 0929 **nod** □□ | [nád] **ナ**ッド | 動① うなずく, うなずいて…を示す
② へまをする, うとうとする
名 うなずき, 同意 |

動① He nodded his agreement. 彼はうなずいて同意を示した.
　② Even Homer sometimes nods. ホメロスでもへまをすることがある[弘法にも筆の誤り](ことわざ).
名 a nod of approval 承認を示すうなずき

コラム -formの考え方 ………………………………………………………………………

　ここでは -form で終わる動詞を考えてみよう. もちろん form は「形づくる」という意味だ.
これを頭に入れておけば, 以下の単語の意味はすぐに覚えられるはずだ.

・reform「(社会などを) 改革する, (犯罪者などを) 改心させる」
　re (再び) + form (形づくる)
・deform「歪める, 変形させる, 醜くする」
　de (離れて, 誤った方向へ) + form (形づくる)
・conform「(規範などに) 従う, かなった行動をする」
　con (一緒に) + form (形づくる)
・inform「知らせる, 情報を提供する」
　in (中へ) + form (形づくる)
・perform「(仕事を) 遂行する, (約束を) 果たす, (役を) 演じる」
　per (完全に) + form (形づくる)

Unit 3

0930 ☐☐	**trace** [tréis] トゥレイス	動〈起源など〉をたどる, …をさかのぼる 名 痕跡(=sign), 足跡, 形跡

> 動 trace the origin of jazz music　ジャズ音楽の起源をたどる
> 名 traces of an old civilization　古い文明の痕跡

0931 ☐☐	**complex** [kàmpléks] カンプ**レ**ックス	形 複雑な(⇔simple 単純な), 入り組んだ
	[kámpleks] **カ**ンプレックス	名 脅迫観念, 過度の嫌悪感, コンプレックス

> 形 a complex network of roads　複雑な道路網
> 名 My wife has a complex about her accent.　妻は訛りにコンプレックスがある.

> ▶ 名 compléxity　複雑さ, 複雑な物

0932 ☐☐	**mission** [míʃən] ミシュン	名① 任務(=duty), 使命(感) 　② 使節団, 伝道, 布教(団)

> ① carry out a mission　任務を遂行する
> ② send a goodwill mission　親善使節団を送る

> ▶ 名 míssionary　宣教師, 伝道師

0933 ☐☐	**reproduce** [rì:prəd(j)úːs] リープロ**デュ**ース	動① …を再生[再現]する, …を複製する 　② …を繁殖させる, 繁殖する

> ① reproduce experimental results　実験結果を再現する
> ② Ferns reproduce through spores.　シダは胞子で繁殖する.

> ▶ 名 reprodúction　再現, 複製, 繁殖
> ▶ 形 reprodúctive　繁殖の, 生殖の

0934 ☐☐	**trap** [trǽp] トゥ**ラ**(ー)ップ	名 わな, 策略 動 …を(わなで)捕らえる, …を(危険な状況に)閉じ込める

> 名 a boar caught in a trap　わなにかかった猪
> 動 A lot of miners were trapped underground.　多くの抗夫が地下に閉じ込められた.

0935 ☐☐	**awkward** [ɔ́:kwərd] **オ**ークワド	形① 扱いにくい, 気まずい, やっかいな(=embarrassing) 　② 不器用な(=clumsy), ぎこちない

> ① an awkward silence　気まずい沈黙
> ② The girl made an awkward bow.　その少女はぎこちないお辞儀をした.

0936 ☐☐	**appreciate** [əprí:ʃièit] アプ**リ**ーシエイト	動① …を高く評価する, …を鑑賞する 　② 〈行為・物事〉に感謝する

> ① I appreciate your talent.　私はあなたの才能を高く評価しています.
> ② I appreciate your help.　ご助力に感謝いたします.

> ▶ 名 appreciátion　正しい認識, 感謝

0937	**spectacle** [spéktəkl] スペクタクル	名① (印象的な) 光景 (=sight), 壮観, 見もの ② (spectaclesの形で) メガネ (=glasses)

① The triumphal parade was a spectacle. 凱旋パレードは壮観だった.
② three-dimensional spectacles 3Dメガネ

▶ 形 **spectácular** 壮観な, 目を見張る

0938	**utter** [ʌ́tər] アタ (ー)	動〈言葉・声〉を口に出す[発する] 形 まったくの, 完全な (=absolute)

動 utter a swear word ののしりの言葉を口に出す
形 suffer an utter defeat 完敗を喫する

▶ 名 **útterance** 口に出すこと, 発言(した言葉)

0939	**solid** [sálid] サリッド	形① 固体の, 固形の ② 堅固な, 堅実な, 確実な 名 固体, 固形物

形① a solid fuel 固形燃料
② solid evidence 確実な証拠
名 change from a liquid to a solid 液体から固体に変化する

0940	**charm** [tʃáːrm] チャーム	動 …を魅了する (=fascinate), …をうっとりさせる 名 おまじない, お守り, 魅力 (=fascination)

動 She charmed all those present. 彼女は居合わせた人すべてを魅了した.
名 wear a protection charm 護身のお守りをつける

0941	**sensation** [senséiʃən] センセイシュン	名① 感覚, 感じ (=feeling) ② 大騒ぎ, 大評判, センセーション

① sensations of heat and cold 熱い冷たいという感覚
② The movie has produced a great sensation. その映画は大変な評判を巻き起こしている.

▶ 形 **sensátional** 衝撃的な, 人騒がせな

0942	**domestic** [dəméstik] ドメスティック	形① 家庭(内)の, 国内の, 国産の ② (動物が) 飼われている (=tame)

① domestic troubles 家庭内のもめごと
② domestic animals 家畜

▶ 動 **domésticate** …を飼いならす
▶ 名 **domesticátion** 飼育, 家畜化

0943	**depress** [diprés] ディプレス	動①〈人〉を落胆させる (=dismay), …を悲しませる ②〈価格・賃金など〉を低下させる (=lower), …を押し下げる

① The loss of her job depressed her. 仕事を失って彼女は落胆した.
② depress crop prices 穀物価格を低下させる

▶ 名 **depréssion** 憂うつ, 不況

0944	**firm**	[fə́ːrm] ファーム	形 強固な (⇔soft 柔軟な), 安定した (=steady) 名 会社, 企業, 事務所

形 Our two countries are firm allies. 我々2か国は強固な同盟国だ.
名 a law firm 法律事務所

0945	**minority**	[mainɔ́ːrəti] マイノーリティ	名 ① (多数派に対する)少数派 (⇔majority 大多数), 半数以下 ② 未成年(期)

① an ethnic minority 少数民族
② He is still in his minority. 彼はまだ未成年だ.

0946	**abuse**	[əbjúːz] アビューズ	動 ① …を虐待する, …をののしる (=insult) ② …を乱用する (=misuse)
		[əbjúːs] アビュース	名 ① 虐待 (=ill-treatment), ののしり ② 乱用, 悪用

動 ① abuse a cat 猫を虐待する
  ② abuse a substance 薬物を乱用する
名 ① child abuse 児童虐待
  ② abuse of power 権力の乱用

▶ 形 **abúsive** 口汚い, 乱用の

0947	**prime**	[práim] プライム	形 最も重要な, 第1の, 最高(級)の 名 全盛(期) (=heyday), 最盛(期)

形 the prime suspect of the murder case その殺人事件の第1容疑者
名 The gymnast is past his prime. あの体操選手は全盛期を過ぎている.

0948	**medium**	[míːdiəm] ミーディアム	名 媒体, (伝達・表現などの)手段 (=means) 形 中位の (=average), 中間の, (ステーキの焼き方が)ミディアムの

名 an advertising medium 広告媒体
形 medium and small companies 中小企業

0949	**disturb**	[distə́ːrb] ディスターブ	動 ① …を妨げる, …を乱す ② …を不安にさせる

① disturb the existing order 既存の秩序を乱す
② The news disturbed us all. その知らせが我々全員を不安にさせた.

▶ 名 **distúrbance** 妨害, 混乱, 不安

0950	**possess**	[pəzés] ポゼス	動 ① …を所有する (=own) ② …にとりつく

① possess a private jet 自家用ジェット機を所有する
② A vague uneasiness possessed her. 漠然とした不安が彼女にとりついた.

▶ 名 **posséssion** 所有(物), 財産
▶ 形 **posséssive** 所有の, 独占欲の強い

0951	**manual**	[mǽnjuəl] マ**ニュ**アル	形 手(作業)の, 手動式の (=hand-operated) 名 説明書, マニュアル

形 do manual work　手作業をする
名 an instruction manual　取り扱い説明書

0952	**vacuum**	[vǽkjum] **ヴァ**キュム	名 真空, 空白 動 …に掃除機をかける

名 create a political vacuum　政治的空白をつくる
動 vacuum a car　車に掃除機をかける

0953	**betray**	[bitréi] ビト**レイ**	動 ① …を裏切る ② …を暴露する (=expose), …をさらけ出す

① betray public trust　国民の信頼を裏切る
② betray ignorance　無知をさらけ出す

▶ 名 **betráyal**　裏切り, 密告

0954	**physical**	[fízik(ə)l] **フィ**ズィクル	形 ① 身体の (=bodily), 肉体の (⇔mental 精神の) ② 物理的な, 物質の (=material)

① physical and mental fatigue　身体的疲労と精神的疲労
② physical and psychological time　物理的時間と心理的時間

▶ 名 **physíque**　体格, 体形

0955	**shelter**	[ʃéltər] **シェ**ルタ(ー)	名 避難(所) (=refuge) 動 ① …を守る (=protect)　② 避難する (=evacuate)

名 take shelter　避難する
動 ① The wall sheltered him from the wind.　壁が風から彼を守ってくれた.
② I sheltered in a cave.　私は洞穴に避難した.

0956	**exhibit**	[igzíbit] イグ**ズィ**ビット	動 ① …を展示する (=display), …を陳列する ② …を示す, …を表す 名 展覧会, 展示(品)

動 ① exhibit a Buddhist image　仏像を展示する
② exhibit a feeling of awe　畏敬の念を示す
名 assemble exhibits　展示品を集める

▶ 名 **exhibítion**　展覧会, 展示会

0957	**square**	[skwéər] スク**ウェ**ア(ー)	名 ① 正方形　② 広場 形 正方形の

名 ① draw a square and an oval　正方形と楕円を描く
② a market square　市場の開かれる広場
形 a square flower bed　正方形の花壇

0958 **multiply** [mʌ́ltəplài] □□ マルティプライ	動① …を増やす(=increase), 増える ② 掛け算する(⇔divide 割り算する)

① multiply **wealth** 富を増やす
② 2 **multiplied** by 5 equals 10. 2掛ける5は10.

▶ 名 **multiplicátion** 掛け算, 増加
▶ 形 **múltiple** 複合の, 多様な

0959 **civil** [sív(ə)l] □□ スィヴル	形① 市民の, (軍人に対して) 民間(人)の ② 礼儀正しい, 丁寧な(=polite)

① He was deprived of his **civil** rights. 彼は市民権をはく奪された.
② the art of **civil** discourse 礼儀正しい会話術

コラム **-pose**の基本的な意味 ···

　-pose という接尾辞を持つ動詞がある. 日常語としてもよく用いられ, 入試でも基本単語の
グループに入る. しかし, これらの単語を「紛らわしい」と感じている受験生が数多くいる. と
はいえ, pose が「置く」という原義を持つことを知れば, 意味の類推が容易になる.

《-pose で終わる動詞》
・expose「さらす, 暴露する」 ex (外へ) + pose (置く)
・propose「提案する」 pro (前へ) + pose (置く)
・impose「押しつける」 im (中へ) + pose (置く)
・suppose「前提とする」 sup (下に) + pose (置く)
・compose「構成する」 com (共に) + pose (置く)
・oppose「反対する」 op (面と向かって) + pose (置く)
・dispose「処分する」 dis (散らして) + pose (置く)

Unit 4

0960 pour [pɔ́ːr]
ポア(ー)

動① 〈液体など〉を注ぐ[かける]
　② 〈雨が〉激しく降る

① pour syrup over a pancake　パンケーキにシロップをかける
② It is pouring.　雨が激しく降っている.

0961 moment [móumənt]
モウムント

名① 瞬間, 時期
　② 重要(性) (=significance)

① I had a moment of confusion.　私は一瞬困惑した.
② a decision of great moment　重要な決断

▶ 形 **mómentary** 瞬間の, 束の間の
▶ 形 **moméntous** 重大な, 重要な

0962 consequence
[kánsikwèns]
カンスィクウェンス

名① 結果(⇔cause 原因), 影響
　② 重要性 (=moment), 重大さ

① The decision had grave consequences.　その決定が重大な結果をもたらした.
② Nothing of consequence occurred.　重要なことは何も起こらなかった.

▶ 形 **cónsequent** 結果として起こる, 必然の
▶ 副 **cónsequently** その結果, 従って

0963 preserve [prizə́ːrv]
プリザーヴ

動 …を保存する (=maintain), …を保護する (=protect)
名 自然保護区 (=reserve), 禁猟区

動 preserve historical sites　史跡を保存する
名 game preserve　禁猟区

▶ 名 **preservátion** 保存, 保護
▶ 形 **presérvative** 保存力のある, 防腐用の

0964 joint [dʒɔint]
ジョイント

形 共同の, 共有の (=shared)
名 関節, 接合部

形 issue a joint statement　共同声明を発表する
名 What causes joint pain?　関節痛の原因は何だろうか?

0965 court [kɔ́ːrt]
コート

名① 法廷, 裁判所, 裁判官
　② 宮廷, 王宮

① The court found him guilty.　裁判官は彼を有罪とした.
② Tennis was popular at the English court.　テニスはイギリスの宮廷で人気があった.

0966 exploit [iksplɔ́it]
イクスプロイット

動① …を搾取する, …につけこむ (=take advantage of)
　② 〈資源など〉を開発[利用]する

① Some corporations exploit workers even amid COVID.
　コロナ禍の中でさえ労働者を搾取する企業もある.
② exploit deep-sea resources　海底資源を開発する

▶ 名 **exploitátion** 搾取, 開発
▶ 形 **exploitable** 開発できる, 利用できる

0967	**chilly**	[tʃíli] **チ**リィ	形① ひんやりする, 肌寒い ② 冷淡な, よそよそしい

① a chilly morning 肌寒い朝
② I was given a chilly greeting. 私は冷淡なあいさつを受けた.

▶ 名 **chíll** 寒さ, 寒気, 冷淡

0968	**digest**	[daidʒést] ダイ**ジェ**スト	動 〈食物・知識など〉を消化[吸収]する
		[dáidʒest] **ダイ**ジェスト	名 要約, 概要

動 Wine helps digest food. ワインは食べ物の消化を助ける.
名 read the digest of *War and Peace* 『戦争と平和』の要約を読む

▶ 名 **digéstion** 消化, 要約
▶ 形 **digéstive** 消化を促す

0969	**essential**	[isénʃəl] イ**セン**シャル	形① 不可欠な, 必須の (=imperative) ② 本質的な (=intrinsic), 根本的な

① essential workers
　　エッセンシャルワーカー (日常生活の維持に必要不可欠な仕事に従事している労働者)
② the essential points of the lecture その講義の本質的な点

▶ 名 **éssence** 本質, 真髄, エキス

0970	**vital**	[váitl] **ヴァ**イトゥル	形① 不可欠な, きわめて大切な (=critical) ② 元気な (=lively), 生き生きした

① vital information きわめて大切な情報
② a vital senior citizen 元気な高齢者

▶ 動 **vítalize** …を活気づける
▶ 名 **vitálity** 生命(力), 活力, 元気

0971	**desert**	[dizá:rt] ディ**ザー**ト	動 …を見捨てる (=forsake), 〈持ち場など〉から逃亡する
		[dézərt] **デ**ザート	名 砂漠, 不毛の地

動 Rats desert a sinking ship. ネズミは沈みかかった船を見捨てる (ことわざ).
名 dig a well in the desert 砂漠に井戸を掘る

▶ 名 **desértion** (見)捨てること, 放棄, 遺棄

0972	**folk**	[fóuk] **フォ**ウク	名 人々, 家族 形 民間の, 民族の

名 country folks 田舎の人々
形 folk therapy 民間療法

0973	**enclose**	[inklóuz] インク**ロ**ウズ	動① (手紙・小包などに)…を**同封する** ② …を**囲む**

① enclose a photo with a letter 手紙に写真を同封する
② enclose a garden with a high hedge 庭を高い生垣で囲む

▶ 名 **enclósure** 同封(物), 囲い(込み)

0974	**affair**	[əféər] ア**フェ**ア(ー)	名① 出来事, 事件(=case), 事柄(=matter) ② (社会的な)問題, 事態, 事情

① mysterious affairs 奇妙な出来事
② environmental affair 環境問題

0975	**radical**	[rǽdik(ə)l] **ラァ**ディクル	形① 根本的な(=fundamental), 徹底的な(=thorough) ② 過激な, 急進的な(⇔conservative 保守的な)

① a radical principle 根本的な原理
② radical beliefs 過激思想

0976	**breed**	[bríːd] ブ**リ**ード	動① 繁殖する(=multiply), …を**育てる** ② 〈よくない事態・悪感情〉を**引き起こす** 名 (動植物の)**種**(類)

動① Rabbits breed quickly. ウサギは繁殖するのが早い.
② breed corruption 政治腐敗を生み出す
名 a dying breed 絶滅しかけている種

0977	**rear**	[ríər] **リ**ア(ー)	動〈子供・動物・作物〉を**育てる**(=bring up(人間))/=grow(作物)) 名 **後ろ**, 後部(⇔front 前部)

動 rear sheep 羊を育てる
名 go to the rear 後部へ行く

0978	**fault**	[fɔ́ːlt] **フォ**ールト	名① (誤り・過失の)**責任**, 落ち度 ② **欠点**, 欠陥(=flaw)

① It is not your fault. それは君の責任ではない.
② People like her despite her faults. 彼女は欠点があるが人々に好かれる.

0979	**abrupt**	[əbrʌ́pt] アブ**ラ**プト	形① **突然の**, 不意の(=sudden) ② **ぶっきらぼうな**(=blunt)

① come to an abrupt halt 急停車する
② speak in an abrupt manner ぶっきらぼうに話す

▶ 名 **abrúptness** 唐突さ

0980	**abstract**	[ǽbstrækt] アブストゥ**ラァ**クト	形① **抽象的な**(⇔concrete 具体的な), 難解な ② **理論上の**

① in abstract terms 抽象的な言葉で
② an abstract study 理論上の研究

▶ 名 **abstráction** 抽象概念, 放心(状態)

0981	hatch	[hǽtʃ] ハァ(ー)ッチ	動 ① 〈卵・ひな〉をふ化させる, ふ化する ② 〈陰謀・計画など〉をたくらむ

① It takes three weeks to hatch hen's eggs. ニワトリの卵をふ化させるのに3週間かかる.
② hatch a plot 陰謀をたくらむ

0982	comfort	[kΛ́mfərt] カンファット	名 ① 快適さ　② 慰め, 安心感 動 …を慰める (=soothe), …を元気づける

名 ① provide comfort 快適さを提供する
② words of comfort 慰めの言葉
動 Nothing could comfort her. 何も彼女の慰めにはなるまい.

▶ 形 cómfortable 快適な, (人が)くつろいだ

0983	launch	[lɔ́ːntʃ] ローンチ	動 ① 〈事業など〉を始める (=commence), …を売り出す ② …を発射する, …を打ち上げる, …を進水させる 名 ① 開始　② 発射, 打ち上げ

動 ① launch a presidential campaign 大統領選挙戦を始める
② launch anti-ship missiles 対艦ミサイルを発射する
名 ① the launch of a service サービスの開始
② the launch of a weather satellite 気象衛星の打ち上げ

0984	current	[kə́ːrənt] カーレント	形 最新の (=latest), 現在の (=present) 名 流れ, 風潮 (=trend)

形 at the current stage 現在の段階では
名 a warm sea current 暖流

0985	extinguish	[ikstíŋgwiʃ] イクスティングウィッシュ	動 ① 〈火・光など〉を消す (=put out) ② 〈情熱・希望など〉を失わせる, …を絶滅させる

① extinguish a cigar 葉巻たばこの火を消す
② Humans are extinguishing other forms of life. 人類は他の生命形態を絶滅させている.

0986	initiative	[iníʃətiv] イニシャティヴ	名 ① 主導(権), 指導力 ② 自発性 (=spontaneity), 実行力

① have the initiative 主導権を持つ
② He never does anything on his own initiative. 彼は何事も自発的にすることがない.

0987	erect	[irékt] イレクト	形 直立した (=upright), まっすぐな 動 …を建設する (=build)

形 an erect posture 直立の姿勢
動 erect a power plant 発電所を建設する

▶ 名 eréction 建設, 直立

0988	**defeat**	[difíːt] ディフィート	動 〈相手・敵など〉を**打ち負かす** (=beat), …を**阻止する**
□□			名 敗北, 挫折, 打破

動 defeat the opposition candidate 野党の候補を打ち負かす
名 the defeat in World War II 第2次世界大戦での敗北

0989	**principle**	[prínsəpl] プリンスィプル	名 ① 原理, 原則
□□			② 主義, 信念, 行動規範

① a general principle 一般原則
② It's against my principles to borrow money. 借金をすることは私の主義に反する.

コラム　形容詞の代表的な接尾辞 ･･･

以下の 3 つのグループは, かならず覚えておくべき接尾辞である.

《-able / -ible「～できる」》

・available「利用できる, 入手できる」

・credible「(証拠や主張などが) 信用できる, 信頼できる」

・removable「取り外しできる」

《-ful「～に満ちた」》

・careful「注意深い, 慎重な」

・dreadful「不快な, いやな, ひどい」

・eventful「波乱に富んだ, 出来事の多い」

《 -less「～のない」》

・careless「配慮の足らない, 不注意な, 軽率な」

・worthless「価値のない, 役に立たない」

・reckless「向こう見ずな, 無謀な, 大胆な」

Part 3 Unit 4

Unit 5

0990 principal [prínsəp(ə)l]
プリンスィプル
- 形 主要な（=chief）
- 名 校長, 社長

> 形 the principal cities of South America　南米の主要都市
> 名 a temporary principal　臨時校長

0991 review [rivjúː]
リヴュー
- 動 ① …を再検討する　② …を批評する
- 名 ① 再検討, 見直し　② 批評

> 動 ① review a procedure　手順を再検討する
> ② review a play　劇を批評する
> 名 ① call for a review of the decision　その決定の見直しを要求する
> ② post a review about a book　書評を投稿する

0992 discipline [dísəplin]
ディスィプリン
- 名 ① 規律, 訓練, しつけ
- ② （学問の）分野, 学科

> ① keep discipline and order　規律と秩序を保つ
> ② relevant discipline　関連する学問分野

> ▶ 形 disciplinary　訓練の, 規律の, 学問の［に関する］

0993 fulfill [fulfíl]
フルフィル
- 動 ① 〈義務・約束など〉を果たす, 〈条件・要求など〉を満たす（=meet）　② 〈夢・目的など〉を実現させる（=realize）

> ① fulfill a criterion　基準を満たす
> ② He fulfilled his dream of becoming a doctor.　彼は医者になる夢を実現させた.

> ▶ 名 fulfillment　実行, 達成（感）

0994 furious [fjú(ə)riəs]
フュ(ア)リアス
- 形 ① 激怒した, 怒り狂った
- ② （風・勢い・速さなどが）激しい（=violent）, 猛烈な

> ① have a furious expression　怒り狂った表情をしている
> ② proceed at a furious pace　猛烈な速さで進む

> ▶ 名 fury　激怒, 激しさ, 猛威

0995 fortune [fɔ́ːrtʃun]
フォーチュン
- 名 ① 財産（=wealth）, 富
- ② （幸）運（=luck）, 運勢

> ① make a fortune through stocks　株で財産を築く
> ② by good fortune　幸運にも

> ▶ 形 fortunate　幸運な, 幸せな
> ▶ 副 fortunately　幸運にも

0996 represent [rèprizént]
レプリゼント
- 動 ① …を表す（=stand for）, …を象徴する（=symbolize）
- ② …を代表する, （法廷などで）…を代弁する

> ① Red represents love.　赤は愛を象徴する.
> ② the athletes representing India　インド代表のアスリート

> ▶ 名 representation　表現, 代表(者)
> ▶ 形 representative　代表の, 典型の

0997 **genuine**	[dʒénjuin] ジェニュイン	形① 本物の (⇔fake 偽物の), 偽物でない ② 心からの (=wholehearted), 誠実な

① genuine diamonds 本物のダイヤモンド
② show genuine affection 心からの愛情を示す

0998 **welfare**	[wélfèər] ウェルフェア (ー)	名① 幸福, 繁栄 ② 福祉, 生活保護

① Our only concern is the children's welfare. 私たちの唯一の関心は子供たちの幸福です。
② welfare of the socially disadvantaged 社会的弱者の福祉

0999 **conduct**	[kəndʌ́kt] クンダクト	動 …を行う, …を実施する
	[kándʌkt] カンダクト	名 行動, 振る舞い (=behavior)

動 conduct a poll 世論調査を実施する
名 a code of conduct 行動規範

1000 **subtle**	[sʌ́tl] 発 サトゥル	形① 微妙な (=delicate), 繊細な ② 巧妙な, 絶妙な

① subtle distortion 微妙な歪曲
② exploit workers in subtle ways 巧妙なやり方で労働者を搾取する

▶ 名 **súbtlety** 微妙(さ), 繊細(さ), 巧妙

1001 **favor**	[féivər] フェイヴァ (ー)	名 好意 (⇔disfavor 嫌悪), 親切な行為 動 …に賛成する, …をひいきする

名 return a favor 好意のお返しをする
動 favor a proposal 提案に賛成する

▶ 形 **fávorable** 好意的な, 賛成の
▶ 形 **fávorite** お気に入りの, 一番好きな

1002 **register**	[rédʒistər] レジスタ (ー)	動① …を登録する ② …を書き留めにする 名 登録簿, 記録(簿), レジ

動① register a gun with the police 警察に銃を登録する
　② I'd like to have this letter registered. この手紙を書き留めにしてください。
名 the register of voters 有権者名簿

▶ 名 **registrátion** 登録, 書留

1003 **sophisticated** [səfístikèitid] ソフィスティケイティッド	形①(都会風に)洗練された (⇔unsophisticated 垢抜けない) ② 高性能な (=high-performance), 精巧な (=elaborate)

① sophisticated beauty and grace 洗練された美しさと優雅さ
② a sophisticated fighter plane 高性能戦闘機

▶ 名 **sophisticátion** 洗練, 精巧さ

1004	**grasp**	[grǽsp] グラァスプ	動 ① …をつかむ, …を握る (=grip) ② …を理解する (=apprehend) 名 ① つかむこと　② 理解

動 ① grasp a rope　ロープをつかむ
　② grasp an abstract concept　抽象概念を理解する
名 ① Grandpa took a firm grasp of my hand.　祖父は私の手をしっかりと握った.
　② have no grasp of cause and effect　原因と結果を全く理解していない

1005	**recall**	[rikɔ́ːl] リコール	動 ① …を思い出す (=recollect)　② 〈不良品〉を回収する 名 ① 記憶力 (=memory), 回想　② 回収, リコール

動 ① I cannot recall her name.　彼女の名前が思い出せない.
　② The defective cars were all recalled.　欠陥車はすべて回収された.
名 ① The student has total recall.　その生徒は素晴らしい記憶力を持つ.
　② announce a recall　リコールを発表する

1006	**convention**	[kənvénʃən] クンヴェンシュン	名 ① 慣習, しきたり (=custom) ② 会議 (=conference), 大会, 協定

① follow social conventions　社会の慣習に従う
② hold an annual convention　年次大会を開催する

▶ 形 **convéntional** 型にはまった, 従来型の

1007	**faint**	[féint] フェイント	形 かすかな (⇔strong 強固な), ぼんやりとした (=vague) 動 失神する (=pass out), 気絶する (⇔come to 意識を取り戻す)

形 a faint aroma of coffee　コーヒーのかすかな香り
動 faint at the sight of blood　血を見て気絶する

1008	**weigh**	[wéi] ウェイ	動 ① …の重さをはかる, 重さが…である ② …を(比較)検討する, …を熟考する

① You weigh far less on the Moon than on Earth.
　月では地球より体重がはるかに軽くなる.
② weigh all the advantages and disadvantages
　すべてのよい点と悪い点を(比較)検討する

▶ 名 **wéight** 重さ, (精神的な)重荷, 重要性

1009	**shame**	[ʃéim] シェイム	名 ① 恥ずかしさ, 恥ずべきこと (=disgrace), 恥ずべき人 ② 残念 (=pity), 遺憾 動 …に恥ずかしい思いをさせる, …を赤面させる

名 ① to my shame　恥ずかしいことに
　② Oh, that is a shame.　まあ, それは残念.
動 His bad behavior shamed his parents.　彼の行儀の悪さに両親は恥ずかしい思いをした.

▶ 形 **shámeful** 恥ずべき
▶ 形 **shámeless** 恥知らずな

1010	**cultivate** [kʌ́ltəvèit] カルティヴェイト	動① …を**育む**, …を**育成する** ② …を**耕す**, …を**栽培する** (=grow)

① cultivate a comprehensive ability　総合的な能力を育む
② cultivate the wilderness　荒れ地を耕す

▶ 名 **cultivátion** 耕作, 育成, 教養

1011	**blast** [blǽst] ブラァスト	名① **爆破**, **爆風** ② **突風** 動 …を**爆破する**

名① casualties from the blast　爆破による死傷者
　② a blast of cold air　冷たい突風
動 The building was blasted by a bomb.　その建物は爆弾で爆破された.

1012	**spoil** [spɔ́il] スポイル	動① …を**台なしにする** (=muddle), …を**損なう** (=impair) ② 〈子供など〉を**甘やかす** (=indulge)

① spoil the party　パーティーを台なしにする
② spoil the stepchildren　継子を甘やかす

1013	**mold** [móuld] モウルド	名 **型**, (人の) **性格**, **タイプ** 動 …を**形成する**

名 a person of serious mold　まじめな性格の人
動 His background molded his works.　生い立ちが彼の作品を形成した.

1014	**humble** [hʌ́mbl] ハンブル	形① **謙虚な** (=modest), **控えめな** ② **質素な**, **粗末な**, **貧しい**

① with a humble attitude　謙虚な態度で
② a humble beginning　貧しい生い立ち

▶ 名 **humílity** 謙虚, 謙遜, 卑下

1015	**modest** [mádist] マディスト	形① **謙虚な** (=humble) ② **ささやかな**, **そこそこの**

① a modest person　謙虚な人
② a modest house　ささやかな家

▶ 名 **módesty** 謙虚, 適度

1016	**moderate** [mádərət] マデレット	形 **適度な** (⇔excessive 過度な), **中くらいの** 動 …を**和らげる** (=soften), …を**抑える**

形 do moderate exercise　適度な運動をする
動 He moderated his tone.　彼は声の調子を和らげた.

▶ 名 **moderátion** 適度, 温和

1017 **relieve** □□	[rilíːv] リリーヴ	動① 〈苦痛など〉を**取り除く**, …を**軽減する**（=ease） ② …を**安心させる**

① relieve stress　ストレスを取り除く
② The news relieved the family.　その知らせは家族を安心させた.

▶ 名 **relíef**　（苦痛などの）除去, 軽減, 安心

1018 **upset** □□	[ʌ̀psét] アプセット	動① …を**動揺させる**, …を**狼狽させる** ② …を**ひっくり返す**（=overturn）, …を**転覆させる**

① The fire quite upset her.　その火事で彼女はすっかり動揺した.
② upset the milk pitcher　ミルクピッチャーをひっくり返す

1019 **valid** □□	[vǽlid] **ヴァ**リッド	形① （議論・理由が）**正当な**, **根拠の確かな**（=reasonable） ② （法的に）**有効な**, **効力のある**（⇔void 無効の）

① Oversleeping is not a valid excuse for being late.
　寝坊は遅刻の正当な理由にはならない.
② This license is no longer valid.　この免許はもはや有効ではない.

▶ 名 **validity**　正当性, 有効性

コラム **-freeの誤解** ……………………………………………………………

　smoke-freeとはどんな意味なのか.「タバコが自由に吸える」状態をいうのか, それとも「タバコがまったく吸えない」状態をいうのか. -free は「～が含まれない／～が必要ない」の意味である. したがって, smoke-free は「タバコの煙がまったくない→タバコがまったく吸えない」状態を指す.

　では, バリアフリー（barrier-free）とは何か. barrier は, 物理的, 経済的, 社会的な「障壁」のことである. とくに障がいをもつ人たちや高齢者が, 健常者と同じように社会生活ができるように, 交通機関や建物などへのアクセスが容易にできる「障壁のない」環境を意味して用いられる. これらに加えて, 以下のようなものが入試によく出題されている.

・additive-free foods「無添加食品」
・duty-free shop「免税店」
・fat-free yog(h)urt「脂肪分のないヨーグルト」
・sugar-free coffee「砂糖抜きのコーヒー」

Unit 6

| 1020 | **invalid** | [ínvəlid]
インヴァリッド | 形① 病弱な, 病人用の |
| | | [invǽlid]
インヴァリッド | ② (法的に) 無効の (⇔valid 有効な), 根拠のない |

① my invalid husband 病身の夫
② valid and invalid votes 有効票と無効票

| 1021 | **animate** | [ǽnəmèit]
アニメイト | 動…を活気づける
形 生命の, 生きた, 生き生きとした (=lively) |

動 The commander's words animated the troops. 司令官の言葉が軍を活気づけた.
形 an animate object 生命のある物

▶ 名 **animátion** 活気, アニメ(制作)

| 1022 | **administration**
[ədmìnəstréiʃən]
アドミニストゥ**レイ**シュン | 名① 行政, 政府 (=government), 政権
② 管理, 運営, 経営(陣) |

① the Republican administration 共和党政権
② border administration 国境管理

▶ 動 **admínister** …を管理する, …を治める
▶ 形 **administrátive** 行政に関する, 管理の

| 1023 | **resume** | [rizú:m]
リ**ズーム** | 動…を再開する |
| | | [rézumèi]
レズメイ | 名 履歴書, 要約, レジュメ |

動 resume arms sales 武器販売を再開する
名 enclose a resume 履歴書を同封する

▶ 名 **resúmption** 再開, 続行

| 1024 | **grace** | [gréis]
グ**レイス** | 名① 優雅, 上品, 礼儀正しさ
② 好意, (支払いの) 猶予, 神のめぐみ |

① She danced with much grace. 彼女は実に優雅に踊った.
② by the special grace of God 神の特別なめぐみにより

▶ 形 **gráceful** 優雅な, 上品な
▶ 形 **grácious** 礼儀正しい, 丁寧な

| 1025 | **stir** | [stá:r]
ス**ター** | 動① …をかき回す, …を混ぜる
② 〈感情など〉をかき立てる (=arouse) |

① He stirred his tea with his spoon. 彼はスプーンで紅茶をかき回した.
② The news footage stirred my curiosity. そのニュース映像は私の好奇心をかき立てた.

1026	**fabric**	[fǽbrik] ファブリック	名 ① 織物 (=textile), 繊維, 布地 ② (社会・建物の) 構造, 組織 (=structure)

① two pieces of silk fabric 絹の布2反
② the fabric of society 社会構造

1027	**contradict** [kàntrədíkt] カントゥラ**ディ**クト	動 ① …と矛盾する ② …を否定する, …に反論する

① The two accounts contradict each other. 2つの説明は互いに矛盾している.
② My son always contradicts what I say. 息子はいつも私の言うことに反論する.

▶ 名 **contradíction** 矛盾, 否定, 反論
▶ 形 **contradíctory** 矛盾した, 正反対の

1028	**feature**	[fíːtʃər] **フィー**チャ (ー)	名 ① 特徴 (=characteristic), 顔立ち (=countenance) ② 特集 (記事), 呼び物 (=attraction) 動 ① …を特徴として持つ, …を特徴づける　② …を特集する

名 ① a significant feature of our time 現代の大きな特徴
　② The feature of the exhibit is Monet's works. その展覧会の呼び物はモネの作品だ.
動 ① The new product features durability. 新製品は耐久性を特徴として持つ.
　② The program featured retirement planning. その番組は老後の人生計画を特集した.

1029	**acute**	[əkjúːt] ア**キュー**ト	形 ① (痛み・病気が) 激しい (=severe), 急性の (⇔chronic 慢性の) ② (感覚・知力などが) 鋭い (=keen)

① acute attacks 急性の発作
② Wolves have an acute sense of smell. オオカミは嗅覚が鋭い.

1030	**terminal**	[tə́ːrmən(ə)l] **ター**ミヌル	形 (病気などが) 末期の, 最終的な 名 終点, 最終駅, (コンピュータ) 端末

形 terminal illness 末期の病
名 log in from a terminal 端末からログインする

1031	**tear**	[téər] **テ**ア (ー) [tíər] **ティ**ア (ー)	動 …を引き裂く (=rip up), 裂ける (=rip) 名 涙

動 This cloth tears easily. この布は裂けやすい.
名 shed tears of joy うれし涙を流す

1032	**mortal**	[mɔ́ːrtl] **モー**トゥル	形 ① 死ぬべき運命の (⇔immortal 不死の), 死を免れない ② 致命的な (=fatal), 命にかかわる

① Man is mortal. 人は死を免れない.
② He received a mortal wound. 彼は致命傷を負った.

▶ 名 **mortálity** 死ぬ運命, 死者数, 死亡率

1033	**immortal** [i(m)mɔ́ːrtl] イモートゥル	形① 不死の ② (功績・作品・名声などが) 不滅の, 不朽の

① Many ancient kings wanted to be immortal. 多くの古代の王が不死を願った.
② gain immortal fame 不朽の名声を手に入れる

▶ 名 **immortálity** 不死, 不滅, 不朽(の名声)

1034	**embrace** [imbréis] インブレイス	動① …を抱きしめる(=hug), …を抱擁する ② …を受け入れる, …を利用する(=utilize)

① embrace a child 子供を抱きしめる
② embrace a new world order 新しい世界秩序を受け入れる

1035	**sustain** [səstéin] サステイン	動① …を維持する, …を持続させる, …を支える ② 〈損害など〉をこうむる[出す](=suffer)

① sustain a decent living そこそこの暮らしを維持する
② sustain heavy casualties 多くの死傷者を出す

▶ 形 **sustáinable** 維持できる, 持続可能な
▶ 名 **sustainabílity** 持続可能性

1036	**gross** [gróus] グロウス	形① 総計の, 全体の(=total) ② ひどい(=horrible), 粗野な(=vulgar)

① gross demand 総需要
② a gross distortion of truth 事実のひどい歪曲

1037	**row** [róu] ロウ	名 (横に並んだまっすぐな)列, 座席の列, 家並み 動 船[ボート]を漕ぐ

名 arrange the desks in five rows 机を5列に並べる
動 I'll steer; you row. 私が舵をとるから, あなたが漕いで.

1038	**assimilate** [əsíməlèit] アスィミレイト	動① …を吸収する(=absorb) ② 同化する, …を同化させる

① assimilate knowledge 知識を吸収する
② Northern Europeans readily assimilate in America. 北欧の人はアメリカに同化しやすい.

▶ 名 **assimilátion** 吸収, 同化

1039	**obscure** [əbskjúər] オブス**キュ**ア (-)	形① あいまいな(⇔clear 明白な), 不明瞭な ② 無名の(⇔well-known 有名な), 目立たない

① for obscure reasons あいまいな理由で
② Van Gogh was an obscure artist when he was alive. バン・ゴッホは生前, 無名の芸術家だった.

▶ 名 **obscúrity** あいまいさ, 不明瞭, 無名

1040	**faculty**	[fǽkəlti] ファクルティ	名① (実務的)能力, 才能 (=aptitude), (身体的)機能 ② (大学の)学部 (=department), 教授陣

① She has a faculty for mental arithmetic. 彼女は暗算の才能がある.
② the faculty of medicine 医学部

1041	**soak**	[sóuk] ソウク	動① …を**ずぶ濡れにする** (=drench) ② …を**ひたす**, (液体に)**ひたる, つかる**

① He was soaked to the skin. 彼はずぶ濡れだった.
② soak in a hot spring 温泉につかる

1042	**profound**	[prəfáund] プロファウンド	形① **深い, 深遠な** ② **重大な** (=significant), **激しい**

① profound knowledge 深い知識
② a profound effect 重大な影響

▶ 名 **profúndity** 深いこと, 深遠さ

1043	**projection** [prədʒékʃən] プロ**ジェ**クシュン	名① **予測, 見積もり** ② **投影, 映写**

① projections of economic growth 経済成長予測
② We had a problem with the movie's projection. 映画の映写に問題が生じた.

▶ 動 **projéct** …を見積もる, …を投影する

1044	**soothe**	[súːð] スーズ	動① …を**なだめる** (=calm), …を癒す ② 〈痛み〉を**和らげる** (=ease)

① Dolphins can soothe humans. イルカが人間を癒すこともある.
② This medicine will soothe your headache. この薬で頭痛が和らぐでしょう.

▶ 名 **sóothing** 安心させる, 痛みを和らげる

1045	**secure**	[sikjúər] スィ**キュア**(ー)	形 **安全な, 安心した** 動 …を**確保する**, …を**安全にする**

形 a secure investment 安全な投資
動 secure a comfortable majority 安定多数を確保する

▶ 名 **secúrity** 安全性, 安心, 警備

1046	**property**	[prápərti] プ**ラ**パティ	名① **特性, 特質** (=quality) ② **財産, 所有(権)**

① physical properties of gold 金の物理的特性
② movable and immovable property 動産と不動産

1047 **repel** [ripél] リペル □□	動 ① 〈害虫など〉を追い払う (=drive away), 〈敵など〉を撃退する ② …を不快(な気持ち)にさせる (=disgust)

① repel mosquitoes　蚊を追い払う
② This odor repels me.　このにおいは私を不快な気持ちにさせる.

▶ 形 repéllent　いやな, 反発する

1048 **rigid** [rídʒid] リジッド □□	形 ① 厳しい (=strict), 厳格な, 頑固な ② 硬直した, 柔軟性がない (⇔flexible しなやかな)

① rigid regulations　厳格な規制
② assume a rigid attitude　柔軟性のない態度をとる

▶ 名 rigídity　厳格, 硬直

1049 **prescribe** [priskráib] プリスクライブ □□	動 ① 〈薬など〉を処方する ② …を規定する (=lay down), …を指示する

① prescribe an antibiotic　抗生物質を処方する
② a crime for which capital punishment is prescribed　死刑が規定されている犯罪

▶ 名 prescríption　処方(箋), 規定

コラム 頻出の -friendly / -based / -powered ··

《-friendly「〜にとって使いやすい, 〜に害を与えない」》
・environmentally-friendly「環境に優しい」
・family-friendly「家族を優先した, 家族を重視した」
・user-friendly「利用者が使いやすい」

《-based「〜を基礎とする, 〜を利用した, 〜を主成分とする」》
・computer-based「コンピュータを利用した」
・plant-based「植物由来の」
・sugar-based「砂糖を主成分とした」

《-powered「〜をエネルギー源とした, 〜で動く」》
・coal-powered「石炭を動力とした」
・hydrogen-powered「水素を燃料とした」
・battery-powered「蓄電池で動く」

Unit 7

1050 strain [stréin] ストゥレイン
☐☐
　動 …をピンと張る, …を引っ張る
　名 緊張(=stress), 負担

> 動 strain a rope to the breaking point　ロープを切れそうになるまで引っ張る
> 名 Public health centers are under increasing strain.　保健所の負担が増している.

1051 singular [síŋgjulər] スィンギュラ(ー)
☐☐
　形 ① 並外れた(=outstanding), 非凡な, 単数の(⇔plural 複数の)
　　② 奇妙な, 風変わりな(=eccentric)

> ① singular intelligence　並外れた知能
> ② a singular event　奇妙な出来事

> ▶ 名 singulárity　非凡, 特異, 単一(性)

1052 province [prάvins] プラヴィンス
☐☐
　名 ① 地方, (行政区画の)州, 省
　　② 領域, (専門)分野(=field)

> ① Quebec is the largest of Canada's 10 provinces.
>　ケベックはカナダの10州の中で最大の州だ.
> ② Archaeology is not my province.　考古学は私の専門分野ではない.

> ▶ 形 províncial　地方の, 田舎の

1053 penetrate [pénətrèit] ペネトゥレイト
☐☐
　動 ① …を貫通する(=go through), …にしみ込む(=infiltrate)
　　② …を見抜く, …を理解する(=grasp)

> ① The sword penetrated his abdomen.　刀が彼の腹部を貫通した.
> ② He soon penetrated the mystery.　彼はすぐに謎を見抜いた.

> ▶ 名 penetrátion　貫通, 浸透, 洞察力

1054 vain [véin] ヴェイン
☐☐
　形 ① 無駄な(=useless), 空虚な
　　② 虚栄心の強い, うぬぼれた(=conceited)

> ① make vain efforts　無駄な努力をする
> ② Praise will make him vain.　褒めると, 彼はうぬぼれる.

> ▶ 名 vánity　虚栄心, はかなさ, むなしさ

1055 quarter [kwɔ́:rtər] クウォータ(ー)
☐☐
　名 ① 4分の1, 4等分
　　② 区域, 地区, …街

> ① a quarter of a mile　4分の1マイル
> ② a Jewish quarter　ユダヤ人街

> ▶ 形 副 quárterly　一年に4回(の)

1056 summon [sʌ́mən] サモン
☐☐
　動 ① …を呼び出す, …を招集する(=convene)
　　② 〈勇気・力など〉を奮い立たせる

> ① summon shareholders to a general meeting　株主を総会に招集する
> ② He summoned his courage and told the truth.　彼は勇気を奮い立たせて真実を語った.

> ▶ 名 súmmons　呼び出し, 出頭(命令)

1057 vacant	[véik(ə)nt] ヴェイクント	形① (場所・地位が) 空いている (⇔occupied 占有されている) ② (表情・目つきなどが) ぼんやりした, 虚ろな (=expressiveless)

① a vacant lot　空地
② have vacant eyes　虚ろな目をしている

▶ 名 vácancy　空いたところ, 空虚

1058 execute	[éksikjùːt] エクスィキュート	動① …を実行する (=carry out), …を遂行する ② …を処刑する

① execute a major attack　大規模な攻撃を実行する
② Mussolini was executed in 1945.　ムッソリーニは1945年に処刑された.

▶ 名 execútion　実行, 処刑

Part

3

Unit

7

1059 haunt	[hɔ́ːnt] ホーント	動① 〈幽霊などが〉〈場所〉に出没する, 〈人〉を悩ませる ② …によく行く (=frequent), …に入り浸る

① The old castle is haunted by a specter.　その古城は幽霊が出る.
② He haunted the jazz café.　彼はそのジャズカフェによく行った.

1060 rage	[réidʒ] レイジ	名① 激怒 (=fury)　② (自然界の) 猛威 (=violence) 動① 激怒する　② 猛威を振るう

名① He was in a rage.　彼は激怒していた.
　② the rage of nature　大自然の猛威
動① She rages at the slightest provocation.　彼女はささいな挑発にも激怒する.
　② A bird flu epidemic raged.　鳥インフルエンザが猛威を振るった.

1061 provoke	[prəvóuk] プロヴォウク	動① …を怒らせる ② 〈反応・感情など〉を引き起こす[招く] (=raise)

① Her rude answer provoked me.　彼女の失礼な返答が私を怒らせた.
② Darwinism provoked strong criticism.　進化論は激しい批判を招いた.

▶ 名 provocátion　怒らせること, 挑発
▶ 形 provócative　挑発的な, 刺激的な

1062 stock	[sták] スタック	名① 蓄え, 在庫 ② 株 (式)

① The item is out of stock.　その商品は在庫切れです.
② invest money in stocks　株にお金を投資する

1063 explicit	[iksplísit] イクスプリスィット	形① 明白な (⇔implicit 暗示的な), はっきりした ② あからさまな, 露骨な

① explicit evidence　明白な証拠
② The song is full of explicit lyrics.　その歌は露骨な歌詞でいっぱいだ.

▶ 副 explícitly　明白に, ありのままに

115

1064	**implicit**	[implísit] インプリスィット	形 ① 暗黙の (⇔explicit 明白な), 暗示的な ② (信念・服従などが) 絶対的な (=absolute), まったくの

① I interpret her silence as implicit agreement.
私は彼女の沈黙を暗黙の了解と解釈している.
② implicit obedience 絶対服従

▶ 副 **implícitly** 暗黙のうちに, 無条件に

1065	**subdue**	[səbd(j)úː] サブデュー	動 ① 〈感情など〉を抑える (=control) ② …を征服する (=conquer)

① subdue a desire to laugh 笑いたい気持ちを抑える
② Napoleon subdued much of Europe. ナポレオンはヨーロッパの多くを征服した.

▶ 形 **subdúed** 抑えた, 控えめな

1066	**sober**	[sóubər] ソウバ (ー)	形 ① 酔っていない (⇔drunk 酔っている), しらふの ② まじめな (=serious), 冷静な

① A pilot must stay sober. パイロットはしらふでいなくてはならない.
② lead a sober life まじめな生活を送る

1067	**trifle**	[tráifl] トゥライフル	名 ① つまらないもの, ささいなこと (=trivial things) ② (a trifleの形で) 少量[少額の金], (副詞的に用いて) 少し, ちょっと

① make a fuss about trifles ささいなことで大騒ぎする
② She is a trifle tired. 彼女はちょっと疲れている.

▶ 形 **trífling** つまらない, ささいな

1068	**cherish**	[tʃériʃ] チェリッシュ	動 ① …を大事にする (=treasure), …をかわいがる ② …を心に抱く, …を胸に秘める

① cherish the present 今を大事にする
② cherish a secret suspicion ひそかな疑念を抱く

1069	**extravagant** [ikstrǽvəgənt] イクストゥ**ラ**ァヴァガント		形 ① 金づかいの荒い, 浪費して (=wasteful) ② 法外な (=excessive), 途方もない

① She is extravagant with her money. 彼女は金づかいが荒い.
② make extravagant demands 法外な要求をする

▶ 名 **extrávagance** 浪費, 行き過ぎ

1070	**token**	[tóuk(ə)n] トウクン	名 しるし (=sign), 証拠, 記念 (品) 形 形ばかりの, 名ばかりの

名 A white flag is a token of surrender. 白旗は降伏のしるしである.
形 The troops offered only token resistance. その部隊は形ばかりの抵抗だけを行った.

116

1071 **draft** □□	[dræft] ドゥ**ラ**フト	動 …を起草する, …の下書きをする 名 草案, 設計図, 徴兵

動 draft a speech for a conference　会議用のスピーチ原稿の下書きをする
名 a draft of a law　法律の草案

1072 **fierce** □□	[fíərs] **フィア**(ー)ス	形 ① どう猛な (=ferocious), 残忍な ② (競争・議論・感情などが) 激しい (=intense), 強烈な

① fierce dinosaurs　どう猛な恐竜
② Competition among the airlines is fierce.　航空会社間の競争はすさまじい.

1073 **apprehension** □□	[æprihénʃən] アプリ**ヘ**ンシュン	名 ① 心配, 懸念 (=dread) ② 逮捕 (=arrest)

① feel a lot of apprehension before an exam　試験前にとても不安を感じる
② apprehension of the killer　殺人犯の逮捕

▶ 動 **apprehénd** …を逮捕する
▶ 形 **apprehénsive** 不安な, 心配して

1074 **expire** □□	[ikspáiər] イクス**パ**イア(ー)	動 ① 〈契約・切符などの〉期限が切れる (=run out), 〈任期などが〉満了する ② 息を引き取る (=perish)

① My period of stay will expire next month.　私の在留期間は来月に切れる.
② One of my brothers-in-law expired.　義理の兄の一人が息を引き取った.

▶ 名 **expirátion** 期限切れ, 満期
▶ 形 **expíratory** 呼気の, 息を吐く

1075 **temperate** □□	[témp(ə)rət]] **テ**ンペレット	形 ① (人・態度が) 控えめな, 穏やかな, 節度ある (=moderate) ② (気候が) 温暖な (⇔harsh 厳しい), 温帯の

① a man of temperate speech　穏やかな話し方をする人
② subtropical and temperate climates　亜熱帯気候と温帯気候

▶ 名 **témperance** 控えめ, 節制, 禁酒

1076 **delinquency** □□	[dilíŋkwənsi] ディ**リ**ンクウェンスィ	名 ① (未成年者の) 非行, 過失 ② (義務, 職務の) 怠慢 (=neglect), 不履行

① the issue of juvenile delinquency　青少年の非行問題
② delinquency in payment　支払いの不履行

▶ 形 **delínquent** 非行の, 怠慢な

1077	**formulate** [fɔ́ːrmjulèit] フォーミュレイト	動① …を**考案する**（=contrive） ② …を説明する, …を(明確に)述べる（=articulate）

① formulate **a national strategy** 国家戦略を考案する
② **He** formulated **his concerns.** 彼は懸念を明確に述べた.

▶ 图 **fórmula** 決まったやり方, 公式

1078	**sterile** [stéral] ステリル	形① (土地が)**不毛の**（⇔fertile 肥沃な）, 不妊の ② 殺菌した, 無菌の

① sterile **lands** 不毛の地
② sterile **culture** 無菌培養

▶ 動 **stérilize** …を殺菌する
▶ 图 **sterílity** 不毛, 不妊, 無菌状態

1079	**toil** [tɔ́il] トイル	動 精を出して働く 图 **つらい仕事**（=labor）, 労苦

動 toil **to make a living** 生計を立てるために精を出して働く
图 **We had a good rest after hours of** toil. 何時間ものつらい労働のあと, 私たちは十分休息をとった.

▶ 形 **tóilsome** つらい, 骨の折れる

コラム 自然や環境に関する接頭辞 ···

《天体に関する astro-》

・astronomer「天文学者」

・astrology「占星術, 星占い」

《生物に関する bio-》

・biological「生物学上の, 生物学的な」

・biodegradable「生物分解性の, 微生物の作用で分解できる」

《環境に関する eco-》

・ecosystem「生態系」

・ecoterrorism「環境テロ」(環境保護団体などが環境破壊行為などに反対しておこなうテロリズム)

《地球に関する geo-》

・geopolitics「地政学」

・geology「地質学, (ある場所の)地質」

「多義」と「語法」両面から狙われる最重要単語を網羅しています。ここはじっくりと挑んでください。

Unit 1

1080 □□	**allow**	[əláu] アラウ	動① …に(…するのを)**許す**(to do)(⇔forbid …を禁じる) ② (allow A Bの形で) AにBを**与える**(=allow B to A)

① allow employees to work overtime　従業員に残業するのを許す
② I allowed my son 5 dollars for lunch.　私は息子に昼食代に5ドル与えた.

▶ 名 **allówance** 容認, 手当, 小遣い

1081 □□	**mind**	[máind] マインド	動…を**気にする**, (…するのを)**嫌だと思う**(doing), 嫌だと思う 名**精神**, **心**, **知性**(=intelligence)

動 She wouldn't mind your getting in touch with me.
　彼女はあなたが連絡してくるのを嫌がらないだろう.
名 He has a sharp mind.　彼は鋭い知性を持つ.

1082 □□	**blame**	[bléim] ブレイム	動① …を(…のことで)**非難する**(for)(=condemn) ② …を(…の)**せいにする**(on)

① They blamed him for the scandal.　彼らはそのスキャンダルのことで彼を非難した.
② I blamed my failure on the lack of options.　私は失敗を選択肢がなかったせいにした.

1083 □□	**effect**	[ifékt] イフェクト	名① **結果**(⇔cause 原因) ② (Aの)(Bへの)**影響**(of A)(on B)

① cause and effect　原因と結果
② the effect of CO_2 on the environment　二酸化炭素の環境への影響

▶ 形 **efféctive** 効果的な, 事実上の

1084 □□	**blind**	[bláind] ブラインド	形① **目の見えない** ② (…に)**気づかない**(to)

① go blind　目が見えなくなる
② You are blind to her kindness.　君は彼女の親切に気づいていない.

1085 □□	**deaf**	[déf] デフ	形① **耳が聞こえない** ② (…に)**耳を貸さない**(to)(=indifferent)

① The man went deaf.　その男は耳が聞こえなくなった.
② His wife was deaf to his warnings.　彼の妻は彼の警告に耳を貸さなかった.

▶ 動 **déafen** …の耳を聞こえなくする

1086 □□	**compare**	[kəmpéər] クンペア(ー)	動① …を(…と)**比較する**(with[to]) ② …を(…に)**たとえる**(to)(=liken)

① compare new medicines with placeboes　新薬をプラセボ(偽薬)と比較する
② compare life to a voyage　人生を航海にたとえる

▶ 名 **compárison** 比較, たとえること
▶ 形 **compárative** 相対的な, 比較(上)の
▶ 形 **cómparable** 比較可能な, 匹敵する

1087 **employ**	[implɔ́i] インプ**ロ**イ	動 ① …を (…として) 雇う(as) (⇔discharge …を解雇する) ② …を利用する(=make use of), …を用いる

① employ her as a domestic help 彼女をお手伝いさんとして雇う
② employ numerical analysis to show the results 結果を示すために数値解析を用いる

▶ 名 **emplóyment** 雇用, 利用

1088 **succeed**	[səksíːd] サク**スィー**ド	動 ① (…に) 成功する(in) (⇔fail 失敗する) ② (…を) 継承する(to) (=follow)

① succeed in speculation 投機に成功する
② succeed to the throne 王位を継承する

▶ 名 **succéss** 成功
▶ 名 **succéssion** 継承, 相続, 連続
▶ 名 **succéssor** 後継者, 継承者
▶ 形 **succéssful** 成功した
▶ 形 **succéssive** 連続する, 引き続いての

1089 **fail**	[féil] **フェ**イル	動 ① (…に) 失敗する(in), 〈試験〉に落ちる ② (…) できない(to do), (怠って) (…) しない(to do) (=neglect to do)

① fail in an interview 面接に失敗する
② fail to comply with the law その法律を守らない

▶ 名 **fáilure** 失敗, 不履行

1090 **wear**	[wéər] **ウェ**ア(ー)	動 ① …を身につけている ② …をすり減らす, …を使い果たす, (wear ... out[down] の形で) …を疲れさせる

① wear an oxygen mask 酸素マスクを付けている
② Babysitting wore me out. ベビーシッターをして私はすっかり疲れてしまった.

1091 **amount**	[əmáunt] ア**マ**ウント	名 量 (=quantity), 額, 総計 (=sum) 動 〈総計で・最終結果が〉 (…に) なる(to)

名 a large amount of nutritious matter 多量の栄養成分
動 The bill amounts to 100 dollars. 請求書の合計は100ドルになる.

1092 **reduce**	[rid(j)úːs] リ**デュー**ス	動 ① …を減らす, 減少する ② …を (物・状態などに) 変える[してしまう] (to), (be reduced to ...の形で) …に陥る, …する羽目になる

① reduce the staff by a third 職員の3分の1を削減する
② Our enemy reduced our town to ruins. 敵はわが町を廃墟にしてしまった.

▶ 名 **redúction** 減少, 縮小, 引き下げ

1093	**maintain** [meintéin] メインテイン	動① …を維持する, …を保つ (=preserve) ② …を主張する, (…であると) 主張する (that節) (=assert)

① maintain **neutrality** 中立を維持する
② He maintains that **she is innocent.** 彼は彼女が無罪だと主張している.

▶ 名 **máintenance** 維持, 整備, 主張

1094	**suggest** [sə(g)dʒést] サジェスト	動① …を示唆する (=imply), …を暗示する ② …を提案する, (…しよう/…である) と提案する (doing/that節) (=propose)

① His words suggests **the depth of his knowledge.**
言葉が彼の知識の深さを示唆している.
② He suggested that **we leave right now.** 彼は我々が今すぐ出発すべきだと提案した.

▶ 名 **suggéstion** 示唆, 暗示, 提案
▶ 形 **suggéstive** 示唆に富む, 暗示的な
▶ 形 **suggéstible** 暗示を受けやすい

1095	**absent** [ǽbs(ə)nt] アブセント	形① (…を) 欠席している (from) (⇔present 出席している) ② ぼんやりした, 放心状態の

① She was absent **from the morning meeting.** 彼女は朝礼を欠席した.
② look at him in an absent **way** ぼんやりと彼を見る

▶ 名 **ábsence** 欠席, 欠如

1096	**tend** [ténd] テンド	動① (…する) 傾向がある (to do) ② 〈人・家畜など〉の世話をする, 〈植物など〉の手入れをする

① Female cats tend **to be right pawed.** メス猫は右利きの傾向がある.
② tend **fruit trees in a garden** 庭の果樹の手入れをする

▶ 名 **téndency** 傾向, 風潮

1097	**manage** [mǽnidʒ] マァネッジ	動① …を管理する, …を経営する (=run) ② なんとか…する (to do) (=contrive to do)

① manage **a schedule** スケジュールを管理する
② I manage **to support my family.** 私はなんとか家族を養っている.

▶ 名 **mánagement** 管理, 経営, 支配
▶ 形 **mánageable** 管理できる, 扱いやすい

1098	**afford** [əfɔ́ːrd] アフォード	動① (…する) (経済的・時間的・心理的) 余裕がある (to do) ② (afford A Bの形で) AにBを与える [もたらす] (=give)

① I can afford **to take a vacation this summer.** 今年の夏は休暇をとる余裕がある.
② Child rearing affords **us much pleasure.** 子育ては我々に多くの喜びを与えてくれる.

▶ 形 **affórdable** (値段が) 手頃な, 購入しやすい

1099 realize	[ríːəlàiz] リーアライズ	動① …に**気づく**, (…だ)と**わかる**(that節) ② …を**実現する**

① She realized her error.　彼女は自分の過ちに気づいた.
② realize a ceasefire　停戦を実現する

▶ 名 **realizátion**　認識, 実現

1100 recognize	[rékəgnàiz] レカグナイズ	動① …を(本人だと)**わかる** ② …を(…と)**認める**(as)(=accept)

① I recognized her at once.　私はすぐに彼女だとわかった.
② recognize a student ID as proof of age　学生証を年齢証明と認める

▶ 名 **recognítion**　認識, 承認
▶ 形 **récognizable**　認識できる, 見分けのつく

1101 honor	[ánər] アナ(ー)	名① **名誉**(なこと)(⇔dishonor 不名誉(なこと)), **光栄** ② **尊敬, 敬意** 動① …に(名誉・勲章・官位などを)**与える**(with) ② …に**敬意を払う**(=pay respect to)

名① It's my honor to meet you.　お目にかかれて光栄です.
　② show them honor　彼らに敬意を表する
動① honor him with a doctor's degree　彼に博士号を与える
　② honor the fallen soldiers　戦死した兵隊に敬意を払う

▶ 形 **hónorable**　名誉ある, 立派な

1102 cause	[kɔ́ːz] コーズ	動 …を**引き起こす**, …を**もたらす**, …に(…)**させる**(to do) 名 **原因**, (理想としての)**主義[大義], 目標**

動 The heavy rains caused the river to flood.　大雨が川を氾濫させた.
名 Lincoln died for his cause.　リンカーンは大義のために死んだ.

▶ 形 **cáusal**　原因となる

1103 prove	[prúːv] プルーヴ	動① …を**証明する**, (…である)と**証明する**(that節) ② …と**判明する**, (…だと)**わかる**(to be)(=turn out)

① I can prove my alibi.　私はアリバイを証明できます.
② Working from home proved (to be) a great advantage.
　在宅勤務は我々にとって大きな強みだとわかった.

▶ 名 **próof**　証拠, 証明

Part **4** Unit **1**

1104	refuse	[rifjúːz] リフューズ	動 (…するの)を拒絶[拒否]する(to *do*) (=decline)
☐☐		[réfjuːs] レフュース	名 ゴミ, くず

動 refuse to **sign** 署名するのを拒絶する
名 **domestic** refuse 家庭ゴミ

▶ 名 **refúsal** 拒絶, 辞退

1105	volunteer		名 ボランティア, (兵隊・被験者などの)志願者
☐☐		[vàləntíər] ヴァランティア(ー)	動 (…すると)進んで申し出る(to *do*) (=offer to do)

名 **disaster-relief** volunteers 災害救済のボランティア
動 He volunteered to **help with the grape harvest.**
彼はぶどうの収穫を手伝うと進んで申し出た.

1106	appear	[əpíər] アピア(ー)	動 ① 現れる, 出現する ② (…する)ように見える(to *do*) (=seem)
☐☐			it appears that SV…=S appear(s) to *do*… Sは…するようだ.

① An image appeared **on the screen.** 画面に画像が現れた.
② It appears that **the girl lives in this town.**=The girl appears to **live in this town.**
その少女はこの町に住んでいるようだ.

▶ 名 **appéarance** 出現, 外見
▶ 形 **appárent** 明らかな
▶ 副 **appárently** 明らかに, どうも…らしい

1107	lead	[líːd] リード	動 ① …を(…に)導く(to), …を案内する ② …に(…する)気にさせる(to *do*), …を(…に)至らせる(to)
☐☐			

① lead **the country to victory** 国を勝利に導く
② Sloppy management leads **a firm to bankruptcy.**
ずさんな経営は会社を倒産に至らせる.

1108	communicate		動 ① (…と)意思疎通をする(with) ② …を(…に)伝える(to) (=convey)
☐☐		[kəmjúːnəkèit] クミューニケイト	

① communicate with **all other departments** 他の全部署と意思疎通をする
② communicate **knowledge to students** 知識を生徒に伝える

▶ 名 **communicátion** 意思疎通, コミュニケーション, 通信(手段)
▶ 形 **commúnicative** 話好きな, 通信(上)の

1109	share	[ʃéər] シェア(ー)	動 …を(…と)共有する[分けあう](with) 名 分け前, 割り当て
☐☐			

動 share **an apple with friends** 1個のリンゴを友人と分けあう
名 get **a fair** share 当然の分け前をもらう

Unit 2

1110 provide [prəváid] プロ**ヴァイド**

動① …に (…を) 供給する[与える] (with)
② (…を) 養う (for) (=support)

① Sheep provide us with meat and wool. 羊は我々に肉と羊毛を与えてくれる.
② provide for a family 家族を養う

▶ 名 **provísion** 供給, 準備, 対策

1111 operate [ápərèit] **ア**パレイト

動① …を操作する (=control), 作動する (=work)
② (…を) 手術する (on)

① operate a forklift フォークリフトを操作する
② operate on a cancer patient ガン患者を手術する

▶ 名 **operátion** 操作, 作動, 手術

1112 introduce [ìntrəd(j)úːs] イントゥロ**デュース**

動① …を (…に) 紹介する (to)
② …を (…に) 導入する (to[into])

① Let me introduce you to everyone. 私が君をみんなに紹介します.
② introduce a merit pay system into the company 成果報酬制度を会社に導入する

▶ 名 **introdúction** 紹介, 導入
▶ 形 **introdúctory** 紹介の, 導入の

1113 familiar [fəmíljər] ファミリア(ー)

形① 〈人が〉 (…を) よく知っている (with)
② 〈物・事が〉 (…に) よく知られている[見覚えがある] (to)

① That professor is familiar with the health care administration.
あの教授は医療行政をよく知っている.
② His face is familiar to me. 彼の顔には見覚えがある.

▶ 名 **familiárity** よく知っていること

1114 promote [prəmóut] プロモウト

動① …を促進する, …を増進する
② …を (…に) 昇進させる (to) (⇔demote …を降格させる)

① Moderate exercise promotes health. 適度な運動は健康を増進する.
② promote him to the post of chief accountant 彼を経理課長に昇進させる

▶ 名 **promótion** 促進, 昇進

1115 adjust [ədʒást] ア**ジャスト**

動① (…に) 適応する (to), …を (…に) 適応させる (to) (=fit)
② …を調整する

① adjust to a new way of life 新しい生活様式に適応する
② adjust the focus of a microscope 顕微鏡の焦点を調整する

▶ 名 **adjústment** 適応, 調整
▶ 形 **adjústable** 調整可能な

1116 **duty**	[d(j)úːti] デューティ	名① (…する)義務 (to *do*) (=obligation), 本分 ② 関税 (=tariff), 税金 (=tax)

① Doctors have a duty to inform patients. 医師には患者への告知義務がある.
② duties on certain imports 特定の輸入品に対する関税

▶ 形 **dútiful** 忠実な, 従順な

1117 **claim**	[kléim] クレイム	動① (…であると)主張する (that節/to *do*) ② …を要求[請求]する 名① 主張, 声明 ② 要求(する権利), 請求

動① He claims to be a journalist. 彼は自分がジャーナリストだと主張している.
② claim a refund 払い戻しを要求する
名① repeat a false claim 的外れな主張を繰り返す
② accept a claim for compensation 損害賠償の要求に応じる

1118 **suspect**	[səspékt] サスペクト	動 …に (…の)嫌疑をかける (of)
	[sáspekt] **サ**スペクト	名 容疑者

動 suspect him of taking a bribe 彼に収賄の嫌疑をかける
名 a prime suspect 第一容疑者

▶ 名 **suspícion** 疑惑, 容疑
▶ 形 **suspícious** 不審な, 疑わしい, 疑い深い

1119 **admit**	[ədmít] アドミット	動① (…すること)を認める (*do*ing) (=acknowledge) ② …の (…への)入場[入学]を許す (to[into])

① admit making mistakes ミスしたことを認める
② The pass admits 3 people to the show. この許可証でショーに3人が入場できる.

▶ 名 **admíssion** 承認, 入場(許可), 入場料

1120 **equal**	[íːkwəl] イークウォル	形 (…に)等しい (to) (=comparable), 平等な 動 …に匹敵する (=match), …に相当する

形 Sometimes, exaggeration is equal to a lie. 時に誇張はうそに等しい.
動 No one equals the professor in intelligence. 知力であの教授に匹敵する者はいない.

▶ 名 **equálity** 平等, 同等

1121 **confuse**	[kənfjúːz] クンフューズ	動① …を困惑させる (=puzzle) ② …を (…と)混同する (with)

① These questions confuse even the experts. これらの質問は専門家でさえ困惑させる.
② confuse correlation with causality 相関関係と因果関係を混同する

▶ 名 **confúsion** 混乱, 混同, 困惑

| 1122 involve
□□ | [inválv]
インヴァルヴ | 動① …を(必然的に)伴う(=entail), …を含む
② …を(…に)巻き込む(in), (involve oneself in[with]
...の形で) …に参加[熱中]する |

① Freedom involves responsibility. 自由は責任を伴う.
② He involves himself in personnel matters now. 彼は今, 人事に熱中している.

▶ 名 invólvement 関与, 参加, 没頭

| 1123 aim
□□ | [éim]
エイム | 動 (…を)ねらう(at), …を(…に)向ける(at)(=target)
名 目的(=purpose), 目標(=goal), ねらい |

動 aim a gun at a mark 銃を標的に向ける
名 with the aim of becoming a doctor 医者になるという目的で

| 1124 propose
□□ | [prəpóuz]
プロポウズ | 動① …を提案する, (…しよう)と提案する(that節)
② (…に)求婚する(to) |

① He proposed that we take a small break. 彼は少し休憩しようと提案した.
② I wonder when Hitler proposed to his mistress. ヒトラーはいつ愛人に求婚したのだろう.

▶ 名 propósal 提案, 求婚
▶ 名 proposítion 提案, 命題

| 1125 range
□□ | [réindʒ]
レインジ | 名 範囲(=scope), 幅, 音域
動 (範囲がAからBに)及ぶ(from A to B) |

名 a wide range of knowledge 広範囲な知識
動 The subjects ranged from children to the elderly. 被験者は子供から高齢者にまで及んだ.

| 1126 guilty
□□ | [gílti]
ギルティ | 形① (…の)罪を犯した(of)(⇔innocent 無罪の)
② 罪悪感がある |

① The girl is guilty of theft. その少女は窃盗の罪を犯している.
② I feel guilty about lying to my children. 子供にうそをついていることに私は罪悪感がある.

▶ 名 guílt 罪, 有罪

| 1127 bother
□□ | [báðər]
バザ(ー) | 動① …を(…で)悩ます[困らす](with)(=trouble)
② わざわざ…する(to do) |

① He bothered the staff with annoying requests.
彼はわずらわしい要求をしてスタッフを悩ませた.
② Don't bother to knock. わざわざノックすることはない.

▶ 形 bóthersome 厄介な, 面倒な

| 1128 connect
□□ | [kənékt]
クネクト | 動① …を(…と)つなぐ[接続する](to[with])
② …を(…と)関連づける(with)(=associate) |

① connect a keyboard to a computer キーボードをコンピュータとつなぐ
② connect London with fog ロンドンを霧と関連づける

▶ 名 connéction 接続, 連想

1129	**instruct**	[instrʌ́kt] インストゥラクト	**動**① …に(…するよう)**指示[指図]する**(to *do*)(=direct) ② …に(…を)**教える**(in), …に**知らせる**

① I instructed him to buy the airline ticket. 私は彼に飛行機の切符を買うよう指示した.
② Mr. Green instructed us in math. グリーン先生は私たちに数学を教えてくれた.

▶ **名 instrúction** 指示, 指導, 使用説明書
▶ **形 instrúctive** ためになる, 教育的な

1130	**argue**	[ɑ́ːrgjuː] アーギュー	**動**① (…について)**議論する, 口論する**(about[over]) (=contend) ② (…だと)**主張する**(that節)(=assert)

① argue over small stuff ささいな事で口論する
② argue that the tax cut is needed 減税が必要だと主張する

▶ **名 árgument** 口論, 議論, 主張

1131	**consult**	[kənsʌ́lt] クンサルト	**動**① …に**相談する**, …に**診察してもらう**, (…に)**相談する**(with) ② 〈辞書・本など〉を**調べる**(=refer to)

① consult an accountant 会計士に相談する
② consult a dictionary for the meaning of a word 単語の意味を辞書で調べる

▶ **名 consultátion** 相談, 協議(会), 診察

1132	**major**	[méidʒər] メイジャ(ー)	**形 重要な**(=significant), **大きな, 主要な** **動** (…を大学で)**専攻する**(in)

形 a major issue 重要な問題
動 major in botany 植物学を専攻する

▶ **名 majórity** 大多数, 過半数

1133	**burden**	[bɑ́ːrdn] バードゥン	**動** …に(…を)**負わせる**(with), (be burdened with …の形 で)…を**負っている** **名** (精神的な)**重荷, 負担**

動 He is burdened with a real estate loan. 彼は不動産ローンを負っている.
名 a ballooning debt burden 膨れ上がる債務負担

▶ **形 búrdensome** 重荷となる, 厄介な

1134	**require**	[rikwáiər] リクワイア(ー)	**動**① …を**必要とする** ② …に(…するよう/…ということを)**要求する**(to *do*/that節) (=demand)

① Minors require parental consent. 未成年者は保護者の同意を必要とする.
② The law requires seat belts to be worn. 法律ではシートベルトの着用が求められている.

▶ **名 requírement** 必要な物, 必要条件

1135	cheat	[tʃíːt] チート	動① …をだます (=deceive), …を欺く ② (…で) 不正[ごまかし]をする (on[in])

① Some companies try to cheat consumers.　消費者を欺こうとする会社もある.
② cheat on an examination　試験で不正をする

1136	arrange	[əréindʒ] アレインジ	動① …を (きちんと) 並べる, …を整える ② 準備する, (arrange for A to do ...の形で) Aが…するよう手配する

① arrange chairs in an equidistant manner　椅子を等間隔に並べる
② I'll arrange for a taxi to pick you up.　タクシーが君を迎えに行くよう手配します.

▶ 名 arrángement　整理, 手配, 準備

1137	decline	[dikláin] ディクライン	動① 衰える, 減少する ② …を断る (=turn down), (…すること) を断る (to do) 名 衰え, 下落, 低下

動① Her health has been declining these past few months.
　ここ数か月, 彼女の健康は衰えている.
　② He declined to join the group.　彼はそのグループに加わることを断った.
名 a sharp decline in birth rate　出生率の急激な低下

▶ 名 declinátion　辞退, 丁寧な断り

1138	specific	[spisífik] スピスィフィック	形① 明確な, 具体的な ② (…に) 特有の (to) (=peculiar)

① for a specific aim　明確な目的で
② a style specific to the Kano school　狩野派に特有の画風

▶ 動 spécify　…を明確に述べる, …を指定する
▶ 副 specifically　明確に, 特に

1139	respond	[rispánd] リスパンド	動① (…に) 反応する (to) (=react) ② (…に) 返答する (to) (=answer)

① Female insects respond most to low tones.　昆虫のメスは低い声に最も反応する.
② respond to a message　メッセージに返答する

▶ 名 respónse　反応, 対応, 返答
▶ 形 respónsive　(敏感に) 反応する

Unit 3

1140 □□	**apply**	[əplái] アプ**ラ**イ	動① (Aに)(Bを求めて)**申し込む**(to A)(for B) ② …を(…に)**適用する**(to), (…に)**当てはまる**(to)

① apply to 5 companies for a job 職を求めて5つの会社に応募する
② apply the rules to everyone 規則を全員に適用する

▶ 名 **ápplicant** 志願者, 応募者
▶ 名 **applicátion** 申し込み(書), 応用, 適用

1141 □□	**result**	[rizʌ́lt] リ**ザ**ルト	動① (…から結果として)**生じる**(from)(=stem) ② (…という結果を)**招く**[もたらす](in)

① Disease often results from poverty. 病気は貧困から生じることが多い.
② Mistaken policies sometimes result in a war. 誤った政策が時に戦争をもたらす.

1142 □□	**conscious** [kɑ́nʃəs] **カ**ンシャス		形① (…を)**意識して**[**気づいて**](of)(=aware) ② **意識的な**(⇔ unconscious 無意識の), **意図的な**(=intentional)

① I was conscious of being laughed at. 私は笑われていることに気づいていた.
② conscious discrimination against women 女性に対する意識的な差別

▶ 名 **cónsciousness** 意識, 自覚

1143 □□	**search**	[sə́ːrtʃ] **サ**ーチ	動① (…を求めて)〈場所〉を**捜す**(for), (…を調べようと)〈インターネット〉を**検索する**(for) ② (…を)**捜す**(for) 名 **捜索, 調査, 探求**

動① search the woods for the missing child 行方不明の子供を求めて森を捜す
② search for clues 手がかりを捜す
名 the search for truth 真理の探究

1144 □□	**consider**	[kənsídər] クン**スィ**ダ(ー)	動① (…であること/…かどうか/…すること)を**考慮する**(that 節/wh-節/doing) ② (consider A to be [as] Bの形で) AをBと**みなす**[**思う**](=reckon)

① consider calling the police 警察を呼ぶことを考慮する
② I consider myself to be fortunate. 私は自分を幸運だと思います.

▶ 名 **considerátion** 考慮, 検討, 配慮
▶ 形 **considerable** かなりの, 相当な
▶ 形 **considerate** 思いやりのある

1145 **struggle** □□	[strʌ́gl] ストゥ**ラ**グル	動 ① (…のために) **奮闘する** (for), (…と) **格闘する** (against) (…しようと) **努力 [苦労] する** (to do) ② (…へ/…の中を) **苦労して進む** (to/through) (=make one's way) 名 (…を得ようとする) **戦い [闘争]**, **苦労** (for)

動 ① struggle against tyranny　圧政と戦う
　② We struggled through the crowd.　私たちは人混みの中を苦労して進んだ.
名 a struggle for liberation from imperialism　帝国主義からの解放闘争

1146 **rate** □□	[réit] **レ**イト	名 (比)率, 割合, 速度 動 …を (…として) **評価する** (as), …を**見積もる** (=value)

名 infant mortality rate　幼児死亡率
動 rate him as one of the best ceramic artists　彼を最高の陶芸家の一人として評価する

1147 **describe** □□	[diskráib] ディスク**ラ**イブ	動 ① …を (言葉で) **描写する** (=depict), …の**特徴を述べる** ② …を (…であると) **評する** (as)

① describe wars from arms traders' viewpoint　武器商人の視点で戦争を描写する
② describe a country as a dictatorship　ある国を独裁国家と評する

▶ 名 **descríption** 描写, 記述
▶ 形 **descríptive** 描写的な, 記述の, 説明的な

1148 **seek** □□	[síːk] **スィ**ーク	動 ① …を**求める**, …を**探求する**, (…しよう) と**努める** (to do) ② (…を) **探す [求める]** (for[after])

① seek to achieve a goal　目標を達成しようと努める
② seek for wealth　財産を求める

1149 **correct** □□	[kərékt] ク**レ**クト	動 …を**訂正する**, …を**修正する** 形 **正しい**, **正確な**, (…に) **ふさわしい** (for) (=proper)

動 Correct mistakes, if any.　もしあれば, 過ちを訂正してください.
形 the correct dress for the party　パーティーにふさわしい服装

▶ 名 **corréction** 訂正, 修正

1150 **insist** □□	[insíst] イン**スィ**スト	動 ① 〈事実であること〉を**主張する** (=assert), (…を) **主張する** (on[upon]) ② 〈行動・実行すること〉を**要求する** (that節), (…することを強く) **要求する [言い張る]** (on[upon])

① She insisted on his honesty.　彼女は彼が正直だと主張した.
② My son insisted on going there alone.　息子はそこに一人で行くと言い張った.

▶ 名 **insístence** 主張, 要求
▶ 形 **insístent** しつこい, 執拗な

1151 **relate** ☐☐	[riléit] リレイト	動 ① …を(…に)関係づける[結びつける](to[with]) (=connect), 関係がある ② …を話す, (…ということ)を述べる(that節)

① She related the result to her carelessness. 彼女は結果を自身の不注意に結びつけた.
② I related my experiences as a pilot. 私はパイロットとしての体験談を話した.

▶ 名 relátion 関係, 関連, 血縁関係

1152 **particular** ☐☐	[pərtíkjulər] パティキュラ(ー)	形 ① 特定の(⇔general 全般的な), 特有の, 特別の ② (…について)好みがうるさい(about)(=fussy)

① Each company has its particular problems.
それぞれの会社が特有の問題を抱えている.
② My husband is particular about his food. 私の夫は食べ物にうるさい.

▶ 名 particulárity 特殊性, 特質, 几帳面

1153 **tire** ☐☐	[táiər] タイア(ー)	動 ① …を疲れさせる(=wear down) ② …をうんざりさせる, (be tired of …の形で) …にうんざりして

① Walking soon tires me. 私は歩くとすぐに疲れてしまう.
② The subject tires me. その話にはうんざりだ.

▶ 形 tíresome 退屈な, やっかいな

1154 **remark** ☐☐	[rimá:rk] リマーク	動 (所見として)(…である)と述べる[言う](that節)(=say) 名 意見, 所見, 発言

動 She remarked that it was about time to go. そろそろ行く時間だと彼女は言った.
名 a rude remark 失礼な発言

▶ 形 remárkable 注目すべき, 顕著な

1155 **peculiar** ☐☐	[pikjú:ljər] ピキューリア(ー)	形 ① (…に)特有の[固有の](to)(=proper) ② 奇妙な(=odd)

① Kangaroos are peculiar to Australia. カンガルーはオーストラリアに固有のものだ.
② a peculiar habit 奇妙な習慣

▶ 名 peculiárity 特性, 奇妙(な点)

1156 **feed** ☐☐	[fí:d] フィード	動 ① 〈人〉に食べ物を与える,〈動物〉にえさをやる, (動物などに)〈えさなど〉を与える(to), …に(…を)食べさせる(with) ② (動物が)(…を)えさにする(on)

① feed meat to a dog 犬に肉を与える
② Frogs feed on insects. カエルは虫をえさにする.

1157 impress [imprés] インプレス

動 ① …に (…という) **印象を与える** (as) (=imprint)
② …を (…で) **感動させる** (by[with]), (be impressed with [by]/that節 …の形で) (…に/…ということに) **感動する**

① He impressed me as an honest person. 彼は私に正直な人だという印象を与えた.
② She was impressed by his presentation. 彼のプレゼン (発表) に彼女は感動した.

▶ 名 **impréssion** 印象, 感動
▶ 形 **impréssive** 印象的な, 感動的な

1158 translate
[trænsléit] トゥランスレイト

動 ① …を (…に) **翻訳する** (into)
② …を (…と) **解釈する** (as) (=interpret)

① translate the novel into various languages その小説を様々な言語に翻訳する
② translate her silence as disapproval 彼女の沈黙を不賛成の意と解釈する

▶ 名 **translátion** 翻訳, 解釈
▶ 名 **tránslator** 翻訳家, 通訳

1159 device [diváis] ディ**ヴァ**イス

名 ① **装置, 仕掛け**
② **工夫,** (…するための) **手段** (to do), **計略**

① a safety device 安全装置
② I'll use any legal device to get my own way.
　思い通りにするためどんな法的手段も用いる.

▶ 動 **devíse** …を工夫する, …を考案する

1160 reflect [riflékt] リフレクト

動 ① …を**反射する,** …を**反映する**
② (…について) **じっくり考える** (on) (=consider)

① Pop songs reflect the social conditions of the time. 流行歌は世相を反映する.
② reflect on the consequences of the war その戦争の影響についてじっくり考える

▶ 名 **refléction** 反射, 反映, 熟慮
▶ 形 **refléctive** 反射した, 思慮深い

1161 abandon [əbǽndən] アバァンダン

動 ① …を**あきらめる** (=give up)
② 〈家族・友人〉を**見捨てる,** …を**置き去りにする**

① abandon the idea of becoming an astronomer 天文学者になるという考えをあきらめる
② abandon a puppy in a forest 森に子犬を置き去りにする

▶ 名 **abándonment** 断念, 自暴自棄

1162 occupy [ákjupài] ア**キュ**パイ

動 ① 〈場所・地位など〉を**占める** (=fill), 〈軍隊が〉…を**占領する**
② 〈人〉を**専念させる,** (be occupied with[in] …の形で)
　…に**専念する,** …で**忙しい**

① occupy a central position 中心的な地位を占める
② I will be occupied with this project. 私はこのプロジェクトに専念します.

▶ 名 **occupátion** 職業, 占領
▶ 形 **occupátional** 職業の, 占領の

| 1163 **tidy** | [táidi]
タイディ | 形 きちんとした (⇔untidy 散らかった), こぎれいな |
| | | 動 (tidy upの形で) …を片づける (=neaten) |

形 a reasonably tidy room　かなりきちんとした部屋
動 tidy up the baggage　手荷物を片づける

| 1164 **accompany** | [əkʌ́mp(ə)ni]
ア**カ**ンパニ | 動 ① …に付き添う, …に同行する |
| | | ② …に付随して起こる, …と同時に起こる, (be accompanied by …の形で) …が伴う |

① accompany a patient for hospital discharge　患者の退院に付き添う
② War is accompanied by sorrow.　戦争には悲しみが伴う.

▶ 名 **accómpaniment** 付属物, 伴奏

| 1165 **interpret** | [intə́ːrprit]
イン**タ**ープリット | 動 ① …を (…と) 解釈する (as) (=translate) |
| | | ② …を通訳する, (…のために) 通訳する (for) |

① interpret his smile as an agreement　彼の微笑を同意と解釈する
② He will interpret for the observation group.　彼が視察団の通訳を務めます.

▶ 名 **interpretátion** 解釈, 通訳
▶ 名 **intérpreter** 通訳者

| 1166 **departure** | [dipáːrtʃər]
ディ**パ**ーチャ(ー) | 名 ① 出発 (⇔arrival 到着), 発車 |
| | | ② (…からの) 逸脱 (from) (=deviation), 離脱 |

① on-time departure　定刻通りの出発
② the UK's departure from the EU　イギリスのEUからの離脱

▶ 動 **depárt** 出発する, 逸脱する

| 1167 **exhaust** | [igzɔ́ːst]
イグ**ゾ**ースト | 動 ① …を使い果たす (=use up), …を使い尽くす |
| | | ② …を (…で) ひどく疲れさせる [消耗させる] (from[by]), (exhaust oneselfの形で) 疲れきる |

① exhaust all diplomatic options　あらゆる外交オプションを使い尽くす
② He exhausted himself by working long hours.　彼は長時間勤務で疲れきった.

▶ 名 **exháustion** 消耗, (極度の) 疲労
▶ 形 **exháustive** 徹底的な, 消耗させる

| 1168 **discriminate** | [diskrímənèit]
ディスク**リ**ミネイト | 動 ① (…を) 差別する (against) |
| | | ② …を (…と) 区別する (from) (=distinguish) |

① discriminate against Asians　アジア人を差別する
② discriminate the original painting from the fakes　原画を贋作と区別する

▶ 名 **discriminátion** 差別, 区別

| 1169 **interrupt** [ìntərʌ́pt]
□□ インタラプト | **動** ① (…して)…の**邪魔をする**(with), 〈人の話など〉を**さえぎる**
(=cut in)
② …を(一時的に)**中断する**(=disrupt) |

① interrupt **a teacher** with **frequent questions** 何度も質問して先生の邪魔をする
② **The restoration of Angkor ruins was** interrupted. アンコール遺跡の修復は中断された.

▶ **名 interrúption** 邪魔, 中断

コラム 「前・後・中間」をあらわす単語 ……………………………………………………

《pre-「前の」》
・prewar「戦前の」
・premature「(通常より) 早い, 早計の」
・prejudice「(とくに人種・性別・宗教などに対する) 先入観, 偏見」
・preliterate「文字使用以前の, 文字を持たない」

《post-「後の」》
・postwar「戦後の」
・postpone「延期する」(あとに+置く)
・postindustrial「脱工業化の」
・postmodern「今どきの, ポストモダンの」

《mid-「中間の」》
・midsection「中央部, 中間部」
・midrange「(製品や値段などが) 標準的な, 中程度の」

Unit 4

1170	**locate** [lóukeit] ロウケイト	動 ① 〈所在・場所など〉を**突き止める** ② (be located in[on] …の形で) …に**位置する**, …に**ある**

① locate the city on the map 地図でその町の位置を突き止める
② The swimming pool is located on the second floor. プールは2階にあります.

▶ 名 locátion 場所, 位置

1171	**interfere** [ìntərfíər] インタ**フィ**ア(ー)	動 ① (…を)**妨げる** (with) ② (…に)**口出しする** (in) (=meddle)

① A tight belt will interfere with blood circulation. きついベルトは血液循環を妨げる.
② interfere in her private affairs 彼女の個人的な事に口出しする

▶ 名 interférence 邪魔, 干渉

1172	**anxious** [ǽŋ(k)ʃəs] **アン**(ク)シャス	形 ① (…を)**心配して** (for[about]) (=uneasy) ② (…を/…することを)**切望して** (for/to do) (=eager)

① They were anxious about his safety. 彼らは彼の安否を心配した.
② I am anxious for fame. 私は名声を切望している.

▶ 名 anxíety 心配, 切望

1173	**prevail** [privéil] プリ**ヴェ**イル	動 ① **広く行き渡る**[行われる], **普及する** ② (…に)**打ち勝つ** (against[over]) (=triumph)

① A harmony prevailed among them. 彼らの間に調和の精神が広がった.
② prevail against destiny 運命に打ち勝つ

▶ 形 prévalent 広く行き渡った, 普及している

1174	**dictate** [díkteit] **ディ**クテイト	動 ① …を**命令する** (=order), …を**指示する**, (…ということ)を**指示する** (that節) ② …を (…に)**書き取らせる** (to)

① The clock dictates man's movements. 時計が人間の行動を指示している.
② The coach dictated the instructions to everyone.
コーチは全員に指示内容を書き取らせた.

▶ 名 dictátion 書き取り, 口述筆記
▶ 名 díctator 独裁者
▶ 名 díctatorship 独裁政治

1175	**entertain** [èntərtéin] エンタ**テ**イン	動 ① …を (…で)**楽しませる**[もてなす] (with) ② 〈感情・考えなど〉を**抱く** (=cherish)

① entertain a guest with a song 客を歌でもてなす
② entertain doubts about the proposal その提案に疑いを抱く

▶ 名 entertáinment 娯楽, もてなし

1176 absorb	[əbzɔ́ːrb] アブ**ゾ**ーブ	**動** ① …を**吸収する**(=assimilate), …を**理解する**(=comprehend) ② …を(…に)**夢中にさせる**(in), (be absorbed in …の形 で) …に**夢中である**

① absorb the meaning of a remark 発言の意味を理解する
② My grandma is absorbed in her work. 祖母は仕事に夢中だ.

▶ **名 absórption** 吸収, 夢中, 没頭

1177 commit	[kəmít] ク**ミ**ット	**動** ① 〈罪・過失・自殺など〉を**犯す** ② …を(…に)**委ねる**(to)

① commit mass suicide by taking poison 集団で服毒自殺をする
② They committed the patient to a mental hospital. 彼らは患者を精神科病院に委ねた.

▶ **名 commítment** 犯行, 献身, 義務

1178 venture	[véntʃər] **ヴェ**ンチャ(ー)	**名** (冒険的な)**事業**(=enterprise), **企て** **動** **思い切って…する**(to do)(=dare)

名 Who will provide capital for the venture? その事業に誰が資金を提供するのか?
動 I ventured to correct my coach's mistake. 私は思い切ってコーチのミスを訂正した.

1179 affect	[əfékt] ア**フェ**クト	**動** ① …に**影響する** ② …を**感動させる**(=move), (be affected by[at] …の形で) …に**感動する**

① Parents' words affect their children's thinking. 親の言葉は子の考えに影響する.
② The boy was deeply affected by the story. その話に少年はいたく感動した.

▶ **名 afféction** 愛情, 好意
▶ **名 affectátion** 気取り, わざとらしさ
▶ **形 afféctionate** 優しい, 愛情のこもった

1180 contribute		**動** ① (…に)**貢献する**(to), (…の)**一因となる**(to) ② 〈資金・援助など〉を**寄付[提供]する**(=donate), …を**寄稿する**
	[kəntríbjut] クント**リ**ビュト	

① Livestock contribute to climate change. 家畜が気候変動の一因となる.
② contribute a large sum of money to the fund その基金に多額の金を寄付する

▶ **名 contribútion** 貢献, 寄付(金), 寄稿

1181 identify	[aidéntəfài] アイ**デ**ンティファイ	**動** ① 〈正体・身元など〉を**特定する** ② …を(…と)**同一視する**(with)

① Can you identify the fish? その魚が何であるか特定できますか?
② identify wealth with happiness 富と幸福を同一視する

▶ **名 idéntity** 身元, 正体, 独自性
▶ **名 identificátion** 身元確認, 身分証明書
▶ **形 idéntical** 同一の, 全く同等の

1182	**certain**	[sə́ːrtn] サートゥン	形① 確かな, (…を/…ということを)確信している (of[about]/ that節)(=sure) ② ある, 何らかの

① He is certain that she will recover. 彼女が回復すると彼は確信している.
② for a certain reason 何らかの理由で

▶ 名 **cértainty** 確実(なこと), 確信
▶ 副 **cértainly** 確かに, 確実に

1183	**assume**	[əsúːm] アスーム	動① (…だと)思いこむ (that節), …と想定する (=presume) ② 〈役職・責任など〉を引き受ける (=bear), …に就任する

① I assumed that he would forgive me. 私は彼が許してくれると思いこんでいた.
② assume the responsibility for the accident 事故の責任を引き受ける

▶ 名 **assúmption** 仮定, 前提, 引き受け
▶ 形 **assúmed** 仮定した, 偽りの

1184	**confess**	[kənfés] クンフェス	動① …を告白する, (…だ)と自白する (that節)(=admit) ② (…だと/…したと)認める (that節/ to doing) (⇔deny …を否定する)

① She confessed that she had taken the money. 彼女はその金を盗んだと自白した.
② He confessed that he had painted graffiti. 彼は落書きをしたと認めた.

▶ 名 **conféssion** 告白, 自白

1185	**caution**	[kɔ́ːʃən] コーシュン	名① 用心, 警戒 (=alertness) ② 警告 (=warning), 注意 動 …に (…するように)警告する (to do)(=warn)

名① You should act with due caution. しかるべき警戒をして行動すべきだ.
② Caution: SOFT SHOULDER(S) 注意：路肩軟弱 (掲示)
動 caution them to be quiet 彼らに静かにするように警告する

▶ 形 **cáutious** 用心深い, 慎重な

1186	**deny**	[dinái] ディナイ	動① …を否定する (⇔affirm …を肯定する), (…ない)と言う (doing) ② (deny A Bの形で) AにBを与えない (=deny B to A)

① She denied having seen him. 彼女は彼を見たとこがないと言った.
② deny women the right to vote 女性に投票権を与えない

▶ 名 **deníal** 否定, 拒絶

1187	**replace**	[ripléis] リプレイス	動① …に取って代わる, …の代わりを見つける ② …を (…と)取り替える (with[by])

① Sugar replaced honey as a sweetener. 砂糖は甘味料として蜂蜜に取って代わった.
② replace the worn-out tires with new ones すり減ったタイヤを新しいものと取り替える

▶ 名 **replácement** 取り替え, 交換(品)

138

| 1188 **impatient** □□ [impéiʃənt] インペイシェント | 形 ① (…に) 我慢できない [いらいらしている] (at[with]) (⇔patient 我慢強い) ② しきりに (…) したがる (to *do*), (…を) 待ち遠しく思う (for) |

① He was impatient with the slow download. ダウンロードの遅さに彼はいらいらしていた.
② She was impatient to leave the party. 彼女はパーティーから帰りたがった.

▶ 名 **impátience** せっかち, 苛立ち, 切望

| 1189 **discourage** □□ [diskə́ːridʒ] ディスカーレッジ | 動 ① …を落胆させる (⇔encourage …を励ます) ② …に (…するのを) やめさせる [思いとどまらせる] (from *do*ing) (=deter) |

① His words discouraged me. 彼の言葉が私を落胆させた.
② discourage people from smoking 人々に喫煙をやめさせる

▶ 名 **discóuragement** 落胆, 阻止

| 1190 **refer** □□ [rifə́ːr] リファー | 動 ① (…に) 言及する (to) (=mention) ② (…を) 参照する (to) (=consult) |

① refer to a line in the Koran コーランの一節に言及する
② refer to a blog post ブログ記事を参照する

▶ 名 **réference** 言及, 参照

| 1191 **demonstrate** □□ [démənstrèit] デモンストゥレイト | 動 ① …を証明する (=prove), (…ということ) を証明する (that 節), 〈意志・感情など〉を示す ② …を説明する |

① demonstrate that the earth is round 地球は丸いということを証明する
② Can you demonstrate how to use this tool? この道具の使い方を説明してくれませんか?

▶ 名 **demonstrátion** 証明, 実演, デモ
▶ 形 **demónstrative** 証明に役立つ, 感情をあらわに示す

| 1192 **expose** □□ [ikspóuz] イクスポウズ | 動 ① …を (…に) さらす (to) ② …を暴露する (=disclose) |

① expose a patient to the risk of death 患者を死の危険にさらす
② expose an evil design 悪だくみを暴露する

▶ 名 **expósure** さらすこと, 暴露

| 1193 **bond** □□ [bánd] バンド | 名 絆, 結びつき (=tie) 動 …を (…に) くっつける (to) (=attach), くっつく (=stick) |

名 a bond between lord and subjects 主従の絆
動 bond a plastic chip to wood プラスチック片を木材にくっつける

1194 **consist**	[kənsíst] クンスィスト	動① (…から) 成る [できている] (of) (=comprise) ② (…に) 〈本質が〉ある (in) (=lie in)

① Hair consists of materials similar to nails. 髪は爪に似た物質からできている.
② Happiness consists in contentment. 幸せは充足にある.

▶ 名 **consístency** 一貫性
▶ 形 **consístent** 首尾一貫した

1195 **embark**	[imbáːrk] インバーク	動① (船・飛行機に) 乗り込む (⇔disembark 降りる) ② (…を) 開始する (on), (…に) 乗り出す (on)

① embark at Dover for the Continent 欧州大陸に向けてドーバーで乗船する
② embark on peace negotiations 和平交渉に乗り出す

1196 **wind**	[wáind] ワインド	動① 〈川・道などが〉 (…を) 曲がりくねる (through), 蛇行する (=snake) ② (wind up ...の形で) 〈時計のねじなど〉を巻く, …を巻きつける

① The river winds through the valley. 川は谷の中を曲がりくねっている.
② wind up a music box オルゴールのねじを巻く

1197 **proceed**	[prousíːd] プロウスィード	動① (…に) 進む (to) (=advance) ② (…を) 続ける (with), 続けて…する (to do)

① proceed to gate 23 23番ゲートに進む
② He proceeded with his work. 彼は仕事を続けた.

▶ 名 **procédure** 手続き, 手順
▶ 名 **procéssion** 行進, 前進, 行列

1198 **idle**	[áidl] アイドゥル	形 何もしていない, 怠惰な (=lazy) 動 (idle away ...[idle ... away]の形で) …を怠けて過ごす

形 I cannot afford to be idle. 怠けてなどいられない.
動 idle the afternoon away 午後を怠けて過ごす

▶ 名 **ídleness** 怠惰, 何もしないこと

1199 **offend**	[əfénd] オフェンド	動① …を怒らせる, …の感情を害する ② 罪を犯す, (規則・礼儀などに) 背く (against)

① His words offended me. 彼の言葉が私を怒らせた.
② offend against morality 道徳に背く

▶ 名 **offénse** 立腹, 攻撃, 違反

Unit 5

1200 **mock** ☐☐	[mák] マック	動 (…と)〈人〉を**ばかにする**(for)(=make fun of), …を**まねてからかう** 形 **模擬の, にせの**(⇔real 本物の)

動 The boys mocked him for showing fear. 少年たちは怖がっていると彼をばかにした.
形 a mock interview 模擬面接

▶ 名 **móckery** あざけり, 模倣, 偽物

1201 **urge** ☐☐	[á:rdʒ] アージ	動 …に(…するよう)**強く勧める**(to do)(=press) 名 (強い)**衝動**(=drive)

動 urge tourists to take a rickshaw 観光客に人力車に乗るようしきりに勧める
名 have a sudden urge to work out 急に運動したい衝動にかられる

1202 **intimate** ☐☐	[íntəmət] インティメット	形 ① (…と)**親密な**(with)(=familiar), **個人的な** ② (知識などが)**詳しい**(=detailed)

① He became more intimate with his father after his mother died.
母親が死んだあと, 彼は父親とより親密になった.
② an intimate knowledge of human anatomy 人体解剖学の詳しい知識

▶ 名 **íntimacy** 親密さ, 詳しい知識

1203 **bless** ☐☐	[blés] ブレス	動 ① …を**祝福する** ② (be blessed with …の形で) …に**恵まれている**

① The priest blessed the couple. 司祭は新郎新婦を祝福した.
② My wife is blessed with good health. 私の妻は健康に恵まれている.

▶ 名 **bléssing** 祝福, 天恵

1204 **owe** ☐☐	[óu] オウ	動 ① (owe A Bの形で) AにB(お金)の**借りがある**(=owe B to A) ② (owe A to Bの形で) AはBの**おかげである**

① I owe my brother 10 dollars. 私は兄に10ドルの借りがある.
② I owe my success to your assistance. 私の成功はあなたの援助のおかげです.

1205 **cast** ☐☐	[kǽst] キャスト	動 ① 〈光・視線・疑いなど〉を**投げかける** ② …に(…の)**役を割り当てる**(as)

① cast a new light on the matter その問題に新たな光を投げかける
② cast him as Hamlet 彼にハムレットの役を割り当てる

1206 **bow** ☐☐	[báu] バウ [bóu] ボウ	動 ① (…に)**お辞儀をする**(to) ② (…に)**従う**(to) 名 ① **お辞儀, 会釈** ② **弓**

動 ① bow to the king 王にお辞儀をする
② bow to the non-confidence vote 不信任投票に従う
名 ① make a deep bow 深いお辞儀をする
② shoot a bow on horseback 騎乗のまま弓を射る

Part

4

Unit

5

141

| 1207 **dose** | [dóus] ドウス | 名 (薬の)服用量, (…の)1回分 (of) |
| | | 動 …に (…を) 投薬する[服用させる](with) |

名 take a dose of sleeping pills 睡眠薬を一回分服用する
動 The doctor dosed him with antibiotics. 医者は彼に抗生物質を服用させた.

| 1208 **prompt** | [prám(p)t] プラン(プ)ト | 動 …に (…するように) 促す (to do) |
| | | 形 迅速な, 即座の (=swift) |

動 prompt people to take power-saving actions 人々に節電行動をとるよう促す
形 a prompt response 迅速な対応

1209 **brief**	[bríːf] ブリーフ	動 …に (…を) 手短に伝える (on[about])
		形 ① 短期間の, はかない
		② 手短な, 簡潔な (=concise)

動 brief the team on their tasks チームに課題を手短に伝える
形 ① a brief hospitalization 短期入院
② a brief account 手短な説明

▶ 名 **bríefing** 打ち合わせ, 簡単な報告
▶ 名 **brévity** (表現の)簡潔さ, (時間の)短さ

| 1210 **oblige** | [əbláidʒ] オブライジ | 動 ① …に (…することを) 義務づける (to do) |
| | | ② (be obliged to A for Bの形で) BのことでAに感謝している (=grateful) |

① The law obliges us to pay taxes. 法律は我々に納税を義務づけている.
② I am obliged to you for your hospitality.
おもてなしいただきみなさんに感謝しております.

▶ 名 **obligátion** 義務, 義理, 責任
▶ 形 **oblígatory** 義務的な, 必修の

| 1211 **pronounce** [prənáuns] プロナウンス | 動 ① …を発音する |
| | ② …を宣言する (=declare), (…である)と宣言[断言]する (that節) |

① How do you pronounce your name? お名前はどう発音するのですか?
② pronounce a death sentence 死刑を宣言する
② The expert pronounced that the picture was a fake.
専門家はその絵が偽物だと断言した.

▶ 名 **pronúnciation** 発音
▶ 名 **pronóuncement** 宣言, 宣告

| 1212 **appoint** | [əpɔ́int] アポイント | 動 ① …を (…に) 任命する[指名する](as[to be]) (=name) |
| | | ② 〈時間・場所〉を指定する |

① appoint a son-in-law as the successor 義理の息子を後継者に指名する
② appoint the place and time for the meeting 会議の場所と時間を指定する

▶ 名 **appóintment** 任命, (面会の)約束, 予約

1213	**parallel**	[pǽrəlèl] パァラレル	形 (…と) 平行の (to), (…と) 類似の (to) (=similar) 名 類似(点), 比較
□□			

形 a line parallel to the x-axis　X軸と平行の線
名 parallels in dogs and humans　犬と人類の類似点

1214	**assure**	[əʃúər] アシュア(ー)	動 ① …に (…を/…だと) 保証する[確信させる](of/that節) ② …を確実にする (=secure)
□□			

① I assure you of his innocence.　私が彼の無罪を保証します.
② This score will assure your victory.　この得点で君の勝利は確実だ.

▶ 名 **assúrance** 確信, 保証

1215	**disposition** [dìspəzíʃən] ディスポズィシュン	名 ① 気質, (…したい) 気持ち (to do), (=inclination), (…する) 傾向 (to do) ② 配置, 配列
□□		

① a disposition in plants to turn to the sun　植物が太陽の方を向く傾向
② troop dispositions　軍隊の配置

1216	**glare**	[gléər] グレア(ー)	動 ① (…を) にらむ (at) ② まぶしく光る 名 ① にらむこと ② まぶしい光
□□			

動 ① She glared at the rude doctor.　彼女は失礼な医者をにらんだ.
　② The sun glared down on us.　太陽が我々にまぶしく照りつけた.
名 ① He froze me with a glare.　彼はにらんで私を縮みあがらせた.
　② the glare of neon lights　ネオンのまぶしい光

1217	**strict**	[stríkt] ストゥリクト	形 ① (人に) 厳しい[厳格な](with) (=stern), (事柄に) 厳しい[厳格な](on[about]) ② 正確な (=accurate), 厳密な
□□			

① The vice principal is strict on discipline.　教頭先生は規律に厳格だ.
② in the strict sense　厳密な意味において

1218	**accuse**	[əkjúːz] アキューズ	動 ① …を (…で) 訴える[告訴する](of) ② …を (…で) 非難する (of) (=reproach)
□□			

① accuse the professor of abusing his power　その教授を権力乱用で訴える
② accuse her of being too optimistic　彼女を楽観的すぎると非難する

▶ 名 **accusátion** 起訴, 告発, 非難

1219	**incline**	[inkláin] インクライン	動 ① …を (…したい) 気持ちにさせる (to do) ② 傾く, …を傾ける (=lean)
□□			

① Her effort inclined me to help her.　彼女の努力を見て, 手伝いたい気持ちになった.
② She inclined forward and whispered something.
　彼女は体を前に傾けて何かささやいた.

▶ 名 **inclinátion** 傾向, 傾斜, 好み
▶ 形 **inclíned** 傾向がある, 傾いた

1220 **dare**	[déər] デア(ー)	動 (…する) 大胆さがある(to *do*), 　(…する) 勇気がある(to *do*) 助 あえて…する, 思い切って…する

動 He dared to walk the tightrope without a net.
彼は大胆にもネットなしで綱渡りをした.
助 I dare not climb the mountain. その山にあえて登ってみる気はない.

1221 **alert**	[əlɔ́ːrt] アラート	形① (…に) 用心深い(to[for]) (=watchful) 　② (…の点で) 機敏な, てきぱきとした(in)

① Herbivorous animals are alert to danger signs.
草食動物は危険の兆候に用心を怠らない.
② A swallow is alert in its movements. ツバメは動きが機敏だ.

1222 **inherit**	[inhérit] インヘリット	動① 〈財産・地位など〉を(…から)相続する(from) 　② …を(遺伝的に…から)受け継ぐ(from)

① She inherited a huge fortune from her mother.
彼女は莫大な財産を母親から相続した.
② He inherited wavy hair from his father. 彼はくるくるした髪を父親から受け継いだ.

▶ 名 **inhéritance** 相続, 遺産, 遺伝

1223 **shrink**	[ʃríŋk] シュリンク	動① 縮む(=contract), …を縮ませる 　② (…に) 尻込みする(from)

① Woolen clothes shrink in hot water. ウールの服は熱湯に入れると縮む.
② I shrank from the growling dog. 私はうなる犬に尻込みした.

▶ 名 **shrínkage** 縮小(量), 減少(量)

1224 **attach**	[ətǽtʃ] アタッチ	動① …を(…に)くっつける(to) 　② 〈重要性など〉が(…に)あると考える(to)

① attach a float to a fishing line 浮きを釣り糸につける
② attach paramount importance to education 一番の重要性が教育にあると考える

▶ 名 **attáchment** 取り付け, 付属(物), 愛着

1225 **feast**	[fíːst] フィースト	名 (祝)宴(=banquet), ごちそう 動 大いに飲み食いする, …を(…で)もてなす(on)

名 a wedding feast 結婚披露宴
動 feast guests on steak 客をステーキでもてなす

1226 **beg**	[bég] ベッグ	動① (施し・援助などを)請う(for) 　② …に(…するように)頼む(to *do*) (=ask)

① beg for the prisoner's release 囚人の釈放を請う
② I begged him to overlook my mistake. 私は彼にミスを大目に見るように頼んだ.

| 1227 **reinforce** [rìːinfɔ́ːrs]
□□ リーインフォース | **動** ① …を(…で)**補強する**(with), …を**強化する**
② …に**説得力を与える**, …を**裏付ける** |

① He reinforced the wall with steel columns. 彼は壁を鉄鋼の柱で補強した.
② His argument was reinforced by reports from the laboratory.
　彼の説は実験室からの報告で裏付けられた.

▶ **名 reinfórcement** 補強, 強化

| 1228 **cling** [klíŋ]
□□ クリング | **動** ① (…に) **付着する**[くっつく](to)(=stick)
② (…に) **固執する**(to)(=adhere) |

① The mud clings to her skirt. 泥が彼女のスカートに付着している.
② cling to an old way of thinking 古い考え方に固執する

| 1229 **stick** [stík]
□□ スティック | **動** ① …を**突き刺す**, 突き刺さる
② (…に) **固執する**(to)(=adhere) |

① stick a fork into a potato フォークをジャガイモに突き刺す
② stick to the original plan 最初の計画に固執する

▶ **形 stícky** べたつく, 粘着性のある

コラム 「反・逆・対」をあらわす単語 ……………………………………

以下の 3 つのグループは「反・逆・対」をあらわす.

《anti- 型》
・antarctic「南極の」← anti + arctic (北極の)
・antibacterial「殺菌性の, 抗菌性の」
・antibiotic「抗生物質」(通例, antibiotics と複数形で用いる)
・anti-imperialist「反帝国主義の」
・anti-climax「期待はずれ, 拍子抜け, 興ざめ」

《contra- 型》
・contradiction「矛盾, 不一致, 反論」
・contraception「避妊, 避妊法」

《counter- 型》
・counteract「反作用する, 中和する, (酸味などを) 消す」
・counterattack「反撃, 逆襲」
・counterclockwise「時計と反対回りに, 左回りに」

1230	**coincide** [kòuinsáid] コウインサイド	動① (…と) 一致する (with) ② (…と) 同時に起きる [重なる] (with) (=concur)

①The results coincide with his diagnosis. 結果は彼の見立てと一致している.
②The full moon coincided with her birthday. 満月が彼女の誕生日と重なった.

▶ 名 **coíncidence** (偶然の) 一致, 同時発生
▶ 形 **coíncident** 一致した, 同時発生の

1231	**surrender** [səréndər] サレンダ (ー)	動① (…に) 降伏する (to) (=give in) ② …を (…に) 放棄する [明け渡す] (to)

①Italy surrendered to the Allies. イタリアは連合軍に降伏した.
②surrender the castle to the enemy 敵に城を明け渡す

1232	**partial** [pá:rʃəl] パーシャル	形① 部分的な, 不完全な ② 不公平な, (…を) えこひいきする (to[toward]) (=biased)

①a partial lunar eclipse 部分月食
②The umpire was partial to the team from his country.
審判は自国チームをえこひいきした.

1233	**declare** [dikléər] ディクレア (ー)	動① …を宣言する, (declare A (to be) Bの形で) AをBだと宣言する ② …を (税関・税務署で) 申告する

①The referee declared him the winner of the fight. 審判は彼を試合の勝者だと宣言した.
②He declared only part of his income. 彼は所得の一部だけを申告した.

▶ 名 **declarátion** 宣言, 申告(書)

1234	**indulge** [indʌ́ldʒ] インダルジ	動① …を甘やかす (=spoil) ② (快楽などに) ふける (in) (=luxuriate)

①She indulged her youngest son. 彼女は末の息子を甘やかした.
②indulge in silly fantasies たわいもない空想にふける

▶ 名 **indúlgence** 甘やかし, 快楽にふけること
▶ 形 **indúlgent** 甘やかす, 寛大な

1235	**converse** [kənvə́:rs] クンヴァース [kánvə:rs] カンヴァース	動 (Aと) (Bについて) 話をする (with A) (about B) 名 (the converseの形で) 逆 [正反対] (=the reverse)

動 converse with my friend about the subject 友人とその話題について話をする
名 The converse is also true. 逆もまた真なり.

▶ 副 **cónversely** 逆に(言えば), 反対に

1236	**resolve**	[rizálv] リザルヴ	動 ① (…すること/…ということ)を**決心する**(to *do*/that節) (=decide) ② …を**解決する**(=solve)

① I resolved that I would do my best.　私は最善を尽くそうと決心した.
② resolve many difficulties　多くの困難を解決する

▶ 名 **resolútion** 決心, 解決, 分解
▶ 形 **résolute** 決心の固い, 断固たる

1237	**dissolve**	[dizálv] ディザルヴ	動 ① …を**溶かす**, (…に)**溶ける**(in) ② 〈議会・団体など〉を**解散する**(=disband), …を**解消する**

① Salt or sugar dissolve in water.　塩や砂糖は水に溶ける.
② dissolve the Diet　国会を解散する

▶ 名 **dissolútion** 溶解, 解散, 解消

1238	**load**	[lóud] ロウド	名 ① **積み荷**, (精神的な)**重荷**(=burden) ② (a load of[loads of] …の形で) **たくさんの**…, **有り余るほどの**… 動 〈荷物など〉を(…に)**詰め込む**[**積み込む**](into)

名 ① a heavy load　重い積み荷
　② a load of money　有り余るほどのお金
動 load coal into a ship　船に石炭を積み込む

1239	**stem**	[stém] ステム	動 (…から)**生じる**(from) 名 **茎**(=stalk), **幹**

動 chest pain stemming from heart disease　心臓疾患から生じる胸の痛み
名 an underground stem　地下茎

1240	**correspond**	[kɔ̀(ː)rəspánd] コーレスパンド	動 ① (…に)**一致する**(to[with]), (…に)**相当する**(to) ② (…と)**文通する**(with)

① His deeds correspond to his words.　彼の行動は言葉と一致する.
② I still correspond with my foster parents.　私は今も里親と文通している.

▶ 名 **correspóndence** 一致, 通信
▶ 名 **correspóndent** 特派員, 通信者

1241	**submit**	[səbmít] サブミット	動 ① (…に)**従う**(to)(=give in to) ② …を(…に)**提出する**(to)

① submit to the terrorist demands　テロリストの要求に従う
② submit a report to the U.N.　報告書を国連に提出する

▶ 名 **submíssion** 服従, 提出
▶ 形 **submíssive** 従順な, 言いなりの

147

| 1242 **apt** | [ǽpt] アプト | 形 ① (…する)傾向がある, …しがちな (to do) (=liable to do) ② (…に)ふさわしい, 適切な (for) (=appropriate) |

① My husband is apt to complain. 私の夫は愚痴っぽい.
② "Shiro" is an apt name for the white dog. シロはその白い犬にふさわしい名前だ.

▶ 名 **áptitude** 適性, 才能

| 1243 **derive** | [diráiv] ディライヴ | 動 ① (…から)…を引き出す (from) (=gain) ② (…に)由来する (from) (=descend from) |

① derive maximum benefit from the discussions 話し合いから最大の成果を引き出す
② Some English words derive from Japanese. 英単語のいくつかは日本語に由来する.

▶ 名 **derivátion** 起源, 由来, 派生(物)

| 1244 **enforce** | [infɔ́ːrs] インフォース | 動 ① 〈法律・規制など〉を実施する, 施行する ② …を(…に)強制する (on) (=impose) |

① enforce the ban 禁止令を施行する
② enforce obedience on the party members 党員に服従を強制する

▶ 名 **enfórcement** (法律などの)施行, 強制

| 1245 **substitute** [sʌ́bstət(j)ùːt] サブスティテュート | 動 …を(…の)代わりに使う (for) 名 代用品, 代役, 代理人 (=deputy) |

動 substitute yogurt for sour cream ヨーグルトをサワークリームの代わりに使う
名 act as a substitute 代役を務める

▶ 名 **substitútion** 代用(品), 代理(人)

| 1246 **persist** | [pərsíst] パスィスト | 動 ① (…に)固執する (in) ② 持続する, 存続する (=die hard) |

① The girl persisted in her opinion. その少女は自分の意見に固執した.
② Premodern customs persist in the region. その地域には前近代的な習慣が存続している.

▶ 名 **persístence** 粘り強さ, 持続
▶ 形 **persístent** 粘り強い, しつこい

| 1247 **dispense** | [dispéns] ディスペンス | 動 ① (…)なしで済ます (with), (…)ぬきにする (with) ② …を販売する, …を提供する |

① Let's dispense with formalities. 堅苦しいことはぬきにしましょう.
② This vending machine dispenses hot coffee. この自販機はホットコーヒーを販売する.

| 1248 **contemporary** [kəntémpərèri] クンテンポレリ | 形 ① (…と)同時代の, 同年輩の (with) ② 現代の (=modern) 名 同時代の人[物], 同期の人 |

形 ① Chaplin was contemporary with Hitler. チャップリンはヒトラーと同時代の人だった.
　 ② contemporary capitalism 現代資本主義
名 They are my contemporaries at school. 彼らは私の学校の同期生です.

1249 dwell ☐☐	[dwél] ドゥ**ウェル**	動① (…に) **住む** (in[at]) (=reside) ② (…について) **くよくよ考える** (on) (=brood)

① dwell in a mansion　大邸宅に住む
② dwell on past mistakes　過去の失敗についてくよくよ考える

▶ 名 **dwélling**　住居, 居住施設

1250 engage ☐☐	[ingéidʒ] イン**ゲイジ**	動① …を (…に) **従事させる** (in), (be engaged in …の形で) **…に従事する** ② …を (…と) **婚約させる** (to), (be engaged to …の形で) **…と婚約している**

① He is engaged in literary work.　彼は文筆業に従事している.
② She is engaged to a promising man.　彼女は将来有望な男と婚約している.

▶ 名 **engágement**　関与, 婚約, 約束

1251 prey ☐☐	[préi] プ**レイ**	名 **獲物** (=game), **捕食性** 動 (…を) **捕食する** (on)

名 birds of prey　捕食性の鳥, 猛禽類
動 No animal preys on grizzly bears.　グリズリーを捕食する動物などいない.

1252 strip ☐☐	[stríp] スト**ゥリップ**	動 …から (…を) **はぎとる[はく奪する]** (of) (=deprive) 名 (土地・紙などの) **細長い一片** (=slip)

動 strip innocent people of their citizenship　罪もない人々から市民権をはく奪する
名 a strip of land　細長い土地

1253 entitle ☐☐	[intáitl] イン**タイトゥル**	動① …に (…する) **権利を与える** (to do) (=qualify), (be entitled to do …の形で) **…する資格がある** ② …に **タイトルをつける**, (A is entitled Bの形で) AはBというタイトルだ

① He is entitled to receive a pension.　彼は年金を受ける資格がある.
② The book is entitled *The Civil War*.　その本は『南北戦争』というタイトルだ.

1254 plead ☐☐	[plíːd] プ**リード**	動① (plead with A for Bの形で) AにBを**嘆願[懇願]する** ② 〈容疑・罪など〉を**認める**

① plead with the judge for mercy　裁判官に慈悲を懇願する
② plead guilty to bribery charges　贈賄の罪を認める

▶ 名 **pléa**　嘆願, 口実

1255 subscribe ☐☐	[səbskráib] サブスク**ライブ**	動① (…を) **定期購読する** (to) ② …を (…に) **寄付する** (to) (=contribute)

① subscribe to a conservative newspaper　保守系の新聞を定期購読する
② subscribe 10 dollars to the earthquake relief fund　震災復興基金に10ドル寄付する

▶ 名 **subscríption**　定期購読(料), 寄付(金), 会費

1256 □□	**omit**	[oumít] オウミット	動 ① …を省く(=leave out), …を除外する(=exclude) ② (…すること)を忘れる(to do)

① omit **needless words** 不要な言葉を省く
② I omitted to **copy a line from the passage.** 私はその文章の1行分を写し忘れた.

▶ 名 **omíssion** 省略, 脱落, 怠慢

1257 □□	**keen**	[kíːn] キーン	形 ① (…に)夢中で(on), (…したいと)熱望して(to do) ② (感覚・知性・刃物などが)鋭い(=acute)

① I am keen on **surfing.** 私はサーフィンに夢中だ.
② Elephants have a keen **sense of smell.** ゾウは鋭い嗅覚を持つ.

1258 □□	**steer**	[stíər] スティア (ー)	動 ① 〈船・車など〉を操縦する ② …を(ある方向に)導く(toward[into])

① steer **a fishing vessel** 魚船を操縦する
② steer **the conversation** toward **a new topic** 会話を新しい話題に導く

1259 □□	**accommodate**	[əkámədèit] アカマデイト	動 ① 〈ホテル・建物などが〉…を収容できる(=house) ② …を(…に)適応[順応]させる(to)(=adapt)

① The hall accommodates **150 people.** そのホールは150人を収容できる.
② accommodate **a theory to the facts** 理論を事実に適応させる

▶ 名 **accommodátion** 宿泊施設, 適応

コラム 数をあらわす接頭辞 ……………………………………………………………………

　英語はさまざまな言語の影響を受けている. たとえば, ギリシャ語で「1」を意味するのは mono であり, ラテン語で「1」を意味するのは uni である. ここでは入試によく出る「数をあらわす接頭辞」を見ていこう.

「1」 mono-　monologue「独白(劇)」/ monopoly「独占(権)」
　　　　　　monotonous「単調な」/ monogamy「一夫一婦制」
　　　uni-　unique「独特の」/ unisex「男女の区別のない」/ universe「全世界」
「2」 bi-　bilingual「2か国語を話す」/ bimonthly「2か月に一度の」
　　　du-　duplicate「複製する」(2つ作成する)
　　　　　dubious「疑わしい」(2つの心を持った)
「3」 tri-　trio「3人組, トリオ」/ triangle「三角形(のもの)」
　　　　　triple「3つから成る, 3倍の」
「多」 multi-　multiple「多数の」/ multiply「増やす, 繁殖させる」
　　　　　　multinational「多国籍の」/ multiracial「多民族の」

1260	confer	[kənfə́:r] クンファー	動① 〈贈り物・称号など〉を(…に)授ける(on)(=bestow) ② (AとBについて)相談[協議]する(with A about[on] B)

① confer knighthood on him 彼にナイトの称号を授ける
② I'll confer with my colleagues on the matter. 同僚とその事柄について相談します.

1261	swear	[swéər] スウェア(ー)	動① …を誓う, …を宣誓する, (…することを/…だと)誓う(to do/that節) ② (…を)ののしる(at)

① He swore not to smoke. 彼は禁煙することを誓った.
② swear at a colleague 同僚をののしる

1262	outlet	[áutlèt] アウトレット	名① (感情などの)はけ口(for) ② (電気の)コンセント

① an outlet for fury 激しい怒りのはけ口
② This cord will go as far as the wall outlet. このコードなら壁のコンセントまで届くだろう.

1263	condemn	[kəndém] クンデム	動① …を(…で)非難する(for)(=blame) ② …に(…の)刑を宣告する(to)(=sentence)

① condemn the village mayor for bribery 村長を収賄で非難する
② condemn the prisoner to life imprisonment 囚人に終身刑を宣告する

▶ 名 condemnátion 非難, 有罪判決

1264	accord	[əkɔ́:rd] アコード	動① (…と)一致する(with)(=match) ② (accord A Bの形で) AにBを与える(=accord B to A)

① Your views accord with mine. 君の見解は私のものと一致する.
② accord him a privilege 彼に特権を与える

▶ 名 accórdance 一致
▶ 副 accórdingly それに従って, それゆえに

1265	render	[réndər] レンダ(ー)	動① (render A Bの形で) AをB(通例形容詞)にする(=make) ② (render A Bの形で) AにBを与える(=give)

① Cars rendered horse carriages useless. 車が馬車を無用なものにした.
② render children some advice 子供にアドバイスを与える

1266	contemplate [kántəmplèit] カンテンプレイト		動① (…すること)を熟慮する[考える](doing)(=consider), …を検討する ② …をじっと見つめる(=gaze at)

① contemplate taking a trip to Melbourne メルボルンへの旅行をしようと考える
② The baby contemplated his own hands. 赤ちゃんは自分の手をじっと見つめた.

▶ 名 contemplátion 熟慮, 凝視
▶ 形 contémplative 瞑想的な

1267 **liable**	[láiəbl] ライアブル	形① (be liable to *do* ...の形で)…する傾向がある, …しがちな (=be apt to *do* ...) ② (…に対して) 法的な**責任を負う** (for), (…する) **義務があ る** (to *do*)

① **A newborn baby** is liable to **fall ill.** 新生児は病気になりがちだ.
② **We are jointly** liable for **a debt.** 我々は共同で債務を負っている.

▶ 名 **liabílity** 傾向, (法的)責任, 負債

1268 **speculate**	[spékjulèit] スペキュレイト	動① (…について) **推測する** (about[on]) (=guess) ② (…に) **投機する** (in[on])

① speculate about **what will happen** 何が起こるか推測する
② speculate in **shares** 株に投機する

▶ 名 **speculátion** 推測, 投機
▶ 名 **spéculator** 投機家
▶ 形 **spéculative** 推測の, 投機的な

1269 **concede**	[kənsíːd] クンスィード	動① (…だ) と (しぶしぶ) **認める** (that節) ② (concede A Bの形で) AにBを**与える** (=concede B to A), …を**譲る**

① **He** conceded that **he was wrong.** 彼は自分が間違っていると認めた.
② **The landlord** conceded **them the right to cross the land.**
地主が彼らにその土地の通行権を与えた.

▶ 名 **concéssion** 譲歩, 容認
▶ 形 **concéssive** 譲歩的な

1270 **withdraw**	[wiðdrɔ́ː] ウィズドゥロー	動① …を引っ込める, 〈発言など〉を撤回する, 引き下がる, 〈軍隊など〉を撤退させる (=retreat) ② 〈預金〉を (…から) **引き出す** (from), …を回収する

① withdraw **the tank divisions from the front line** 最前線から戦車部隊を撤退させる
② withdraw **money from a bank account** 銀行口座から預金を引き出す

▶ 名 **withdráwal** 引っ込めること, 撤退, (預金の)引き出し

1271 **attribute**	[ətríbjuːt] アトゥリビュート	動① …を (…の) **せいにする** (to) (=ascribe) ② …を (…の) **作と考える** (to), (be attributed to ...の形 で) …の**作とされている** (=be ascribed to)

① attribute **an accident to improper maintenance** 事故を整備不良のせいにする
② **The work** is attributed to **Sesshu.** その作品は雪舟の作とされている.

▶ 名 **attribútion** 属性, 帰属
▶ 形 **attríbutable** (…の) せいだと考えられる

1272 **intent** □□	[intént] インテント	形 (…に) 熱中した (on[upon]) 名 (…する) 意図 (to *do*) (=intention), 意思

形 The old man was intent on his book.　その老人は本に熱中していた.
名 She shot the bear with intent to kill.　殺す意図をもって彼女はその熊を撃った.

1273 **contend** □□	[kənténd] クンテンド	動 ① (…と) 争う[戦う] (with[against]) 　　② (…と) 強く主張する (that節) (=insist)

① We all contend with loneliness.　我々はみな孤独と戦っている.
② contend that nuclear deterrent is necessary　核抑止力は必要だと主張する

▶ 名 conténtion　争い, 主張

1274 **grant** □□	[grǽnt] グラァント	動 ① 〈権利など〉を与える, 〈要求など〉を承諾する (=accept) 　　② …を認める, (しぶしぶ) (…である) と認める (that節) 名 助成金, 奨学金 (=scholarship)

動 ① grant a patent　特許を与える
　② He granted that this goal might be a bit ambitious.
　　この目標は少し野心的であるかもしれないと彼は認めた.
名 apply for a grant　補助金を申請する

1275 **induce** □□	[ind(j)úːs] インデュース	動 ① …に (…する) 気にさせる (to *do*) 　　② …を引き起こす, …を誘発する

① Nothing would induce me to change my mind.　私に考えを変えさせることは何もない.
② induce a chemical change　化学変化を引き起こす

▶ 名 indúcement　誘因, 動機
▶ 名 indúction　就任 (式), 誘導, 帰納 (法)

1276 **peer** □□	[píər] ピア (ー)	動 (…を) じっと見る (at) (=gaze) 名 (年齢・社会的地位などが) 同等の人 (=match), 仲間, 同僚

動 The queen peered at herself in the mirror.　王女は鏡の中の自分をじっと見た.
名 He is without peer as a jazz vocalist.　ジャズ歌手として彼に並ぶ者はいない.

1277 **exert** □□	[igzə́ːrt] イグザート	動 ① 〈力・能力など〉を (…に) 行使する[及ぼす] (on) 　　(=exercise) 　　② (exert oneselfの形で) 努力する

① exert a favorable effect on the economy　経済に好ましい影響を及ぼす
② She exerted herself to please her family.　彼女は家族を喜ばせようと努力した.

▶ 名 exértion　行使, 努力

1278 **indebted** □□	[indétid] インデティッド	形 ① (be indebted to A for Bの形で) Aに対してBに関する恩 　　義がある, 借りがある 　　② 借金がある

① I am indebted to you for my success.　私はあなたに, 成功できた恩義があります.
② a heavily indebted country　多額の借金がある国

153

Part **4** Unit **7**

1279 **confine**	[kənfáin] クンファイン	動① …を(…に)**制限する**(to)(=limit) ② …を(…に)**閉じ込める**(to)

① confine a talk to ten minutes 話を**10**分に制限する
② Nazis confined the Jews to ghettos. ナチスはユダヤ人をゲットーに閉じ込めた.

▶ 名 **confínement** 制限, 監禁

1280 **plunge**	[plʌ́ndʒ] プランジ	動① (…に)**飛び込む**[突入する](into) ② 〈価値・値段が〉**急落する**(=plummet)

① plunge into anarchy 無政府状態に突入する
② Oil prices plunged 10% on Friday. 石油価格は金曜日に**10**%急落した.

1281 **avert**	[əvə́ːrt] アヴァート	動① 〈目など〉を(…から)**そむける**(from)(=turn away) ② …を**避ける**(=avoid), …を**防ぐ**

① I averted my eyes from the terrible scene. 私はその悲惨な場面から目をそむけた.
② Nobody can avert death. 誰も死を避けることはできない.

▶ 名 **avérsion** 反感, 嫌悪(感)
▶ 形 **avérse** 嫌って, 反対して

1282 **pity**	[píti] ピティ	名① (…に対する)**哀れみ**(for)(=mercy), **同情** ② **残念**(なこと)(=shame), **遺憾**(なこと)

① I felt pity for the soldier. 私はその兵隊に哀れみを感じた.
② What a pity! なんて残念なことだ.

▶ 形 **pítiable** 哀れむべき, 可哀そうな
▶ 形 **pítiful** 哀れみを誘う, 痛ましい
▶ 形 **pítiless** 哀れみのない, 情け容赦ない

1283 **bid**	[bíd] ビッド	動① (…に)**値段をつける**[入札する](for) ② …に〈挨拶・別れなど〉を**言う** 名① **入札**(=bidding) ② (…しようとする)**努力, 試み**(for/to *do*)

動① bid for public works 公共事業に入札する
② bid him farewell 彼に別れを告げる
名① make a bid of 1,000 dollars for an oil painting 油絵に**1000**ドルの入札をする
② a bid to host the World Cup ワールドカップ開催の試み

▶ 名 **bídding** 入札, 命令

1284 **contrive**	[kəntráiv] クントゥライヴ	動① …を**考案する**(=invent) ② **首尾よく**[たくらんで]…**する**(to *do*)(=manage to *do*)

① contrive a new kind of engine 新型のエンジンを考案する
② She contrived to fool them. 彼女は彼らを首尾よくだました.

▶ 名 **contrívance** 考案(品), たくらみ

| 1285 **dismiss** | [dismís] ディスミス | **動** ① …を(Aから)(Bの理由で)解雇[解任]する(from A)(for B)(=sack) |
| | | ② 〈考えなど〉を退ける, …を忘れる |

① dismiss him from his post for neglect of duty　彼をその職から職務怠慢で解任する
② He dismissed the thought.　彼はその考えを退けた.

▶ **名 dismíssal** 解雇, (考えなどの)放棄

| 1286 **reckon** | [rék(ə)n] レクン | **動** ① …を計算する(=compute) |
| | | ② …を(…と)みなす(as)(=regard) |

① reckon the quarterly profit　4半期の利益を計算する
② I reckon her as a rival.　私は彼女をライバルだとみなしている.

▶ **名 réckoning** 計算, 見積もり

1287 **weary**	[wí(ə)ri] ウィ (ア)リ	**形** ① (…で)(とても)疲れた(from[after])
		② (…に)うんざりした(of)(=tired of)
		動 〈人〉を疲れさせる(=tire ... out), 〈人〉を退屈させる

形 ① The professor was weary from his lectures.　その教授は講義で疲れ果てた.
② I am weary of all this arguing.　この論争にはまったくうんざりしている.
動 The boys weary me with their constant questions.
質問攻めで少年たちが私を疲れさせる.

| 1288 **confound** | [kənfáund] クン**ファ**ウンド | **動** ① …を困惑[混乱]させる |
| | | ② …を(…と)混同する(with) |

① Her strange conduct confounded us.　彼女の奇行に我々は困惑した.
② confound means with the end　手段と目的を混同する

▶ **形 confóunded** 困惑した, ひどい

| 1289 **endow** | [indáu] 発 イン**ダ**ウ | **動** ① …に(才能・資源などを)授ける(with), (be endowed with ...の形で)(資源など)に恵まれている, (才能など)を授けられている(=be blessed with) |
| | | ② …に(基金などを)寄付する(with) |

① The country is endowed with natural resources.　その国は天然資源に恵まれている.
② She endowed UNICEF with her fortune.　彼女はユニセフに財産を寄付した.

▶ **名 endówment** 才能, 寄付

コラム **en- / -enは動詞を形成する** ……………………………………………………………

　en- で始まる語や -en で終わる語は形容詞や名詞に付いて，その形容詞や名詞の意味する状態に「する，なる」という動詞を形成する．これはゲルマン語（ドイツ語・英語・オランダ語など）に共通する特徴である．

《en- 型の動詞》

・en + able（できる）→ enable「可能にする」
・en + courage（勇気）→ encourage「勇気づける，励ます」
・en + force（力）→ enforce「施行する，強要する」
・en + large（大きい）→ enlarge「拡大する，大きくする」
・en + rich（豊かな）→ enrich「豊かにする，裕福にする」
・en + danger（危険）→ endanger「危険にさらす」
・en + title（資格）→ entitle「資格を与える，権利を与える」

　ちなみに，後ろにくる文字が b / p の場合（くちびるを閉じなくては発音しにくい音ではじまる場合）は，em- になる．

《em- 型の動詞》

・em + body（肉体・本体）→ embody「具体化する，はっきり表現する」
・em + power（力）→ empower「力を与える，権限を与える」

　次は，語尾に -en が付いた単語を見てみよう．

《-en 型の動詞》

・broad（広い）+ en → broaden「広げる，拡張する」
・fast（固定して動かない）+ en → fasten「締める，固定する，留める」
・fright（恐怖）+ en → frighten「怖がらせる」
・sharp（とがった）+ en → sharpen「とがらせる」
・bright（明るい）+ en → brighten「明るくする」
・less（より少ない）+ en　→ lessen「減らす，縮小させる」
・loose（ゆるい）+ en → loosen「ゆるめる，ほどく，緩和する」
・strength（強さ）+ en → strengthen「強める，強化する」
・threat（脅威）+ en → threaten「脅威にさらす，脅かす」

Part 5 多義語

100語

入試必出最難の「3義以上の多義語」を取り上げています。多義を身につけるには, 例文やフレーズも活用することが特に重要です。

Unit 1

1290 challenge
[tʃælindʒ]
チャリンジ

名① (…への) 挑戦 (to), (試合・戦いなどへの) 申し込み (to)
② やりがい, 難問
動① …に異議を唱える
② …に (…する) 気にさせる (to do), (challenge A to Bの形で) AにBを挑む

名① Their attack is a challenge to world peace. 彼らの攻撃は世界平和への挑戦だ.
② a job that offers a challenge やりがいのある仕事
動① challenge a verdict 評決に異議を唱える
② challenge him to another game of chess 彼にチェスをもう一番挑む

▶ 形 **chállenging** やりがいのある
▶ 形 **chállenged** 体に障がいのある

1291 sign
[sáin]
サイン

動 …に署名する
名① しるし (=token), あらわれ, 兆候 (=omen)
② 標識

動 sign an instrument of surrender 降伏文書に署名する
名① The carpet is showing signs of wear.
そのカーペットには摩耗の兆しが見え始めている.
② The sign says "No Trespassing". 標識には「立ち入り禁止」と書いてある.

1292 custom
[kʌ́stəm]
カスタム

名① (社会の) 習慣 (=convention)
② (customsの形で) 関税 (=duty)
③ (customsの形で) 税関

① cherish a time-honored custom 昔ながらの習慣を大事にする
② pay customs on jewels 宝石の関税を払う
③ clear customs 税関を通過する

▶ 形 **cústomary** 習慣的な, 習慣の

1293 gain
[géin]
ゲイン

動① …を得る (=obtain), …を手に入れる
②〈重さ・速度・強さ・信頼など〉を増す
名 利益, 増加 (=increase), 増大

動① gain a medical qualification 医師の資格を取得する
② gain speed 速度を増す
名 a gain in knowledge 知識の増加

1294 line
[láin]
ライン

名① 線, 通信[電話]回線, 路線, (行)列 (=queue)
② (文章の) 行, (短い) 手紙, (役者の) せりふ
③ 家系, 血筋, 血統 (=lineage)
④ 方針, 専門, 職業 (=occupation), 分野

① troops fighting on the front line 最前線で戦う部隊
② read between the lines 行間を読む
③ I come from a long line of doctors. 私の家系は代々医者だ.
④ What line are you in? ご職業は何ですか?

1295 **match**	[mǽtʃ] マァ(ー)ッチ	動①〈物が〉〈物〉と調和する(=go with) ②…に匹敵する 名（競争）相手(=rival), 対等の物[人](=counterpart)

動① The shirt matches the red shoes. そのシャツは赤い靴と調和します.
② When it comes to wine, no country can match France.
　ワインに関してフランスに匹敵する国があるはずがない.
名 I am no match for him at chess. 私はチェスでは彼の相手にならない.

1296 **fit**	[fít] フィット	動…に〈大きさ・形が〉合う 形①(…に) 適した(for)(=apt) ② 体調がよい(⇔unfit 体調のよくない)

動 Does this key fit the lock? このカギはその錠に合いますか?
形① a book fit for boys 男の子に適した本
② The racehorse seems to be fit. あの競走馬は体調がよいようだ.

▶ 名 **fítness** 適切であること, 健康

1297 **still**	[stíl] スティル	形① 動かない, 静止した, じっとした(=motionless) ② 静かな, (海・川・天候などが)穏やかな(=tranquil), 　(人が)黙っている 副① まだ, 今でもなお ② それでも, やはり ③ (比較級を強調して)なお一層, さらに(=even)

形① ask subjects to keep their hands still 被験者たちに手を動かさないよう求める
② The still waters of the lake reflected the clouds.
　湖の穏やかな水面に雲が映っていた.
副① He is still angry. 彼はまだ怒っている.
② It is warm; still, it might snow. 暖かいが, それでも雪になるかもしれない.
③ My fever was still higher an hour later. 私の熱は1時間後にはさらに高くなっていた.

1298 **taste**	[téist] テイスト	名① 味, 味覚 ② 好み, 趣味 動 (taste Aの形で)(Aな)味がする(Aは味の種類, 具合を示 す形容詞), (…の/…のような)味がする(of/like)

名① The taste of coriander is divisive. パクチーの味には意見が分かれる.
② He has good taste in music. 彼は音楽の趣味がよい.
動 This dish tastes strongly of onion. この料理はすごく玉ねぎの味がする.

▶ 形 **tásty** 美味しい
▶ 形 **tásteful** 趣味のよい

1299	**rent**	[rént] レント	動① 〈家・土地など〉を(…から)有料で借りる(from) 　②〈家・土地など〉を(…に)有料で貸す(to)(=let イギリス英語) 名 賃貸料, 家賃

動① rent a flat from an old couple　アパートを高齢夫婦から借りる
　② She rents rooms to students.　彼女は学生に部屋を貸している.
名 at a reasonable rent　手ごろな賃貸料で

▶ 形 **réntal** 賃貸の

1300	**force**	[fɔ́ːrs] フォース	動 …に(…するよう)強制する(to *do*)(=compel) 名① 力 　②(the forcesの形で)軍隊

動 force him to sign the document　彼に書面に署名するよう強制する
名① Trade is the driving force for economic prosperity.　貿易が経済的繁栄の原動力だ.
　② The Allied Forces halted the German advance.　連合軍がドイツの侵攻を止めた.

▶ 形 **fórceful** 力強い, 強引な

1301	**cost**	[kɔ́(ː)st] コ(ー)スト	名① 費用(=expense) 　②(…の[…への])犠牲[損失](in) 動 〈お金・費用〉がかかる

名① the cost of living　生活費
　② The cost of the flood in lives and property was great.
　　洪水による人命と財産への犠牲は甚大だった.
動 This repair will cost you $200.　この修理には200ドルかかります.

▶ 形 **cóstly** 高価な, 犠牲の大きい

1302	**remain**	[riméin] リメイン	動① 残る(=stay) 　②(remain Aの形で) Aのままである(Aは名詞, 形容詞, 前置詞句など) 名(remainsの形で)遺跡, 残り(=the rest)

動① This trip will remain in my memory.　この旅は私の記憶に残るだろう.
　② The global economy will remain fragile.　世界経済は脆弱なままだろう.
名 the remains of the Tang Dynasty　唐王朝の遺跡

1303	**shape**	[ʃéip] シェイプ	名① 形状(=form), 形態 　② 健康, 元気 動 …を形作る, …を形成する

名① Italy is like a boot in shape.　イタリアは形が長靴に似ている.
　② He is in good shape for his age.　彼は年の割に健康だ.
動 shape a pot on a wheel　ろくろで壺を作る

1304	**deal**	[díːl] ディール	動 ① (…に)対処する(with) (=cope with) ② (商品を)扱う(in) 名 取引(=transaction), 契約(=contract)

動 ① deal with a budget deficit 財政赤字に対処する
　② The store deals only in toys. その店はおもちゃだけを扱っている.
名 make a deal with him 彼と取引をする

▶ 名 déaler 業者, 販売者

1305	**party**	[páːrti] パーティ	名 ① パーティー, 宴会 ② (人の)一団(=company), 一行, 仲間 ③ (政)党 ④ 当事者

① hold a political fund-raising party 政治資金集めのパーティーを開く
② a climbing party 登山者の一行
③ the ruling party and the opposition party 与党と野党
④ a party to a case 事件の当事者

1306	**close**	[klóus] クロウス [klóuz] クロウズ	形 ① 近い (⇔distant 遠い) ② 親しい(=intimate) 動 …を閉じる, …を閉鎖する, 閉まる

形 ① at close range 近距離で
　② people close to the smith その鍛冶屋と親しい人々
動 The army closed the airport. 軍が空港を閉鎖した.

1307	**sense**	[séns] センス	名 ① (五感の)感覚 ② センス, 判断力 ③ 分別, 良識(=common sense) ④ 正気(=sanity), 意識(=consciousness) ⑤ 意味

① a keen sense 鋭い感覚
② She has a sense of beauty. 彼女は美的センスがある.
③ a person of sense 分別のある人
④ He came to his senses. 彼は正気に戻った.
⑤ What he says is true in a sense. 彼の言っていることはある意味で真実だ.

▶ 形 sénsory 感覚の
▶ 形 sénsible 分別がある
▶ 名 sensibílity 感(受)性, 敏感さ

1308	wonder	[wʌ́ndər] ワンダ(ー)	動 ① …か (どうか) なと思う(if[whether]節), 　　　…だろうかと思う(wh-節) ② (…に) 驚く(at) 名 驚き(の念)(=marvel), 不思議

動 ① I wonder who invented the times table.　掛け算の九九を考案したのは誰だろうか.
　② wonder at her vast knowledge　彼女の広い知識に驚く
名 The Seven Wonders of the World　世界の七不思議

▶ 形 wónderful　素晴らしい, 驚くべき

1309	company	[kʌ́mp(ə)ni] カンパニ	名 ① 会社(=firm) ② 同席, 交際, 一緒にいること ③ 仲間, 友人 ④ 来客(=visitor) ⑤ 一行(=party), 一団

① work for a real estate company　不動産会社で働く
② He looks happiest in her company.　彼は彼女と一緒にいるときが一番幸せそうだ.
③ She keeps bad company.　彼女は悪い仲間とつきあっている.
④ You have got company, Dad.　お父さん, お客さんですよ.
⑤ a company of tourists　観光客の一行

1310	grade	[gréid] グレイド	名 ① 成績 ② 学年 ③ 等級, 品質(=quality), 階級(=rank)

① get good grades in history　歴史で優秀な成績をとる
② They were in the same grade.　彼らは同じ学年だ.
③ lumber of the highest grade　最高級の材木

1311	plain	[pléin] プレイン	形 ① 明白な(=obvious) ② わかりやすい, 平易な ③ 率直な, 飾らない, 質素な(=simple) 名 平原

形 ① It is plain that he is wrong.　彼が間違っているのは明白だ.
　② talk in plain English　平易な英語で話す
　③ live a plain life　質素な生活をする
名 A vast plain extends beyond the river.　川の向こうには広大な平原が広がっている.

1312 **notice** □□	[nóutis] ノウティス	動 …に気づく(=note), …に注目する 名① 注目 (=attention) ② 通知 ③ 掲示

動 Did you notice her new hairstyle? 彼女の新しい髪型に気づきましたか?
名① attract the notice of the young 若者の注目を集める
  ② an obituary notice 死亡通知
  ③ post a notice on the wall 壁に掲示を張り出す

▶ 形 nóticeable 目立つ, 重要な

1313 **service** □□	[sə́ːrvis] サーヴィス	名① 奉仕, 貢献, 尽力 ② 勤務, 業務, 公共[公益]事業 ③ 兵役, 軍務, 軍隊 ④ (乗り物の)便 ⑤ 礼拝

① He was sentenced to community service. 彼は地域奉仕をするように言い渡された.
② essential services 生活に不可欠な公益事業
③ He died in the service. 彼は兵役中に死亡した.
④ There are two bus services to the village a day. その村へは1日にバス2便が出ている.
⑤ She missed the morning service. 彼女は朝の礼拝に出席できなかった.

1314 **otherwise** □□	[ʌ́ðərwàiz] **ア**ザワイズ	副① さもなければ ② その点を除いて, その他の点で (=in every other respect) ③ 違ったふうに, 別のやり方で (=differently) 形 違った, 異なった (=different)

副① Go at once; otherwise you will be late. すぐ行きなさい. さもなければ遅れますよ.
  ② He is loud, but otherwise he is a nice boy. 彼はうるさいが, その点を除けばよい子だ.
  ③ He seems to think otherwise. 彼は違ったふうに考えているようですね.
形 Some are wise and some are otherwise.
賢い人もいればそうでない人もいる (ことわざ).

1315 **sound** □□	[sáund] **サ**ウンド	名 音, 響き
		動 ① (sound Aの形で) Aに聞こえる, Aのように思われる(Aは形容詞), (sound like Aの形で) Aのように聞こえる[思われる](Aは名詞)
		② 〈鐘などが〉鳴る, 〈楽器など〉を鳴らす[吹く], 〈語・文字など〉を発音する
		形 (建物・知識などが)しっかりとした, (身体・精神などが)健全な, (睡眠が)深い
		副 ぐっすりと(=fast)

名 a vowel sound 母音
動 ① Your condition sounds like a pollen allergy.
  あなたの症状は花粉症のように思われます.
  ② He sounded his car horn twice. 彼は車のクラクションを2回鳴らした.
形 a sound knowledge of mathematics 数学のしっかりした知識
副 He fell sound asleep. 彼はぐっすりと眠り込んだ.

1316 **follow** □□	[fálou] **ファ**ロウ	動 ① …の後について行く, …を追跡する, …の後に起こる, (it follows that節 …の形で) (当然の結果として)…ということになる
		② 〈議論・説明など〉について行く, …を理解する(通例否定文・疑問文)
		③ 〈道などに〉沿って行く, …をたどる, 〈規則・忠告など〉に沿う[従う](=observe)

① A terrible tsunami followed the earthquake. その地震のあとに恐ろしい津波が来た.
② I couldn't follow his logic. 私は彼の論法について行くことができなかった.
③ follow traffic rules 交通法規に従う

1317 **fair** □□	[féər] **フェ**ア(ー)	形 ① 公平な, 適切な, 正当な
		② かなりの, 相当な(=considerable)
		③ 晴れた, 天気のよい
		④ 金髪の(=blonde), 色白の
		名 博覧会, 見本市, フェア, 定期市

形 ① a fair judgement 公正な判断
  ② earn a fair income かなりの収入を稼ぐ
  ③ It will be fair but occasionally cloudy. 晴れ時々曇りになるでしょう.
  ④ The boy has fair skin and hair. その少年は色白で金髪だ.
名 The city is hosting an international trade fair. その都市が国際見本市を開催している.

▶ 名 **fáirness** 公平さ
▶ 副 **fáirly** かなり, 公正に

1318	**miss**	[mís] ミス	動① …をしそこなう, …を逃す, …に乗り遅れる ② (…することを)免れる(*doing*), …に出席しない ③ (…がない[いない]こと)を寂しく思う, (…がない[いな い]こと)に気づく
□□			

①I missed **a golden opportunity.** 絶好の機会を逃した.
②He barely missed **being killed in the accident.** 彼は危うく事故死を免れた.
③I miss **her.** 彼女がいないのを寂しく思う.

1319	**business**	[bíznəs]発 ビズヌス	名① 商売, 取引, 景気 ② 企業, 会社 ③ 関わりのあること, 本分, 本業 ④ 用事, やっかいなこと
□□			

①Business **is looking up.** 景気が上向いている.
②run a small business 小さな会社を経営する
③It is a student's business **to study.** 学ぶことが学生の本分だ.
④I have unfinished business **to deal with.** 私にはまだやらなくてはならない用事がある.

1320	**mean**	[mí:n] ミーン	動① …を意味する, (…する)意図がある[つもりである](to *do*)(=intend to *do*) ② …を本気で言う 形① 卑劣な, 意地悪な, けちな ② 平均の, 中間の, 標準の, 並みの
□□			

動①I meant **to make a short stay here.** ここにしばらく留まるつもりだった.
②I mean **that.** それを本気で言っているのです.
形①It is mean **of you to ridicule him in public.** 人前で彼をひやかすなんて君は意地悪だ.
②GMT **stands for Greenwich** Mean **Time.** GMTはグリニッジ標準時を示す.

▶名means 手段, 資産, 財産

1321	**odd**	[ád] アッド	形① 奇妙な, 変わった, 異常な ② 奇数の(⇔even 偶数の) ③ (両方・全部がそろわず)片方の, 半端な, (通例〈数-odd〉の形で)(数が)…あまりの ④ 片手間の, 臨時の(=occasional)
□□			

①This milk tastes odd. この牛乳は変な味がする.
②odd numbers and even numbers 奇数と偶数
③I lived there twenty-odd **years.** 私はそこに20年あまり住んだ.
④do odd jobs 片手間の仕事をする

▶名ódds 可能性(=chance), 見込み, 勝ち目
▶名óddity 風変わり, 奇妙

1322 **save**	[séiv] セイヴ	**動** ① …を救う ② …を蓄える ③ …を節約する (=spare), …を省く, (save A Bの形で) AのB (労力・時間・お金) を省く

① Jesus came to save the sinners. イエスは罪人を救いに来た.
② save money for a rainy day 万一に備えてお金を蓄える
③ His help saved me a lot of work. 彼の助力のおかげで手間がずいぶん省けた.

1323 **case**	[kéis] ケイス	**名** ① (the caseの形で) 真実, 真相 (=truth) ② 場合 ③ 事件, 裁判, 訴訟 ④ (…の) 症状 [症例] (of), (…の) 患者 (of) (=patient)

① This is not the case. それは真実ではない.
② There are cases where honesty doesn't pay. 正直が報われない場合もある.
③ win a case 勝訴する
④ a case of insomnia 不眠症の症状

1324 **bear**	[béər] ベア(ー)	**動** ① …を支える, 〈責任など〉を負う (=assume) ② …を我慢する, …に耐える (=endure) ③ 〈考え・気持など〉を抱く ④ …を生む

① bear the responsibility for the accident その事故の責任を負う
② He bore the pain with tremendous courage. 彼は強い精神力でその痛みに耐えた.
③ bear the idea in mind その考えを心に抱く
④ The loan bears 5% interest. その貸付金は5%の利子を生む.

▶ **名 béaring** 関係
▶ **形 béarable** 耐えられる

1325 **bill**	[bíl] ビル	**名** ① 請求書, 勘定 (=check) ② 紙幣 (=note) ③ チラシ, ビラ, はり紙 ④ 議案, 法案

① Let's split the bill. 割り勘にしよう.
② a ten-dollar bill 10ドル紙幣
③ Post No Bills はり紙お断り (掲示)
④ pass the bill その法案を可決する

1326 **settle** □□	[sétl] セトゥル	動 ① 定住する, …に定住する ② …を解決する (=resolve) ③ …を落ち着かせる, 落ち着く

① Many Germans settled in Pennsylvania. 多くのドイツ人がペンシルベニア州に定住した.
② settle a dispute 紛争を解決する
③ This medicine will settle your nerves. この薬は神経を落ち着かせてくれるだろう.

▶ 名 **séttlement** 定住, 解決, 合意

1327 **view** □□	[vjúː] ヴュー	名 ① 見解 (=idea), 見方 ② (…の) 眺め (of), 視野 動 …を (…と) みなす (as) (=interpret)

名 ① take a different view 違った見方をする
② a view of downtown Tokyo 東京都心の眺め
動 I view this result as a positive sign. 私はこの結果を好ましい兆候とみなしている.

▶ 名 **víewer** 視聴者, 見物人

1328 **grave** □□	[gréiv] グレイヴ	形 ① 重大な (⇔trivial ささいな) ② 厳粛な (=solemn) 名 墓 (=tomb), (比喩的に) 墓場

形 ① The decision had grave consequences. その決定が重大な結果をもたらした.
② a grave ceremony 厳粛な式典
名 You are digging your own grave. 君はみずから墓穴を掘っている.

▶ 名 **grávity** 重力, 重大さ, 厳粛さ

1329 **treat** □□	[tríːt] トゥリート	動 ① …を扱う, …を (…として) みなす (as) (=regard) ② …を治療する ③ …に (…を) おごる (to)

① treat everyone as equal 全員を対等とみなす
② treat obesity 肥満症を治療する
③ He treated me to a glass of beer. 彼は私にビールを一杯おごってくれた.

▶ 名 **tréatment** 取り扱い, 治療

1330 **term**	[tə́ːrm] ターム	名 ① 期間, 学期
		② (専門)用語 (=jargon)
		③ (termsの形で) (支払い・値段などの) 条件, 要求額, 言い値, (契約・条約などの) 条項
		④ 間柄, 関係 (=relationship)
		⑤ 観点 (=perspective)

① The term of the contract expires on December 5.　契約期間は12月5日に終了する.
② The professor used a technical term.　教授はある専門用語を使った.
③ the terms of payment　支払い条件
④ I am on speaking terms with her.　彼女とは言葉を交わす間柄だ.
⑤ explore childrearing in terms of economics　経済学の観点から子育てを検証する

1331 **direct**	[dərékt] ディレクト	動 ① …を (…に) 向ける (at[to/toward]) (=point)
		② …に (…するよう/…であるよう) 指導[指示]する (to do/that節) (=instruct)
		形 直接の (⇔indirect間接の), 〈道などが〉まっすぐな (⇔roundabout 回り道の), 〈人・発言などが〉率直な (=frank)

動 ① direct an X-ray beam at the patient's body　X線を患者の体に向ける
　② The police officer directed the car to proceed.　警察官はその車に前進するよう指示した.
形 There was no direct reference to the event.　その出来事に関する直接の言及はなかった.

▶ 名 diréction　方向, 指示, 指導
▶ 名 diréctor　重役, (映画)監督

1332 **check**	[tʃék] チェック	名 ① 伝票, 小切手, 会計
		② (…に対する) 阻止 (on)
		動 ① (…ということ/…かどうか) を確かめる (that節/whether節)
		② …を抑制する, …を阻止する (=stop)

名 ① We'd like separate checks, please.　伝票は別々でお願いします.
　② put a check on the enemy's advance　敵の前進を阻止する
動 ① check whether conditions are met　条件が満たされているかを確かめる
　② He checked a sudden urge to shout.　彼はどなりたい衝動を抑えた.

1333 **state**	[stéit] ステイト	動 …をはっきり述べる, (…である) とはっきり述べる (that節)
		名 ① 状態 (=condition), 状況 (=situation)
		② 国家, (米国・オーストラリアなどの) 州

動 The president has stated that he does not want to raise taxes.
　大統領は増税したくないとはっきりと述べた.
名 ① The mummy is in a fine state of preservation.　そのミイラはよい保存状態にある.
　② a head of state　国家元首

▶ 名 státement　発言, 声明

1334 order	[ɔ́ːrdər] オーダ(ー)	名① (…せよという/…という)命令 (to do/that節) ② 順序, 整理 ③ 正常, 秩序 (⇔chaos 混沌) 動① …に (…するように)命令する (to do) (=command) ② …を (…に)注文する (from), …を (…から)取り寄せる (from)

名① a court order to freeze his bank account
   彼の銀行口座を凍結せよという裁判所の命令
 ② in chronological order   年代順に
 ③ respect law and order   法と秩序を尊重する
動① He ordered his men to release the prisoner.   彼は部下に捕虜を解放するよう命令した.
 ② order unmanned drone bombers from Turkey
   無人ドローン爆撃機をトルコに注文する

1335 excuse	[ikskjúːz] イクスキューズ	動① …を許す, …が (…したことについて)許す[大目に見る] (for) (=overlook) ② …の言い訳をする, (excuse oneself for …の形で) …の言い訳をする
	[ikskjúːs] イクスキュース	名 口実 (=pretext), (…に対する)言い訳 (for)

動① He excused his student for being late.   彼は生徒が遅刻したことを大目に見た.
 ② She excused herself for her poor grades.   彼女はひどい成績の言い訳をした.
名 make a poor excuse for a mistake   ミスに対して下手な言い訳をする

1336 degree	[digríː] ディグリー	名① 程度 (=extent) ② (…の)学位[称号](in) ③ (温度などの)度

① degree of disability   障害の程度
② a doctoral degree in fine arts   美術の博士号
③ 10 degrees Celsius   摂氏10度

1337 attend	[əténd] アテンド	動① …に参加[出席]する, …に通う (=go to) ② …の世話[看護]をする, (…の)世話[看護]をする (to) ③ (…に)注意を払う (to) (=pay attention to) ④ (…に)精を出す[励む](to)

① The foreign minister attended the talks.   外務大臣がその会談に出席した.
② The bridesmaid attends the bride.   付添人は花嫁の世話をする.
③ You should attend to this matter.   君はこの問題に注意を払うべきだ.
④ attend to business   商売に精を出す

▶ 名 atténtion   注目
▶ 名 atténdance   出席, 付き添い
▶ 形 atténtive   注意深い, よく気を配る

1338 **enterprise** □□ [éntərpràiz] **エ**ンタプライズ	名① 事業 (=venture), 企て (=undertaking) ② 企業, 会社 ③ 進取の気性, やる気, 冒険心

① embark on a new enterprise　新事業に乗り出す
② a constantly innovative enterprise　常に革新的な企業
③ The young man has enterprise.　あの若者には進取の気性がある.

1339 **temper**　[témpər] □□ **テ**ンパ(ー)	名① 気質, 気分, 機嫌 ② 平静 (な気分), 落ち着き ③ かんしゃく, 怒りっぽい性格

① She is in a good temper today.　彼女は今日機嫌がよい.
② He kept his temper.　彼は平静を保った.
③ Mozart had a terrible temper.　モーツァルトはひどいかんしゃく持ちだった.

コラム 数えられない名詞の正体 ……………………………………………………

　名詞は「数えられる名詞」（可算名詞）と「数えられない名詞」（不可算名詞）に大別されるが，どうして furniture（家具）が「数えられない名詞」（不可算名詞）になるのだろうか．1点2点と数えられる家具を，英語ではどうして「数えられない名詞」として扱うのか.

　なんでもいいから家具をひとつ頭に浮かべてみてほしい．あなたはイスを思い浮かべたかもしれないが，ある人は机，別の人はソファだったかもしれない．つまり，furniture という単語はひとつの統一イメージを持っていない．厳密に言えば，furniture はイス，机，ソファ，本棚など，「移動可能な，異なる種類の集合体」と定義することができる．ひとつの統一的かつ具体的な形をもった「数えられる名詞」ではなく，総称としての集合名詞なのである．

　money（お金）も同様である．硬貨（coin）と紙幣（bill）の総称で，それ自体，統一的なひとつの形を持っていないので「数えられない名詞」の扱いをするのである.

Unit 3

---

¹³⁴⁰ **figure**　[fíɡjər]　フィギャ(ー)

名① 姿, 人物, (絵画・彫刻などの) 人物像, 肖像
② 図, 図形, 体型, スタイル
③ 数(字)(=digit), (figuresの形で) 計算

動① (figure out ...の形で) …を理解する(=make out),
…を(…だと) 思う(to be)
② …を計算する(=calculate), (figure up ...の形で) …を合計する, (figure in ...の形で) …を計算に入れる

名① a leading figure　中心人物
② She has a good figure.　彼女はスタイルがよい.
③ do figures　計算をする
動① figure out how to operate the computer　コンピュータの操作法を理解する
② figure the total　合計を計算する

---

¹³⁴¹ **yield**　[jíːld]　イールド

動① (…に) 屈する(to)(=succum)
② …を産出する(=produce)
名 産出(物), 収穫(量)(=harvest)

動① yield to temptation　誘惑に屈する
② The trees yield maple syrup.　その木はメープルシロップを産出する.
名 the yield of the sugarcane field　そのサトウキビ畑の収穫量

---

¹³⁴² **command**　[kəmǽnd]　クマァンド

動① …に(…するように) 命令する(to do)(=order),
…を指揮する
② 〈場所・建物などが〉…を見渡す(=overlook),
…を見下ろす
名① 指揮, 支配(権), 抑制
② (言葉などを) 自由に使う能力

動① The captain commanded his men to gather.　隊長は部下に集合するように命じた.
② My house commands a fine view.　わが家からは素晴らしい景色を見渡すことができる.
名① a general in command of an army　軍隊を指揮する将軍
② He has a perfect command of English.　彼は英語を完璧に使いこなす能力がある.

---

¹³⁴³ **measure**　[méʒər]　メジャ(ー)

名① 尺度(=criterion), 基準
② (measuresの形で) 対策
動 …を測定する, …の寸法がある

名① GDP is a measure of economic growth.　GDPは経済成長の1つの尺度である.
② take strong measures　強硬策を取る
動 measure a baby's height　赤ちゃんの身長を測定する

▶ 形 **méasurable** 測定できる, かなり重症な

present [préz(ə)nt]
プレズント

形① 今の, 現在の
　② 出席している(⇔absent 欠席している), 存在している

[prizént]
プリゼント

動① …を(…に)提示[提出]する(to)(=submit), …を発表する
　② …に(…を)贈る[贈呈する/授与する](with)
　③〈劇など〉を上演する, …を放映[放送]する

形① I like my present job. 今の仕事が気に入っています.
　② There are at least 100 people present. 少なくとも100人の出席者がいる.
動① I will present a report to the committee today. 私は今日委員会にレポートを提出する.
　② present graduates with diplomas 卒業生に卒業証書を授与する
　③ The company presented a three-act play. その劇団は3幕の劇を上演した.

▶ 名 **présence** 出席, 存在, 面前
▶ 名 **presentátion** 発表, 贈呈
▶ 副 **présently** まもなく, 現在のところ

1345
charge [tʃáːrdʒ]
チャージ

名① (サービスに対する)料金
　② 担当, 責任
　③ 罪, 非難
動① …を(…に)請求する(for)
　② …を(…で/…であると)告発[非難]する(with/that節)

名① There is no delivery charge. 配達は無料です.
　② She will take charge of the class. 彼女がそのクラスを担当します.
　③ arrest him on the charge of murder 殺人罪で彼を逮捕する
動① charge 40 dollars for the wine そのワインに40ドル請求する
　② charge him with tax evasion 彼を脱税で告発する

1346
spare [spéər]
スペア(ー)

動①〈時間・金など〉を割く,
　　(spare A Bの形で)AにB(時間など)を割く
　②〈労力・苦労・手間など〉を省く, かけない,
　　(spare A Bの形で)AのB(労力・苦労・手間など)を省く
形 手の空いた, 予備の

動① Can you spare me a few minutes? 私に2, 3分割いてもらえませんか?
　② That spared me the trouble of going there. そのおかげで私はそこに行く手間が省けた.
形 He paints pictures in oil in his spare time. 手の空いた時間に彼は油絵を描く.

1347
cover [kávər]
カヴァ(ー)

動① …を(…で)覆う(with),〈範囲など〉に及ぶ[適用される]
　　(=apply to)
　② …を報道する, …を取材する,〈問題など〉を扱う
　③〈距離など〉を踏破する(=travel)
　④〈出費など〉をまかなう

① The new law covers all people above 20. その新法の適用範囲は20歳以上の全員に及ぶ.
② Her report covers cyber-bullying. 彼女のレポートはネットいじめを扱っている.
③ The expedition covered 10km that day. その探検隊はその日に10キロを踏破した.
④ The damage was covered by insurance. 損害は保険でまかなわれた.

▶ 名 **cóverage** 報道, 適用範囲

1348 **lean** □□	[líːn] リーン	動 ① (…に) **もたれる**(against), …を**立てかける** ② (…に) **傾く**(to[toward]) (=inclined) 形 (贅肉がなく) **やせた**, (組織などが) **スリム化した**

動 ① Two cats leaned against each other. 2匹の猫がお互いにもたれ合っていた.
② The Leaning Tower of Pisa leans to the south. ピサの斜塔は南に傾いている.
形 a lean person やせた人

1349 **article** □□	[áːrtikl] アーティクル	名 ① **記事** ② **品物** ③ (法律・条約などの) **条項, 箇条, 項目** ④ **冠詞**

① An article about our town was in the newspaper. わが町の記事が新聞に載った.
② a list of articles 商品一覧
③ Article 9 of the Japanese Constitution 日本国憲法第9条
④ the definite article 定冠詞

1350 **capital** □□	[képətl] キャピトゥル	名 ① **首都, 州都, 中心地** ② **資本**(金) ③ **大文字**(=upper case) 形 **最も重要な, 致命的な, 死に値する**

名 ① The capital of Australia is Canberra. オーストラリアの首都はキャンベラだ.
② pay 3% interest on foreign capital 外国の資本に3%の利子を払う
③ write in capital letters 大文字で書く
形 capital punishment 死刑

1351 **fix** □□	[fíks] フィックス	動 ① …を (…に) **固定する[取り付ける]**(on[to/in]) ② 〈日時・値段・条件など〉を**決める[定める]** ③ …を**修理する**(=repair), …を**直す**, …を**整える** ④ (fix A Bの形で) AにB(食事など)を**用意する**(=fix B for A)

① fix the bookcase to the wall 書棚を壁に固定する
② fix the date for a wedding 結婚式の日取りを決める
③ He fixed his bedhead. 彼は寝ぐせを直した.
④ She fixed us a snack. 彼女は我々に軽食を用意してくれた.

1352 **practice** □□	[præktis] プラクティス	名 ① **実行, 実施, 実際**(⇔theory 理論) ② **習慣, 慣例** 動 ① …を**実行する**(=carry out), …を**実践する** ② (…すること) を**練習する**(doing) ③ (…を) **開業する**(as)

名 ① put her ideas into practice 彼女の考えを実行する
② unfair business practices 不公正な取引の習慣
動 ① practice moderation 節制を実践する
② practice speaking effectively in front of people 人前でうまく話す練習をする
③ practice as a dentist 歯科医師を開業する

1353 **bound** □□	[báund] バウンド	形 ① 必ず[きっと]…する(to *do*), (…する)義務がある(to *do*) ② (…) 行きの (for) 名 限度, 境界

形 ① They are bound to observe orders. 彼らは命令に従う義務がある.
② a plane bound for Berlin ベルリン行きの飛行機
名 The joke went beyond the bounds of decency. その冗談は礼節の限度を逸脱した.

1354 **condition** □□	[kəndíʃən] クンディシュン	名 ① 状態, 体調, 状況, 事情 ② 条件, (必要)条件 (=requirement) 動 ① …を(…に)慣らす(to), …を(…するように)訓練する(to *do*), (=discipline), …を条件づける ② …を決定する(=decide), …を左右する(=affect)

名 ① The rare stamp was in mint condition. その珍しい切手は未使用状態だった.
② I agree to your conditions. 私はあなたの条件に同意します.
動 ① condition a dog to the cold 犬を寒さに慣らす
② Success is often conditioned by luck. 成功は運に左右されることも多い.

▶ 形 **condítional** 条件付きの

1355 **reserve** □□	[rizə́ːrv] リザーヴ	動 ① 〈ホテル・席など〉を予約する(=book) ② …を取っておく(=keep) 名 ① (reservesの形で) 蓄え(=store), (動植物などの) 保護区 (=sanctuary) ② 遠慮, 控えめ(=shyness)

動 ① reserve a table overlooking the ocean 海を見下ろす席を予約する
② reserve some milk for tomorrow 明日のために牛乳を取っておく
名 ① oil reserves 石油備蓄
② with an air of reserve 遠慮がちな様子で

▶ 名 **reservátion** (ホテル・交通機関などの) 予約

1356 **note** □□	[nóut] ノウト	名 ① メモ, (短い)手紙, 注釈 ② (楽器の)音色, (声などの)調子 ③ 紙幣 (=bill) 動 ① …に気づく(=notice), …に注目[留意]する ② (note down ...の形で) …を書き留める(=write down ...)

名 ① The notes are at the bottom of the page. 注釈はページの下欄についている.
② The meeting ended with an optimistic note. 会議は楽観的な調子で終わった.
③ a five-pound note 5ポンド紙幣
動 ① note the change in the meeting agenda 会議の議題の変更に留意する
② note down his plan 彼の計画を書き留める

▶ 形 **nóteworthy** 注目すべき

1357 **address** [ədrés] □□ アドゥ**レ**ス	**動** ① …に**演説する**, …に**話しかける**(=speak to) ② …に**宛先を書く** **名** ① (…に向けた) **演説**(to) (=speech) ② **住所**, (コンピュータの)**アドレス**

動 ① She began to address the crowd. 彼女は聴衆に向けて演説を始めた.
② She addressed the parcel. 彼女は小包に宛先を書いた.
名 ① The politician made an address to the nation.
その政治家は国民に向けた演説を行った.
② email destination address 送付先メールアドレス

1358 **account** [əkáunt] □□ ア**カ**ウント	**動** ① (…を) **説明する**(for) (=explain), (…の)**原因となる**(for) ② (割合を) **占める**(for) (=constitute) **名** ① **預金口座**, (accountsの形で) **勘定書**[**帳簿**] ② **考慮** ③ **理由**

動 ① Pressure at work may account for her behavior.
職場での重圧が彼女の行動を説明できるだろう.
② Women account for the majority of our customers.
女性がわが社の顧客の大半を占める.
名 ① keep accounts 帳簿をつける
② take his age into account 彼の年齢を考慮に入れる
③ On no account will I lend you money. どんな理由があろうと君に金は貸さない.

▶ **名** accóuntant 会計士, 会計係
▶ **形** accóuntable (釈明の)責任がある

1359 **rest** [rést] □□ **レ**スト	**名** ① (the restの形で) **残り** ② **休憩** (=break) **動** ① (…を) **あてにする**[**頼る**](on) (=depend) ② (責任などが…に) **ある**(with), (…に) **委ねられている**[**かかっている**](with) ③ **休む**, …を**休める**, **静止する**, **落ち着いている**

名 ① spend the rest of my life in Japan 残りの人生を日本で過ごす
② We will take a rest soon. 間もなく私たちは休憩をとります.
動 ① rest on her promise 彼女の約束をあてにする
② The decision rests with the president. 決断は大統領に委ねられている.
③ rest for an hour 1時間休む

▶ **名** réstless 落ち着かない

1360 **chance** [tʃǽns] チャンス	名① (…の/…する)**機会[チャンス]**(of[for] /to do[of doing]) (=opportunity) ② (…の/…する/…だという)(主に好ましい)**可能性[見込み]**(of/of doing/that節)(=likelihood) ③ **偶然, 運** 動 **偶然…する**(to do)(=happen to do), (it chanced that節の形で)**たまたま…だった**

名① a chance to **eat out** 外食する機会
② have an even chance of **being promoted** 昇進する可能性が五分五分である
③ leave all to chance 何事も運に任せる
動 The lady chanced to **know my name.** その女性は偶然私の名前を知っていた.

1361 **concern** [kənsə́ːrn] クンサーン	動① …に**関係する, …にかかわる,** (be concerned with[in] …の形で)…にかかわっている ② …を**心配させる,** (be concerned about[for] …の形で) …を**心配している**(=be anxious[worried] about) 名① **関心(事)**(=interest), **関係** ② (…にとっての/…についての/…という)**心配**(to/about [over]/that節)(=anxiety)

動① She **is** concerned **with** the new project. 彼女は新企画にかかわっている.
② I am **only** concerned **about** his safety. 私はただ彼の安全を心配している.
名① Our **chief** concern **is** disaster prevention. 我々の主たる関心事は防災だ.
② **express** concern **about** the economy 景気について懸念を表明する

▶ 前 **concérning** …について(の), …に関する

1362 **due** [d(j)úː] デュー	形① (提出物・返済などの)**期限がきた** ② (人・乗り物が)**到着予定で** ③ **正当な, しかるべき**(=proper) ④ (負債・報酬などが)(…に)**当然支払われるべき[与えられるべき]**(to) ⑤ (…が)**原因で**(to), (…の)**理由で**(to)(= owing to)

① The payment of this bill will be due **on July 18.** この請求書の支払期限は**7月18日**だ.
② His plane is due **at noon.** 彼の乗った飛行機は正午に到着予定だ.
③ She showed due **respect to her teacher.** 彼女は先生にしかるべき敬意を示した.
④ the honor due **to him** 彼に与えられるべき名誉
⑤ The delay is due **to a shortage of hands.** 遅延は人手不足が原因だ.

▶ 副 **dúly** 正当に, 時間通りに

1363 **subject** □□	[sʌ́bdʒikt] **サ**ブジェクト	名 ① 主語, 主題, 科目 ② 家来 (=follower), 臣民, (君主国の) 国民 ③ 被験者 (=examinee), 被写体, 対象 形 ① (…の) 支配下にある (to), (…に) 従っている (to) ② (病気などに) かかりやすい (to), (悪影響を) 受けやすい (to) (=susceptible to)

名 ① change the subject for discussion 議論の主題を変える
　② I am proud of being a British subject. 私は英国国民であることを誇りに思っている.
　③ The subjects were divided into three groups. 被験者は3つのグループに分けられた.
形 ① We are all subject to natural laws. 我々はみな自然法則に従っている.
　② He is subject to colds. 彼は風邪を引きやすい.

▶ 名 **subjéction** 服従
▶ 形 **subjéctive** 主観的な

1364 **object** □□	[ábdʒikt] 発 **ア**ブジェクト [əbdʒékt] オブ**ジェ**クト	名 ① 物体 ② (…の) 対象 (物) (of) ③ 目的, 目標, 目当て 動 (…に) 反対する (to) (=be opposed to)

名 ① a glowing object 光る物体
　② The book became an object of criticism. その本は非難の対象となった.
　③ his object in life 彼の人生の目標
動 I objected to his plan. 私は彼の計画に反対した.

▶ 名 **objéction** 反対

1365 reason [ríːz(ə)n] リーズン

名① (…の) 理由 (for)
　② 理性 (=mind), 道理
動 (…だ) と推論する (that節)

名① inquire the reason for the police's visit　警察が訪れた理由を尋ねる
　② His deed is consistent with reason.　彼の振る舞いは道理にかなっている.
動 We reasoned that his alibi was false.　彼のアリバイは虚偽であると我々は推論した.

▶形 réasonable　理にかなった, 手ごろな

1366 track [trǽk] トゥラァ(ー)ック

動 …の後を追う, …を追跡 (調査) する (=trace)
名① (通った) 跡 (=trace)
　② 小道 (=path), 線路 (=railroad)

動 track a plane's flight path　飛行機の航路を追跡する
名① I saw wolf tracks near our camp.　キャンプ場の近くでオオカミの足跡を見かけた.
　② run off the track　脱線する

1367 trial [tráiəl] トゥライアル

名① 試み, 試し, 試験
　② 試練, 苦難 (=hardship)
　③ 裁判, 公判

① do a clinical trial　臨床試験を行う
② Life is full of trials.　人生は試練に満ちている.
③ put a person on trial　人を裁判にかける

1368 overlook [òuvərlúk] オウヴァルック

動① …を見落とす
　② …を大目に見る
　③ 〈場所・建物などが〉…を見渡す [見下ろす] ところにある (=command)

① overlook signs and symptoms　兆候や症状を見落とす
② Please overlook my mistakes.　私のミスを大目に見てください.
③ The hotel overlooks the beautiful lake.　そのホテルは美しい湖を見下ろすところにある.

1369 content [kántent] カンテント
[kəntént] クンテント

名① 中身, 内容 (物), 含有量 (=amount)
　② 満足 (=contentment)
形 (…に/…することに/…ということに) 満足して (with/to do/that節) (⇔discontented 不満な)
動 …を満足させる, (content oneself with …の形で) …に満足する, …に甘んじる

名① a speech with very little content　内容の乏しい演説
　② She smiled in content.　彼女は満足して微笑んだ.
形 I am content with my present state.　私は現状に満足している.
動 I have to content myself with my position.　私は自分の地位に甘んじるほかない.

▶名 conténtment　満足
▶形 conténted　満足した

1370 **demand** [dimǽnd] □□ ディ**マァ**ンド	名① 要求 ② 需要 (⇔supply 供給) 動 …を**要求する**, (…すること/…ということ)を**要求する**(to *do*/that節)

名① make a ransom demand　身代金の要求をする
　② meet power demand　電力需要を満たす
動 My boss demanded that I tell the truth.　上司が私に真実を語るよう要求した.

1371 **deliberate** □□ [dilíb(ə)rət] ディ**リ**ベレット	形① 慎重な (=careful) ② 意図的な (=intentional), 故意の 動 (…を)**熟考する** (on[over]) (=ponder)

形① deliberate observation　慎重な観察
　② a deliberate act of provocation　意図的な挑発行為
動 The jury deliberated on the case.　陪審員はその事件を熟考した.

▶ 名 **deliberátion** 熟考, 討議, 故意
▶ 副 **delíberately** 慎重に, 故意に

1372 **vision** [víʒən] □□ **ヴィ**ジュン	名① 視力, 視覚 (=eyesight) ② 未来像, 展望, 夢 ③ 先見(性) (=foresight), 洞察力 (=insight)

① I have poor vision in my left eye.　私は左目の視力が弱い.
② have a vision of becoming a temple carpenter　宮大工になる夢がある
③ a man of vision　先見の明のある人

▶ 形 **vísionary** 先見性のある, 空想的な
▶ 形 **invísible** 目に見えない

1373 **observe** [əbzə́ːrv] □□ オブ**ザー**ヴ	動① …を**観察する** (=watch) ② …が(…する/…している)のに**気づく** (do/doing) 　(=notice), (…ということ)に**気づく**(that節) ③ (観察に基づいた意見として)…を**述べる**, 　(…と)**言う**(that節) (=remark) ④ 〈法律・規則など〉を**守る**, …に**従う** (=follow) ⑤ (慣習に従って)…を**祝う** (=celebrate)

① observe the celestial bodies　天体を観察する
② He observed that it looked like snow.　彼は雪が降りそうなことに気づいた.
③ She observed that he looked pale.　彼の顔色が悪いと彼女は言った.
④ observe neutrality　中立を守る
⑤ observe Christmas Day　クリスマスを祝う

▶ 名 **observátion** 観察, 意見
▶ 名 **obsérvance** 順守, 祝うこと
▶ 名 **obsérvatory** 観測所, 天文台
▶ 形 **obsérvant** 観察の鋭い, (法律などを)よく守る

1374 **fancy**	[fǽnsi] ファンスィ	名① 空想, 幻想, 思いつき ② (…に対する)好み[嗜好](to[for])(=taste) 動① …を好む, (…したい)気がする(doing)(=feel like) ② (…すること/…ということを)想像する(doing/that節), (fancy A (to be) Bの形で) AがBだと想像する(=imagine), (fancy doing ...の形で) …するだなんて驚きだ

名① indulge in fancy 空想にふける
② He has a fancy for wine. 彼はワインが好みだ.
動① I fancy living in this house. 私はこの家に住みたい.
② Fancy meeting you here! 君にここで会うなんて驚きだ!

▶ 形 **fánciful** 空想上の, 空想にふける, 奇抜な

1375 **regard**	[rigá:rd] リガード	動 …を(…と)みなす(as)(=look on) 名① 尊敬(=reverence), 敬意 ② (…に対する)配慮[心配り](to[for]) ③ (regardsの形で)よろしくというあいさつ(=wishes)

動 regard crab as a delicacy カニをごちそうとみなす
名① The professor has earned high regard. その教授はたいへんな尊敬を集めている.
② He shows no regard to others. 彼は他人への配慮がない.
③ Give him my best regards. 彼によろしくお伝えください.

1376 **passage**	[pǽsidʒ] パァセッジ	名① 通過, 経過, 通行 ② 通路 ③ (引用された)一節

① with the passage of time 時の経過と共に
② an underground passage 地下通路
③ passages selected from the sacred Buddhist texts 神聖な仏典から選ばれた一節

▶ 動 **páss** …を通過する, (時が)過ぎる, (…に)合格する

1377 **relative**	[rélətiv] レラティヴ	形① 相対的な(⇔absolute 絶対的な), 比較上の(=comparative) ② (…に)関連した(to)(=relevant) 名 親戚(=kin), 肉親

形① relative evaluation and absolute evaluation 相対評価と絶対評価
② She asked me a question relative to my plans. 彼女は私の計画に関連した質問をした.
名 a distant relative of mine 私の遠い親戚

▶ 名 **relatívity** 相対性(理論)

1378 dimension □□	[diménʃən] ディメンシュン	图① 側面（=aspect），局面 ② 寸法，大きさ ③ 次元

① a new dimension 新たな局面
② measure the dimensions of the attic 屋根裏部屋の寸法を測る
③ How many dimensions does the universe have？ 宇宙は何次元ですか？

▶ 形 diménsional 寸法の，次元の

1379 serve □□	[sə́:rv] サーヴ	動① …に仕える，…のために働く ②〈任期など〉を務める，〈刑期など〉に服す ③ …に役立つ，…の必要を満たす，〈目的など〉にかなう ④〈食事・飲み物など〉を出す，〈人〉に給仕する，…の注文を聞く ⑤ …に（…を）供給する（with）（=provide）

① serve God 神に仕える
② The president of the U.S. serves a four-year term.
　アメリカ大統領は4年の任期を務める．
③ Either book will serve my purpose. どちらの本も私の目的にかなう．
④ Dessert will be served next. 次にデザートをお出しします．
⑤ serve the whole city with gas 市内全域にガスを供給する

1380 strike □□	[stráik] ストゥライク	動① …を打つ，…をたたく，〈災害などが〉…を襲う，ストライキをする ②〈時〉を打つ ③ …に〈考えなどが〉浮かぶ，（it strikes A that節…の形で）…という考えがAに思い浮かぶ[Aは…だとふと思う]（=it occurs to A that節…） ④ …に（…という）印象を与える（as），…にとって（…という）感じがする（as）

① A string of disasters struck the region. 相次ぐ災害がその地域を襲った．
② The clock struck ten. 時計が10時を打った．
③ It struck me that she was not telling the truth.
　彼女は真実を語っていないと私はふと思った．
④ He struck me as being intelligent. 彼は知的だという感じがした．

1381 stuff □□	[stʌ́f] スタフ	图① もの（=thing），こと，素質 ② 材料（=material），資料 動 …に（…を）詰め込む（with）

图① He has the right stuff to be a calligrapher.
　彼は書道家になるのによい素質を持っている．
　② collect the stuff for a book 本を書くための資料を集める
動 stuff a box with old letters 箱に古い手紙を詰め込む

Part

5

Unit

4

181

1382 **trim**	[trím] トゥリム	動① …を刈り込む (=pare) ② …を取り除く (=remove) ③ …を (…で) 飾り付ける (with) (=decorate)

① trim **weeds** 雑草を刈り込む
② trim **the fat off the meat** 肉から脂身を取り除く
③ trim **a dress** with **lace** ドレスをレースで飾り付ける

1383 **credit**	[krédit] クレディット	名① 信用, 信頼 (=trust), 信用貸し, クレジット ② 名誉 (=fame), 評判, 功績 動① …を信じる ② (credit A with Bの形で) AがBの性質を持っていると考える, AにBの功績を認める

名① I put credit **in his words.** 私は彼の言葉を信用した.
②　**a person of** credit 評判のよい人
動① I **was reluctant to** credit **the rumor.** 私はそのうわさを信じたくなかった.
②　I credit **him** with **loyalty.** 私は彼が忠誠心の持ち主であると信じている.

1384 **compose**	[kəmpóuz] クンポウズ	動① …を構成する, (be composed of ...の形で) …から成り立つ (=be made up of) ② …を作曲する ③ 〈気持ちなど〉を整理する, (compose oneself to do ...の形で) 気を静めて[心を落ち着かせて]…する

① **The encyclopedia is** composed of **20 volumes.** その百科事典は20巻から成る.
② **play a few pieces** composed **by Chopin** ショパン作曲の作品をいくつか演奏する
③ **He** composed **himself to read a book.** 彼は心を落ち着かせて本を読んだ.

▶ 名 **composítion** 構成, 創作, 気質
▶ 名 **compóser** 作曲家

1385 **sum**	[sám] サム	名 金額, (the sumの形で) 合計 (=total), 総計 動① (sum up ...の形で) …を合計する (=add up) ② (sum up ...の形で) …を要約する (=summarize), …をかいつまんで話す

名 **a large** sum **of money** 多額の金
動① sum up **all the expenses** 全支出を合計する
②　**The professor** summed up **his findings.** 教授は自身の調査結果を要約した.

1386 **dispose**	[dispóuz] ディスポウズ	動① (…を) 処理[処分]する (of) ② …を配置[配列]する (=arrange) ③ …を (…する) 気にさせる (to *do*)

① dispose of an old table　古いテーブルを処分する
② dispose troops for immediate action　軍隊をすぐ出動できるように配置する
③ His advice disposed me to quit smoking.　彼の助言で私は禁煙する気になりました.

▶ 名 dispósal　処理, 処分
▶ 形 dispósable　使い捨ての

1387 **proportion** [prəpɔ́ːʃən] プロポーシュン	名① 割合 (=rate), 比率 ② (…に対する) 均衡[調和/バランス] (to) 　(⇔disproportion 不均衡) ③ 部分 (=part), 分け前 (=share)

① a proportion of three to one　3対1の割合
② The cut flowers are in good proportion to the vase.
　その切り花は花瓶とよく調和している.
③ a proportion of the profits　利益の分け前

▶ 形 propórtional　比例した, つり合った

1388 **void**	[vɔ́id] **ヴォ**イド	形① 中身のない, 空っぽの, (法的に) 無効な ② (…が) ない (of) 名 空間, 何もないところ, 空虚感 (=vanity)

形① a void space　空間
　② Her face is void of expression.　彼女の顔には表情がない.
名 an aching void　痛切な空虚感

1389 **contract**	[kɔntrǽkt] カントゥ**ラ**クト	動① (…と) 契約する (with) ② 〈病気〉に感染する (=be infected with) ③ 収縮する (=shrink)
	[kántrækt] **カ**ントゥラクト	名 契約 (書)

動① contract with the architect for the building　その設計士と建築の契約をする
　② contract a coronavirus　コロナウイルスに感染する
　③ Metal contracts as it becomes cool.　鉄は冷えると収縮する.
名 a valid contract　合法的な契約

▶ 名 contráction　短縮, 収縮

否定の接頭辞のなかでまず覚えるべきものは un- と in- である.

・unfamiliar「よく知られていない,不慣れの」

・unfair「不公平な,不当な」

・unemployment「失業,失業者数,失業率」

・incorrect「不正確な,間違った,不適切な」

・inconvenient「不便な,不都合な,不自由な」

・insecure「自信のない,不安な」

　un- のほうは英語本来の接頭辞であるが,in- のほうは一般的にラテン語を起源にした語に付いている.また,in- は,後ろにくる子音によっていろいろと変化する.b / m / p の前では im- となる.

・imbalance「不均衡,アンバランス」

・immature「未熟な,未成熟な,子供っぽい」

・impartial「公平な,片寄らない」

　また,l の前では il- となり,r の前では ir- となる傾向がある.

・illegal「違法の,不法の,非合法な」

・illiterate「読み書きができない,無学の」

・irrational「理性のない,分別のない,不合理な」

・irrelevant「関係のない,見当違いの,不適切な」

　さらに言うと,un- は,-ible ではなくて,-able と結びつく傾向がある.

・unbelievable「信じられない,信じがたい」

・uncomfortable「心地の悪い,気持ちの落ち着かない」

　un- と -ible が結びつくのは,日常語では unintelligible(理解できない,わかりにくい)だけである.

　一方,in- は,-ible / -able の両方と結びつく.

・incapable「能力がない」

・incredible「信じがたい,信用できない」

・indispensable「不可欠の,欠くことのできない,絶対必要な」

・innumerable「数えきれない,無数の」

Part 6 ハイレベル単語・連語

1111語

最新の入試問題を吟味し，従来の単語集では扱っていなかった「難語」を，すぐに参照できるようアルファベット順に列挙しています。難関大の合否を左右するパートです。

1390	**abbreviate**	[əbríːvièit] アブ**リー**ヴィエイト	動〈言葉など〉を短縮[省略]する
	▶ 名 **abbreviátion** 省略（形）		
1391	**abduction**	[əbdʌ́kʃən] アブ**ダ**クシュン	名 拉致
1392	**abortion**	[əbɔ́ːrʃən] ア**ボー**シュン	名 人工中絶
1393	**accent**	[ǽksent] **ア**クセント	名 なまり, アクセント
1394	**accountability**	[əkàuntəbíləti] アカウンタ**ビ**リティ	名 説明責任
1395	**acid rain**		酸性雨
1396	**acute disease**		急性疾患
1397	**additive-free food**		無添加食品
1398	**adhesive**	[ædhíːsiv] アド**ヒー**スィヴ	名 接着剤　形 粘着性の
	▶ 動 **adhére**（…に）付着する　名 **adhésion** 付着, 癒着		
1399	**adjacent**	[ədʒéis(ə)nt] ア**ジェ**イスント	形 隣接した, 隣の
1400	**administrative reform**		行政改革
1401	**adore**	[ədɔ́ːr] ア**ド**ア(ー)	動 …を熱愛する, …を崇拝する
1402	**aggregate**	[ǽgrigèit] **ア**グリゲイト	動 …を集める, …と合計する
1403	**aging society**		高齢化社会
1404	**albeit**	[ɔːlbíːit] オール**ビー**ィット	接 …にもかかわらず（=(al)though)
1405	**allege**	[əlédʒ] ア**レ**ッジ	動 …を断言する, …を主張する
	▶ 副 **allégedly** 伝えられるところでは		
1406	**allergy**	[ǽlərdʒi]発 **ア**ラジ	名 アレルギー
	▶ 形 **allérgic** アレルギーの		
1407	**altitude**	[ǽltət(j)ùːd] **ア**ルティテュード	名 高度, 海抜, 高地

186

1408 ☐☐	**ambassador**	[æmbǽsədər] アンバ**ア**サダ(ー)	名 大使
1409 ☐☐	**ambivalent**	[æmbívələnt] アン**ビ**ヴァレント	形 相反する感情を持つ, アンビバレントな

▶ 名 **ambívalence** 相反する感情

1410 ☐☐	**amend**	[əménd] ア**メ**ンド	動 …を修正する, …を改正する
1411 ☐☐	**amiable**	[éimiəbl] **エ**イミアブル	形 愛想のよい, 親しみのもてる
1412 ☐☐	**amnesia**	[æmníːʒə] アム**ニー**ジャ	名 記憶喪失
1413 ☐☐	**analogy**	[ənǽlədʒi] ア**ナ**ァロジ	名 類似, 類推
1414 ☐☐	**anatomy**	[ənǽtəmi] ア**ナ**ァトミ	名 生体組織, 解剖(学)

▶ 形 **anatómical** 解剖の, 解剖学上の

1415 ☐☐	**anchor**	[ǽŋkər] 発 **ア**ンカ(ー)	名 ニュースキャスター, アンカー
1416 ☐☐	**anecdote**	[ǽnikdòut] **ア**ニクドウト	名 逸話
1417 ☐☐	**anesthesia**	[æ̀nəsθíːʒə] アネス**スィー**ジャ	名 麻酔
1418 ☐☐	**anguish**	[ǽŋgwiʃ] **ア**ングウィッシュ	名 苦痛, 苦悩
1419 ☐☐	**ankle**	[ǽŋkl] **ア**ンクル	名 足首
1420 ☐☐	**anonymous**	[ənánəməs] ア**ナ**ニマス	形 匿名の, 名前のわからない

▶ 名 **anonýmity** 匿名(の人)

1421 ☐☐	**anthropology**	[æ̀nθrəpálədʒi] アンスロ**パ**ロジ	名 人類学

▶ 名 **anthropólogist** 人類学者

1422 ☐☐	**antibiotic**	[æ̀ntibaiátik] アンティバイ**ア**ティック	名 抗生物質
1423 ☐☐	**antonym**	[ǽntənim] **ア**ントニム	名 反意語
1424 ☐☐	**apathy**	[ǽpəθi] **ア**パスィ	名 無気力, 無関心

▶ 形 **apathétic** 無関心な, 無感動な

1425 ☐☐	**arbitrary**	[áːrbətrèri] **ア**ービトゥレリ	形 任意の, 恣意的な, 専制的な

1426 ☐☐	**arch(a)eology**	[à:rkiáləʤi] アーキ**ア**ロジ	图 考古学
1427 ☐☐	**archaic**	[ɑ:rkéiik] アー**ケイ**イック	形 古風な, 古代の
	▶图 **árchaism** 古語, 古風なもの		
1428 ☐☐	**ardent**	[á:rdənt] **アー**デント	形 熱心な (=passionate), (感情などが) 激しい
	▶图 **árdor** 情熱, 熱心		
1429 ☐☐	**aristocracy**	[æ̀ristákrəsi] アリス**タ**クラスィ	图 貴族階級, 貴族社会
	▶形 **aristocrátic** 貴族の, 貴族的な 图 **arístocrat** 貴族		
1430 ☐☐	**arsenal**	[á:rs(ə)n(ə)l] **アー**セヌル	图 貯蔵武器, 武器庫, 備蓄
1431 ☐☐	**arson**	[á:rs(ə)n] **アー**ソン	图 放火
1432 ☐☐	**artery**	[á:rtəri] **アー**タリ	图 動脈
1433 ☐☐	**artificial insemination**		人工授精
1434 ☐☐	**artificial intelligence**		人工知能(AI)
1435 ☐☐	**artificial respiration**		人工呼吸
1436 ☐☐	**artificial satellite**		人工衛星
1437 ☐☐	**artificial ventilation**		人工呼吸器
1438 ☐☐	**assault**	[əsɔ́:lt] ア**ソー**ルト	图 (婦女)暴行, 攻撃, 挑戦 動 …を暴行する, …を厳しく非難する
1439 ☐☐	**astronomy**	[əstránəmi] アストゥ**ラ**ノミ	图 天文学
1440 ☐☐	**Atlantic Ocean**		大西洋
1441 ☐☐	**attic**	[ǽtik] **ア**ティック	图 屋根裏部屋
1442 ☐☐	**attorney**	[ətá:rni] ア**ター**ニ	图 弁護士
1443 ☐☐	**autism**	[ɔ́:tizm] **オー**ティズム	图 自閉症
1444 ☐☐	**automate**	[ɔ́:təmèit] **オー**トメイト	動 …をオートメーション化する

1445 ☐☐	**avalanche** [ǽvəlæ̀ntʃ] アヴァラァンチ	名 なだれ	
1446 ☐☐	**axis** [ǽksis] アクスィス	名 軸, 中心線	
1447 ☐☐	**bachelor** [bǽtʃ(ə)lər] バァチェラ(ー)	名 独身男性	
1448 ☐☐	**backbone** [bǽkbòun] バァ(ー)ックボウン	名 背骨, 根幹, 気骨	
1449 ☐☐	**baffle** [bǽfl] バァフル	動 〈人〉を困惑させる	
1450 ☐☐	**bait** [béit] ベイト	名 誘惑するもの, (釣り針につける)えさ	
1451 ☐☐	**barbarian** [bɑːrbé(ə)riən] バーベ(ア)リアン	名 野蛮人, 異邦人	
1452 ☐☐	**bash** [bǽʃ] バァ(ー)ッシュ	動 …を強打する, …を厳しく非難する	
1453 ☐☐	**basin** [béis(ə)n] ベイスィン	名 盆地	
1454 ☐☐	**bay** [béi] ベイ	名 湾 (=gulf)	
1455 ☐☐	**beacon** [bíːk(ə)n] ビークン	名 信号灯, 航路標識	
1456 ☐☐	**beak** [bíːk] ビーク	名 (鳥のとがった)くちばし (水鳥などの平たいくちばしはbill)	
1457 ☐☐	**beard** [bíərd] ビアド	名 あごひげ	
1458 ☐☐	**belly** [béli] ベリ	名 腹	
1459 ☐☐	**beloved** [bəlívid] ビラヴィド	形 最愛の, (人に)愛されて 名 (one's belovedで)最愛の人	
1460 ☐☐	**benefactor** [bénəfæ̀ktər] ベネファクタ(ー)	名 後援者	
1461 ☐☐	**benevolence** [bənévələns] ベネヴォレンス	名 善意, 慈善	
	▶ 形 **benévolent** 善意ある, 慈悲深い		
1462 ☐☐	**beset** [bisét] ビセット	動 …を悩ます, …に付きまとう	
1463 ☐☐	**bewilder** [biwíldər] ビウィルダ(ー)	動 〈人〉を当惑させる, 混乱させる	
	▶ 名 **bewílderment** 当惑, 混乱		
1464 ☐☐	**binary** [báinəri] バイナリ	形 2進法の 名 2進法	

Part

6

1465 □□	**binary opposition**		二項対立
1466 □□	**binoculars**	[bənάkjulərz] ビ**ナ**キュラ(ー)ズ	名 双眼鏡
1467 □□	**biochemistry**	[bàioukémistri] バイオウ**ケ**ミストゥリ	名 生化学
	▶ 形 **biochémical** 生化学の		
1468 □□	**bioethics**	[bàiouéθiks] バイオウ**エ**スィックス	名 生命倫理
1469 □□	**biology**	[baiάlədʒi] バイ**ア**ロジ	名 生物学
	▶ 形 **biológical** 生物学の		
1470 □□	**biomass**	[báioumæs] バイオウマァス	名 バイオマス (エネルギーに再生可能な生物資源)
1471 □□	**biotechnology**	[bàiouteknάlədʒi] バイオウテク**ナ**ロジ	名 生物工学, バイオテクノロジー
1472 □□	**bit**	[bít] **ビ**ット	名 (a bit of ...の形で)少しの, (コンピュータの)ビット(情報量の最小単位)
1473 □□	**bizarre**	[bizά:r] ビ**ザー**	形 風変わりな
1474 □□	**bliss**	[blís] ブ**リ**ス	名 この上ない喜び[幸福]
	▶ 形 **blíssful** この上なく幸福な　　副 **blíssfully** この上なく幸福に		
1475 □□	**blood pressure**		血圧
1476 □□	**blood vessel**		血管
1477 □□	**blunder**	[blΛ́ndər] ブ**ラ**ンダ(ー)	名 大失敗, 不覚　　動 大失敗する
1478 □□	**blur**	[blə́:r] ブ**ラー**	名 はっきり見えないもの　　動 …をぼやけさせる
1479 □□	**board**	[bɔ́:rd] **ボ**ード	名 委員会, (食事の)まかない
1480 □□	**bomb**	[bάm] 発 **バ**ム	名 爆弾　　関連 atomic bomb 原子爆弾, hydrogen bomb 水素爆弾, cluster bomb クラスター爆弾
1481 □□	**Book of Genesis**		(旧約聖書の)創世記
1482 □□	**botany**	[bάtəni] **バ**タニ	名 植物学
	▶ 形 **botánical** 植物学の		

1483 ☐☐	**bourgeoisie**	[bùərʒwɑːzíː] 発 ⑦ ブアジュワーズィー	图 中産階級, ブルジョア階級
1484 ☐☐	**brain death**		脳死
1485 ☐☐	**breach**	[bríːtʃ] ブリーチ	图 違反, 破綻　動 〈法律など〉を破る
1486 ☐☐	**breeding ground**		繁殖地, 培養地
1487 ☐☐	**brew**	[brúː] ブルー	動 〈ビールなど〉を醸造する, 〈コーヒー・紅茶など〉を入れる 图 ビール

▶ 图 **bréwer** ビール醸造会社, 醸造元　图 **bréwery** 醸造所

1488 ☐☐	**Brexit**	[bréksit] ブレクスィット	图 イギリスのEU離脱
1489 ☐☐	**brick**	[brík] ブリック	图 レンガ
1490 ☐☐	**brisk**	[brísk] ブリスク	形 活発な, てきぱきした, (風などが) さわやかな
1491 ☐☐	**browse**	[bráuz] ブラウズ	動 (インターネットで) ブラウズする, 閲覧する, 商品を見て回る
1492 ☐☐	**brutal**	[brúːtl] ブルートゥル	形 残虐な, 率直な
1493 ☐☐	**bud**	[bʌ́d] バッド	图 つぼみ
1494 ☐☐	**bulb**	[bʌ́lb] バルブ	图 球根, 電球
1495 ☐☐	**bulk**	[bʌ́lk] バルク	图 容積, 大きさ, 大部分
1496 ☐☐	**bureau**	[bjú(ə)rou] 発 ビュ (ア) ロウ	图 事務所, (政府などの) 局 (=department), 支社
1497 ☐☐	**burnout**	[bə́ːrnàut] バーンアウト	图 燃え尽き, 極度の疲労
1498 ☐☐	**Butterfly Effect**		バタフライ効果 (あるささいな変化が予測不可能な結果につながること)
1499 ☐☐	**buttocks**	[bʌ́təks] バトックス	图 尻
1500 ☐☐	**buzz**	[bʌ́z] バズ	動 〈ハチ・機械などが〉ブーンという音を立てる, …をブザーで呼ぶ
1501 ☐☐	**calamity**	[kəlǽməti] クラァミティ	图 大災害 (=disaster), 苦難 (=misery)
1502 ☐☐	**calculator**	[kǽlkjulèitər] キャルキュレイタ (ー)	图 (小型の) 計算機, 電卓

1503 ☐☐	**calculus**	[kǽlkjuləs] キャルキュラス	名 微積分, 結石
1504 ☐☐	**canine**	[kéinain] ケイナイン	形 犬の
1505 ☐☐	**capitalism**	[kǽpətəlizm] キャピタリズム	名 資本主義
1506 ☐☐	**capital letter**		大文字
1507 ☐☐	**capricious**	[kəpríʃəs] クプリシャス	形 気まぐれな, 変わりやすい
	▶ 名 **capríce** 気まぐれ, 急変		
1508 ☐☐	**captivity**	[kæptívəti] キャプティヴィティ	名 監禁(状態), とらわれの身
1509 ☐☐	**carbon(-)dioxide**		二酸化炭素
1510 ☐☐	**cardboard**	[káːrdbɔ̀ːrd] カードボード	名 段ボール, 厚紙
1511 ☐☐	**cardiac**	[káːrdiæk] カーディアック	形 心臓の
1512 ☐☐	**cardiac death**		心臓死
1513 ☐☐	**caricature**	[kǽrikətʃùər] キャリクチュア(ー)	名 風刺画, パロディ
1514 ☐☐	**carnivore**	[káːrnəvɔ̀ːr] カーニヴォア(ー)	名 肉食性の哺乳類
1515 ☐☐	**cartel**	[kɑːrtél] 🔊 カーテル	名 企業連合, カルテル
1516 ☐☐	**cartoon**	[kɑːrtúːn] カートゥーン	名 漫画
1517 ☐☐	**cathedral**	[kəθíːdrəl] クスィードゥラル	名 大聖堂, 司教
1518 ☐☐	**causality**	[kɔːzǽləti] コーザァリティ	名 因果関係, 因果律(すべてのことは原因があるという考え方)
1519 ☐☐	**cease-fire**		停戦
1520 ☐☐	**celebrity**	[səlébrəti] セレブリティ	名 有名人
1521 ☐☐	**celestial**	[səléstʃəl] セレスチャル	形 天(体)の
1522 ☐☐	**cell division**		細胞分裂

1523	**censor**	[sénsər] センサ(ー)	動 …を検閲する 名 検閲官
☐☐	▶ 名 **cénsorship** 検閲		

1524	**centigrade**	[séntəgrèid] センティグレイド	名 摂氏 (=Celsius)
☐☐			

1525	**CEO**		最高業務執行者 (chief executive officer)
☐☐			

1526	**certitude**	[sə́ːrtət(j)ùːd] サーティテュード	名 確信 (=certainty), 確実性
☐☐			

1527	**channel**	[tʃǽn(ə)l] チャヌル	名 海峡
☐☐			

1528	**chaos theory**		カオス理論 (数的誤差から予測できない現象を扱う理論)
☐☐			

1529	**charitable donation**		慈善寄付金
☐☐			

1530	**charitable institution**		慈善団体
☐☐			

1531	**chart**	[tʃɑ́ːrt] チャート	名 図表, グラフ
☐☐			

1532	**chemistry**	[kémistri] ケミストゥリ	名 化学
☐☐	▶ 形 **chémical** 化学の		

1533	**chest**	[tʃést] チェスト	名 胸部
☐☐			

1534	**child abuse**		児童虐待
☐☐			

1535	**chimney**	[tʃímni] チムニ	名 煙突
☐☐			

1536	**chop**	[tʃɑ́p] チャップ	動 …を切り刻む, …をたたき切る 名 一撃
☐☐			

1537	**chromosome**	[króuməsòum] クロウモソウム	名 染色体
☐☐			

1538	**chronic disease**		慢性疾患
☐☐			

1539	**chronicle**	[krɑ́nikl] クラニクル	名 年代記 (歴史上の出来事を筆者が年代順に記録したもの), 物語 (文学)
☐☐			

1540	**circumference**	[sərkʌ́mf(ə)rəns] サーカンフ(ァ)レンス	名 円周
☐☐			

1541	**civil rights movement**		公民権運動
☐☐			

1542	**civil war**		内戦
☐☐			

Part

6

1543 ☐☐	**clamor**	[klǽmər] クラァマ(ー)	動 …をやかましく要求[反対]する 名 (抗議・怒りの)声, 喧噪

1544 ☐☐	**classic**	[klǽsik] クラァスィック	形 典型的な, (芸術について)第一級の, 有名な

1545 ☐☐	**classroom breakdown[collapse]**		学級崩壊

1546 ☐☐	**clause**	[klɔ́ːz] クローズ	名 (条約・法律などの)条項

1547 ☐☐	**clay**	[kléi] クレイ	名 粘土

1548 ☐☐	**clearance**	[klí(ə)rəns] クリ(ア)ランス	名 除去, (閲覧・飛行機の離着陸などの)正式の許可, (在庫)整理

1549 ☐☐	**clergyman**	[klə́ːrdʒimən] クラージマン	名 聖職者, 牧師

1550 ☐☐	**clinch**	[klíntʃ] クリンチ	動 〈論争・問題など〉に決着をつける, …の勝利を決定づける

1551 ☐☐	**clinical**	[klínik(ə)l] クリニクル	形 臨床の　関連 clinical trial[test] 臨床試験, 治験, clinical chart カルテ, clinical thermometer 体温計, clinical medicine 臨床医学

▶ 副 **clínically** 臨床的に見て, 臨床上

1552 ☐☐	**cloning technology**		クローン技術

1553 ☐☐	**coalition administration**		連立政権

1554 ☐☐	**coarse**	[kɔ́ːrs] コース	形 (物が)ざらざらした(=rough), (人の言葉・態度が)下品な (=vulgar)

1555 ☐☐	**cognitive**	[kágnətiv] カグニティヴ	形 認識の, 認知の

1556 ☐☐	**cognitive science**		認知科学(知的システムを情報処理の観点から理解しようとする研究 分野)

1557 ☐☐	**coherent**	[kouhí(ə)rənt] コウヒ(ア)ラント	形 首尾一貫した(⇔incoherent 論理が一貫していない), 筋の通っ た

▶ 名 **cohérence** (首尾)一貫性, 理路整然

1558 ☐☐	**cohesion**	[kouhíːʒən] コウヒージュン	名 結束, 団結, 結合

▶ 形 **cohésive** 結束した, 団結した

1559 ☐☐	**Cold War**		冷戦

1560 ☐☐	**colloquial style**		口語体

1561 ☐☐	**coma**	[kóumə] コウマ	名 昏睡(状態)(=unconsciousness)

1562 □□	**combustible compound**		可燃性化合物
1563 □□	**comet**	[kámit] **カ**メット	名 彗星
1564 □□	**coming-of-age ceremony**		成人式
1565 □□	**communism**	[kámjunìzm] **カ**ミュニズム	名 共産主義
1566 □□	**compartment**	[kəmpáːrtmənt] クン**パ**ートムント	名 (列車などの)仕切りのある客室, コンパートメント, 区画
1567 □□	**compliance**	[kəmpláiəns] クンプ**ラ**イアンス	名 (企業などの)法令遵守(⇔noncompliance 不服従), コンプライアンス
1568 □□	**complication**	[kàmplikéiʃən] カンプリ**ケ**イシュン	名 (複数形で)合併症, やっかいな問題
	▶ 動 **cómplicate** …を複雑にする		
1569 □□	**component**	[kəmpóunənt] クン**ポ**ウネント	名 構成要素, (機械などの)部品
1570 □□	**composure**	[kəmpóuʒər] クン**ポ**ウジャ(ー)	名 落ち着き(=self-control), 平静(=calmness)
1571 □□	**compression**	[kəmpréʃən] クンプ**レ**シュン	名 圧縮(すること), 要約
	▶ 動 **compréss** …を圧縮する, 〈文章・考えなど〉を要約する		
1572 □□	**comprise**	[kəmpráiz] クンプ**ラ**イズ	動 …を含む, …からなる(=consist of), …を構成する
1573 □□	**compute**	[kəmpjúːt] クン**ピュ**ート	動 …を(コンピュータで)計算する
1574 □□	**concise**	[kənsáis] クン**サ**イス	形 簡潔な(=brief)
1575 □□	**concurrent**	[kənkə́ːrənt] クン**カ**ーレント	形 同時に発生する, 兼任の
1576 □□	**conductive**	[kəndʌ́ktiv] クン**ダ**クティヴ	形 伝導[電熱]性のある
1577 □□	**cone**	[kóun] **コ**ウン	名 円錐
1578 □□	**confidential**	[kànfədénʃəl] カンフィ**デ**ンシャル	形 秘密の, 内密の
1579 □□	**congestion**	[kəndʒéstʃən] クン**ジェ**スチュン	名 密集, 混雑, 充血
1580 □□	**congressman**	[káŋgrəsmən] **カ**ングレスマン	名 (アメリカの)下院議員
1581 □□	**connotation**	[kànətéiʃən] カノ**テ**イシュン	名 言外の意味(⇔denotation 明示的意味)

1582	**consecutive**	[kənsékjutiv] クンセキュティヴ	形 連続した, (論理が) 一貫した
1583	**conspire**	[kənspáiər] クンスパイア(ー)	動 (…と) 陰謀を企む (with), 共謀する
	▶ 名 **conspíracy** 陰謀, 共謀		
1584	**consumption tax**		消費税
1585	**contagious**	[kəntéidʒəs] クンテイジャス	形 伝染する, 伝染性の
1586	**contaminate**	[kəntǽmənèit] クンタァミネイト	動 …を (汚物などで) 汚す (with), 汚染する (⇔purify … を浄化する)
	▶ 名 **contaminátion** 汚染		
1587	**control experiment**		対照実験
1588	**convene**	[kənví:n] クンヴィーン	動 …を招集する
1589	**conversion**	[kənvə́:rʒən] クンヴァージュン	名 転換, 切り替え, 改宗
1590	**convict**	[kənvíkt] クンヴィクト	動 …に有罪を判決する, …に (…の) 有罪を宣告する (of)
	▶ 名 **convíction** 有罪判決		
1591	**coordinate**	[kouɔ́:rdənèit] コウオーディネイト	動 …を統合する, …を調和させる
1592	**copyright**	[kápiràit] カピライト	名 著作権, 版権 動 …の著作権をとる
1593	**copyright piracy**		著作権侵害
1594	**coral reef**		サンゴ礁
1595	**cordial**	[kɔ́:rdʒəl] コージャル	形 友好的な, 心からの
	▶ 名 **cordiálity** 真心, 思いやり		
1596	**coronavirus**	[kəròunəvái(ə)rəs] コロウナヴァイ(ア)ラス	名 コロナウイルス
1597	**corporal punishment**		体罰
1598	**corpse**	[kɔ́:rps] コープス	名 人間の死体 (=body) (動物の死体はcarcass)
1599	**corridor**	[kɔ́(:)rədər] コ(ー)リダ(ー)	名 廊下, 通路

1600 cosmology [kɑzmálədʒi] カズモロジィ	名 宇宙論
1601 cosmopolitan [kùzməpálətn] 発 カズモパリトゥン	形 全世界的な (=international) 名 国際人, コスモポリタン
1602 council [káuns(ə)l] カウンスル	名 会議 (=assembly), 評議会
1603 count [káunt] カウント	動 大切である (=matter), …を(…と)思う(as), (…を)頼る(on)
1604 countenance [káuntənəns] カウンテナンス	名 顔つき, 表情, 落ち着き
1605 counteract [kàuntərǽkt] カウンタラァクト	動 …を和らげる, 中和する
1606 counter [káuntər] カウンタ(ー)	名 カウンター 形 (…と)反対の(to)
1607 counterproductive [kàuntərprədáktiv] カウンタプロダクティヴ	形 逆効果の
1608 county [káunti] カウンティ	名 郡 (アメリカでは州の下位の行政機関, イギリスでは行政上の最大区画のこと)
1609 coup [kú:] クー	名 クーデター
1610 cozy [kóuzi] コウズィ	形 居心地のよい, くつろいだ
1611 crack [krǽk] クラァ(ー)ック	動 ひびが入る, (音を立てて)砕ける, ピシッと音を立てる
1612 craft union	職業別労働組合
1613 crave [kréiv] クレイヴ	動 (…を)切望する(for)
1614 credibility [krèdəbíləti] クレディビリティ	名 信用性, 確実性
▶ 形 crédible 信頼[信用]される, 実現性のある	
1615 credulous [krédʒuləs] クレジュラス	形 信じやすい(⇔incredulous 疑い深い), だまされやすい
1616 creed [krí:d] クリード	名 信念, (宗教的な)信条
1617 creep [krí:p] クリープ	動 (…へ)ゆっくり動く(to[toward]), 徐行する
1618 crew [krú:] クルー	名 乗組員
1619 criminal [krímən(ə)l] クリミヌル	名 犯人, 犯罪者

1620	criteria	[kraití(ə)riə] クライティ(ア)リア	名 (criterionの複数形) 標準, 基準
1621	crusade	[kru:séid] クルーセイド	名 (…するための) 改革[撲滅]運動 (=campaign), ((the) Crusade の形で) 十字軍 (11世紀末から13世紀のヨーロッパのキリスト教徒が結成した遠征軍)
1622	cube	[kjú:b] キューブ	名 立方体, 三乗
1623	cubic meter		立方メートル
1624	cuisine	[kwəzí:n] クウィズィーン	名 料理法, 高級料理
1625	cult	[kʌ́lt] カルト	名 新興宗教集団, カルト
1626	culture dish		培養皿
1627	cunning	[kʌ́niŋ] カニング	形 悪賢い, ずるい, 抜け目がない
1628	curfew	[kə́:rfju:] カーフュー	名 (夜間) 外出禁止令, 門限
1629	currency	[kə́:rənsi] カーレンスィ	名 通貨
1630	custody	[kʌ́stədi] カストディ	名 (未成年者の) 監督, 親権, 監禁
1631	cutting-edge medicine		最先端医療
1632	cyberbullying	[sáibərbùliiŋ] サイバブリィング	名 インターネット上のいじめ
1633	cylinder	[sílindər] スィリンダ(ー)	名 円筒
1634	date	[déit] デイト	動 (ある年代・時期に) 始まる, (…に) さかのぼる (back to), …に日付を入れる 名 (ある特定の) 日, 日付
1635	dawn	[dɔ́:n] ドーン	名 夜明け
1636	dazzle	[dǽzl] ダァズル	動 〈…(の目)〉をくらませる 名 輝き, 見事さ
1637	death from overwork		過労死
1638	death with dignity		尊厳死
1639	decayed[bad] tooth		虫歯 (=cavity)
1640	decimal	[désəm(ə)l] デスィムル	名 小数

1641 □□	**Declaration of Independence**		独立宣言
1642 □□	**decode**	[dì:kóud] ディーコウド	動〈暗号化された情報など〉を解読する
1643 □□	**deduce**	[did(j)ú:s] ディデュース	動 …を推定する, 演繹する(「一般的原理から論理的に特殊な原理を導くこと」(⇔induce 帰納する(個々の特殊な事実から一般的な原理を導き出すこと))
	▶ 名 **dedúction** 推論, 演繹(法)(⇔induction 帰納(法))		
1644 □□	**defendant**	[diféndənt] ディフェンダント	名 被告(人)
1645 □□	**deficit-covering bond**		赤字公債(赤字を補填するために国や地方公共団体が債券の発行を通じて行う債務や債権)
1646 □□	**deflation**	[difléiʃən] ディフレイシュン	名 デフレ, 物価の下落
1647 □□	**deforestation**	[dì:fɔristéiʃən] ディーフォリステイシュン	名 森林伐採
1648 □□	**defy**	[difái] ディファイ	動 …を無視する,〈解決・理解など〉を拒む
	▶ 名 **defíance** 抵抗, 反抗的な態度 形 **defíant** 反抗的な, 挑戦的な		
1649 □□	**dehydration**	[dì:haidréiʃən] ディーハイドゥレイシュン	名 脱水(症状)
1650 □□	**delta**	[déltə] デルタ	名 三角州
1651 □□	**delusion**	[dilú:ʒən] ディルージュン	名 惑わすこと, 思い違い, 妄想
	▶ 動 **delúde** …を欺く, …を惑わせる 形 **delúsive** 偽りの, 人を惑わす		
1652 □□	**demagogue**	[déməgàg] デマガグ	名 扇動政治家, 民衆扇動家, デマゴーグ
1653 □□	**Democrat**	[déməkræt] デモクラァット	名 (アメリカの)民主党員, 民主党員支持者
1654 □□	**Democratic Party**		(アメリカの)民主党
1655 □□	**denote**	[dinóut] ディノウト	動 …を示す(=indicate), …を意味する(=represent)
1656 □□	**depict**	[dipíkt] ディピクト	動 (絵・言葉で)…を描写する
	▶ 名 **depíction** 描写, 叙述		
1657 □□	**deregulation**	[dì:règjuléiʃən] ディーレギュレイシュン	名 規制緩和

1658	**desolate** [désələt] デソレット	形 人気 (ひとけ) のない, 荒涼とした, 寂しい
	▶ 名 desolátion 荒廃, 寂しさ	
1659	**despotic** [despátik] デスパティック	形 専制の, 独裁的な
	▶ 名 déspotism 専制政治	
1660	**detergent** [ditə́ːrdʒənt] ディタージェント	名 洗剤
1661	**deteriorate** [dití(ə)riərèit] ディティ(ア)リオレイト	動 悪化する, …を悪化させる
	▶ 名 deteriorátion 悪化, 低下	
1662	**deterrence** [ditə́ːrəns] ディターレンス	名 抑止力
1663	**detract** [ditrǽkt] ディトゥラァクト	動 〈価値など〉を落とす
1664	**diabetes** [dàiəbíːtiz] 🔤 ダイアビーティーズ	名 糖尿病
1665	**dialect** [dáiəlèkt] ダイアレクト	名 方言
1666	**diameter** [daiǽmətər] 🔤 ダイアミタ (ー)	名 直径
1667	**diarrhea** [dàiəríːə] ダイアリーア	名 下痢
1668	**dietary supplement**	栄養補助食品
1669	**differential** [difərénʃəl] ディファレンシャル	名 (賃金の) 格差, 差異 形 格差のある
1670	**diffuse** [difjúːz] ディフューズ	動 〈光・熱など〉を拡散する, 〈うわさなど〉を広める
	▶ 名 diffúsion 拡散, 普及	
1671	**digital divide**	情報格差 (ICTを利用できる者とできない者との間の格差), デジタル・ディバイド
1672	**digress** [daigrés] ダイグレス	動 〈本題から話が〉脱線する, わき道へそれる
1673	**dilemma** [dilémə] ディレマ	名 ジレンマ, 板ばさみ (状態)
1674	**diploma** [diplóumə] ディプロウマ	名 (高校の) 卒業証書, 学位
1675	**disarmament treaty**	軍縮条約

1676 ☐☐	**discrepancy**	[diskrép(ə)nsi] ディスク**レ**パンスィ	名 不一致, 相違
1677 ☐☐	**discrete**	[diskríːt] ディスク**リ**ート	形 ばらばらの, 個別的な (=separate)
1678 ☐☐	**dismal**	[dízm(ə)l] **ディ**ズマル	形 陰気な (=gloomy)
1679 ☐☐	**dismay**	[disméi] ディス**メ**イ	名 うろたえ, 狼狽　動 …をうろたえさせる
1680 ☐☐	**disorder**	[disɔ́ːrdər] ディス**オ**ーダ(ー)	名 混乱している状態, 暴動, 障害
1681 ☐☐	**disparity**	[dispǽrəti] ディス**パ**リティ	名 格差, 相違(点), 不一致
1682 ☐☐	**dispatch**	[dispǽtʃ] ディス**パ**ッチ	動 …を(…に)派遣する(to)　名 (軍隊などの)派遣
1683 ☐☐	**dispirit**	[dispírit] ディス**ピ**リト	動 …の気力をくじく, …を落胆させる
1684 ☐☐	**doctrine**	[dɑ́ktrin] **ダ**クトゥリン	名 (宗教上の)教義, (政策上の)主義
1685 ☐☐	**document**	[dɑ́kjumənt] **ダ**キュムント	名 文書　動 …の詳細を記録する
1686 ☐☐	**documentary**	[dɑ̀kjuméntəri] ダキュ**メ**ンタリ	名 記録作品, ドキュメンタリー
1687 ☐☐	**dogma**	[dɔ́(ː)gmə] **ド**(ー)グマ	名 独断, 教義 (=doctrine)
1688 ☐☐	**donor**	[dóunər] **ド**ウナ(ー)	名 ドナー, 臓器提供者
1689 ☐☐	**double helix**		(DNAの)二重らせん
1690 ☐☐	**downfall**	[dáunfɔ̀ːl] **ダ**ウンフォール	名 失脚, 破滅の原因
1691 ☐☐	**downsize**	[dáunsàiz] **ダ**ウンサイズ	動 …をリストラする, 〈人員など〉を削減する
	▶ 名 **dównsizing** 人員削減, (機器などの)小型化		
1692 ☐☐	**drip infusion**		点滴注射
1693 ☐☐	**drive**	[dráiv] ドゥ**ラ**イヴ	動 運転する, (…するように)…を追いやる(to *do*), 駆り立てる　名 衝動
1694 ☐☐	**drone**	[dróun] ドゥ**ロ**ウン	名 ドローン(無線で動く無人機)
1695 ☐☐	**drowsy**	[dráuzi] ドゥ**ラ**ウズィ	形 うとうとしている, 眠い (=sleepy)
	▶ 名 **drówsiness** 眠気		

1696	drudgery	[drʌ́dʒ(ə)ri] ドゥラジャリ	名 (単調で)骨の折れる仕事
1697	dualism	[d(j)úːəlìzm] デューアリズム	名 二元論　関連 monism 一元論, pluralism 多元論
1698	dubious	[d(j)úːbiəs] デュービアス	形 (…について)疑わしい (about[of]) (=doubtful)
1699	duplicate	[d(j)úːplikèit] デュープリケイト	動 …を複製する　形 複製の, 二重の　名 複製
1700	durable	[d(j)úˈ(ə)rəbl] デュ(ア)ラブル	形 耐久性のある, 長持ちする
1701	duration	[d(j)uréiʃən] デュレイシュン	名 存続期間, 継続
1702	dusk	[dʌ́sk] ダスク	名 夕暮れ
1703	dynamic	[dainǽmik] ダイナァミック	形 活動的な, 動的な (⇔static 静止した)

1704	e-cigarette / electronic cigarette		電子タバコ
1705	ecological system		生態系
1706	economic[business] boom		好景気, 好況
1707	economic power		経済大国
1708	economics [èkənámiks] エクナミックス		名 経済学
1709	eco-tourism		エコツーリズム (自然環境保護を意識した観光)

1710	edible	[édəbl] エディブル	形 食べられる, 食用の
1711	ego	[íːgou] イーゴウ	名 自負心, エゴ
1712	eject	[idʒékt] イジェクト	動 …を追い出す, …を追放する
1713	elastic	[ilǽstik] イラァスティック	形 弾力性のある, ゴム製の
	▶ 名 elastícity 弾(力)性, 柔軟性		
1714	elbow	[élbou] エルボウ	名 ひじ
1715	eligible	[élidʒəbl] エリジブル	形 (…に)適任の (for), 資格のある
1716	elude	[ilúːd] イルード	動 〈敵・危険など〉から逃れる, …を避ける (=avoid)

1717	**embassy**	[émbəsi] エンバスィ	名 大使館
1718	**embryo**	[émbriòu] エンブリオウ	名 初期(段階), 胎芽, 萌芽
1719	**embryonic stem cell**		胚幹細胞, ES細胞
1720	**emigrate**	[éməgrèit] エミグレイト	動 (Aから)(Bへ)移住する(from A)(to B)
	▶ 名 **emigrátion** （他国への）移住, 移民		
1721	**emission control**		排気ガス規制
1722	**emit**	[imít] イミット	動 〈熱・光・臭いなど〉を発する
	▶ 名 **emíssion** 放出, 排出		
1723	**empirical**	[impírik(ə)l] インピリクル	形 経験による, 実験[観察]による
1724	**enact**	[inǽkt] イナァクト	動 〈法律など〉を制定[成立]する
1725	**enchant**	[intʃǽnt] インチャント	動 …を魅了する, …を喜ばせる
1726	**encode**	[inkóud] インコウド	動 …をコード化する, …を符号化する
1727	**endangered species**		絶滅危惧種
1728	**energy conservation**		省エネ
1729	**engineering**	[èndʒəní(ə)riŋ] エンジニ(ア)リング	名 工学
1730	**entail**	[intéil] インテイル	動 …を伴う, …を含む(=involve)
1731	**entity**	[éntəti] エンティティ	名 実在(するもの), 存在(するもの)
1732	**entrepreneur**	[ɑ̀:ntrəprəná:r] アーントゥレプレナー	名 起業家, 事業家
1733	**entropy**	[éntrəpi] エントロピ	名 無秩序, 衰退, エントロピー(系の無秩序さの度合いを表す量で19世紀中頃ドイツの物理学者クラウジウスが提唱)
1734	**environmental pollution**		環境汚染
1735	**envision**	[invíʒən] インヴィジュン	動 …を想像する, …を思い描く
1736	**enzyme**	[énzaim] エンザイム	名 酵素

Part

6

1737 □□	**epic**	[épik] エピック	名 叙事詩
1738 □□	**epidemic**	[èpidémik] エピデミック	名 (病気などの)流行, 伝染病　形 伝染性の, 流行している
1739 □□	**EQ**		(IQ(知能指数)に対して)情動指数(emotional quotient)
1740 □□	**equator**	[ikwéitər] イクウェイタ(ー)	名 赤道
1741 □□	**eraser**	[iréisər] イレイサ(ー)	名 消しゴム
1742 □□	**erosion**	[iróuʒən] イロウジョン	名 (波や風などによる土地の)浸食, (価値などの)低下

▶ 動 **eróde** (…を)浸食する, …を徐々に損なう　形 **erósive** 浸食性の

1743 □□	**errand**	[érənd] エランド	名 使い(走り), 任務
1744 □□	**eternity**	[itə́:rnəti] イターニティ	名 永遠, 無限

▶ 形 **etérnal** 永遠の

1745 □□	**ethics**	[éθiks] エスィックス	名 倫理学

▶ 形 **éthical** 倫理の, 道徳的な

1746 □□	**ethnic minority**		少数民族
1747 □□	**ethnic**	[éθnik] エスニック	形 民族の, 人種的な
1748 □□	**euphemism**	[jú:fəmìzm] ユーフェミズム	名 遠回しな表現, 婉曲表現
1749 □□	**euthanasia**	[ù:θənéiʒ(i)ə] ユーサネイジア	名 安楽死(=mercy killing)
1750 □□	**exasperate**	[igzǽspərèit] イグザァスペレイト	動 …を激怒させる

▶ 名 **exasperátion** 激怒

1751 □□	**executive**	[igzékjutiv] 発 イグゼキュティヴ	名 行政官, 重役
1752 □□	**exemplar**	[igzémplər] イグゼンプラ(ー)	名 模範, 実例

▶ 形 **exémplary** 模範的な, 立派な, 見せしめの

1753 □□	**exemplify**	[igzémpləfài] イグゼンプリファイ	動 …を例示する, …のよい例となる

1754	**exempt**	[igzém(p)t] イグ**ゼン**(プ)ト	動 …を(…から)**免除する**(from) 形 **免除された**
	▶ 名 **exémption** 免除		
1755	**ex-husband**		前夫
1756	**exile**	[égzail] **エ**グザイル	名 亡命(者)
1757	**exquisite**	[ikskwízit] イクスク**ウィ**ズィット	形 **この上なく美しい, 洗練された, 卓越した**
1758	**external**	[ikstə́ːrn(ə)l] イクス**ター**ヌル	形 **外の, 外部の**(⇔internal 内部の)
1759	**extra**	[ékstrə] **エ**クストゥラ	形 **余分の, 追加の**
1760	**ex-wife**		前妻
1761	**eyelid**	[áilid] **アイ**リッド	名 **まぶた** 関連 eyelash まつげ, eyebrow 眉毛
1762	**fable**	[féibl] **フェイ**ブル	名 寓話, 作り話
1763	**fabricate**	[fǽbrikèit] **ファ**ブリケイト	動 **…を捏造する**(=make[cook] up / invent), **…を組み立てる**
1764	**fabulous**	[fǽbjuləs] **ファ**ビュラス	形 **すばらしい, 並はずれた, 伝説上の**
1765	**facilitate**	[fəsílətèit] ファ**スィ**リテイト	動 **…を容易にする, …を手助けする**
1766	**Fahrenheit**	[fǽrənhàit] **ファ**レンハイト	名 華氏
1767	**fallacy**	[fǽləsi] **ファ**ラスィ	名 **間違った考え, 誤った推論**
	▶ 形 **fallácious** 誤った, 虚偽の		
1768	**fanatic**	[fənǽtik] ファ**ナ**ティック	名 (宗教的な)**狂信者, 愛好者**(=enthusiast)
	▶ 形 **fanátical** 狂信的な, 熱狂的な 副 **fanátically** 狂信的に, 熱狂的に		
1769	**father-in-law**		義理の父
1770	**faucet**	[fɔ́ːsit] **フォー**セット	名 **蛇口**(=tap)
1771	**fauna**	[fɔ́ːnə] **フォー**ナ	名 **動物相**(特定の地域と年代における動物の総体. 植物相はflora)
1772	**federal**	[fédərəl] **フェ**デラル	形 **連邦(制)の**

1773 feminism ☐☐	[fémənìzm] フェミニズム	名 男女同権論, フェミニズム
1774 feminist movement ☐☐		女性解放運動
1775 fertility clinic ☐☐		不妊治療クリニック
1776 fertility rate ☐☐		出生率
1777 feudal ☐☐	[fjúːdl] フュードゥル	形 封建制の, 封建的な
▶ 名 féudalism 封建制度		
1778 fiction ☐☐	[fíkʃən] フィクシュン	名 小説, 作り話, フィクション
▶ 形 fíctional 架空の, フィクションの		
1779 filthy ☐☐	[fílθi] フィルスィ	形 汚れた, 不潔な, 卑猥な
▶ 名 fílth 不潔(なもの), 下品な言葉		
1780 first aid ☐☐		応急治療
1781 fiscal ☐☐	[físk(ə)l] フィスクル	形 国庫の, 財政上の
1782 fiscal year ☐☐		会計年度
1783 flare ☐☐	[fléər] フレア(ー)	動 燃え上がる, 再燃する, かっとなる 名 ゆらめく炎
1784 flat tire ☐☐		(タイヤの)パンク
1785 fleet ☐☐	[flíːt] フリート	名 艦隊, 海軍
1786 flier ☐☐	[fláiər] フライア(ー)	名 (広告の)チラシ, ビラ
1787 flora ☐☐	[flɔ́ːrə] フローラ	名 植物相(特定の地域と年代における植物の総体. 動物相はfauna)
1788 flu ☐☐	[flúː] フルー	名 インフルエンザ (=influenza)
1789 fluctuate ☐☐	[flʌ́ktʃuèit] フラクチュエイト	動 (…の間で)変動する(between)
1790 folklore ☐☐	[fóuklɔ̀ːr] フォウクロア(ー)	名 民間伝承, 民俗学
1791 food additive ☐☐		食品添加物

1792 □□	**food chain**	食物連鎖
1793 □□	**forefinger** [fɔ́ːrfìŋgər] フォーフィンガ(ー)	名 人差し指 (=index finger)
1794 □□	**forehead** [fɔ́ːrhèd] 発 フォーヘッド	名 頬, 額
1795 □□	**foreign exchange**	外国為替
1796 □□	**foremost** [fɔ́ːrmòust] フォーモウスト	形 一番先の, 最重要の 副 まっ先に
1797 □□	**forge** [fɔ́ːrdʒ] フォージ	動 …を偽造 [捏造] する, 〈友情など〉を築く
1798 □□	**format** [fɔ́ːrmæt] フォーマァット	名 構成, 形式 動 …の書式を整える
1799 □□	**formidable** [fɔ́ːrmidəbl] フォーミダブル	形 強力な, 手に負えない
1800 □□	**forthcoming** [fɔ̀ːrθkámiŋ] フォースカミング	形 来たるべき, 間近に迫った
1801 □□	**fortnight** [fɔ́ːrtnàit] フォートナイト	名 2週間
1802 □□	**fossil fuel**	化石燃料
1803 □□	**fossilization** [fàsəlizéiʃən] ファスィリゼイシュン	名 化石化
1804 □□	**fountain pen**	万年筆
1805 □□	**fracture** [fræktʃər] フラァクチャ(ー)	名 骨折, 割れ目 動 折れる, 分裂する
1806 □□	**frail** [fréil] フレイル	形 虚弱な, か弱い, 壊れやすい (=fragile)
1807 □□	**framework** [fréimwàːrk] フレイムワーク	名 枠組み, 構成
1808 □□	**frantic** [fræntik] フラァンティック	形 取り乱した, 大急ぎの
1809 □□	**fraud** [frɔ́ːd] フロード	名 詐欺, 詐欺師
1810 □□	**frivolous** [frív(ə)ləs] フリヴラス	形 不真面目な, くだらない
1811 □□	**frost** [frɔ́ːst] フロースト	名 霜

1812 □□	**frugal**	[frú:g(ə)l] フルーグル	形 (生活が)質素な, 倹約する
	▶ 名 **frugálity** 質素, 倹約		
1813 □□	**fuel cell (battery)**		燃料電池
1814 □□	**fundamental human rights**		基本的人権
1815 □□	**fundamentalism** [fʌndəméntəlizm] ファンダメンタリズム		名 原理主義(聖典などの教義を厳守し, 世俗化 に対抗しようとする宗教的思想や運動)
1816 □□	**fusion**	[fjú:ʒən] フュージュン	名 融合, 核融合(=nuclear fusion)
1817 □□	**futile**	[fjú:tl] フュートゥル	形 無益な, つまらない
1818 □□	**galaxy**	[gǽləksi] ギャラクスィ	名 銀河系, 星雲
1819 □□	**galloping**	[gǽləpiŋ] ギャロピング	形 (病気・インフレが)急速に進む, 増大する
1820 □□	**gauge**	[géidʒ] ゲイジ	名 計器, ゲージ 動 …かを(慎重に)判断する(wh-節)
1821 □□	**generosity** [dʒènərásəti] ジェネラスィティ		名 (…に対する)寛大さ(to[toward]), 気前のよさ
	▶ 形 **génerous** 寛大な, 気前がよい		
1822 □□	**genetically-modified[GM] food**		遺伝子組み換え食品
1823 □□	**genetic code**		遺伝暗号
1824 □□	**genetic determinism**		生物学的決定論(人間のすべては遺伝子で決定されるという考 え方)
1825 □□	**genetic engineering**		遺伝子工学
1826 □□	**genome**	[dʒí:noum] ジーノウム	名 ゲノム(染色体上の遺伝子が持つ情報)
1827 □□	**geography**	[dʒiágrəfi] ジアグラフィ	名 地理学
	▶ 形 **geográphical** 地理(学)的な, 地勢の		
1828 □□	**geology**	[dʒiálədʒi] ジアロジ	名 地質学
	▶ 形 **geológical** 地質学の, 地質学的な		
1829 □□	**geometry**	[dʒiámətri] ジアメトゥリ	名 幾何学
	▶ 形 **geométric / geométrical** 幾何学の, 幾何学的な		

1830	**geopolitical issue**		地政学的問題
1831	**glacier**	[gléiʃər] グレイシャ (ー)	名 氷河
1832	**gleam**	[glíːm] グリーム	動 光る, 輝く
1833	**glittering**	[glítəriŋ] グリタリング	形 光輝く, 輝かしい

▶ 動 **glítter** きらきら光る

1834	**global warming**		地球温暖化
1835	**glue**	[glúː] グルー	名 接着剤　動 …を接着剤でつける
1836	**government bond**		国債
1837	**governor**	[gʌ́v(ə)nər] ガヴナ (ー)	名 知事
1838	**gratify**	[grǽtəfài] グラァティファイ	動 〈人・欲望など〉を満足させる

▶ 名 **gratificátion** 満足

1839	**greenhouse effect**		温室効果
1840	**grim**	[grím] グリム	形 厳しい, 険しい
1841	**grimace**	[gríməs] グリマス	名 しかめ面　動 しかめ面をする
1842	**grin**	[grín] グリン	動 (…に向かって) にっこりと笑う (to)
1843	**grind**	[gráind] グラインド	動 〈コーヒー・肉など〉を挽く, …を粉砕する
1844	**grip**	[gríp] グリップ	動 …をしっかりつかむ　名 つかむこと, 支配 (力)
1845	**grumble**	[grʌ́mbl] グランブル	動 文句を言う　名 不平, 不満
1846	**guideline**	[gáidlàin] ガイドライン	名 指針, ガイドライン
1847	**gust**	[gʌ́st] ガスト	名 突風, 突然の噴出
1848	**habitable**	[hǽbətəbl] ハァビタブル	形 住むのに適した
1849	**hail**	[héil] ヘイル	名 あられ, ひょう

1850 □□	**hallucination** [həlùːsənéiʃən] ハルースィ**ネ**イシュン	名 幻覚（症状）
1851 □□	**handout** [hǽndàut] **ハ**ァンドアウト	名 配布資料, プリント
1852 □□	**handsome** [hǽnsəm] **ハ**ァンサム	形 （金額・量が）かなりの, （男性が）ハンサムな, 見栄えのする
1853 □□	**hangover** [hǽŋòuvər] **ハ**ァングオウヴァ(ー)	名 二日酔い
1854 □□	**harass** [hərǽs] ハ**ラ**ァス	動 …に嫌がらせをする, …を攻撃する

▶ 名 **harássment** 嫌がらせ

1855 □□	**harmonious** [hɑːrmóuniəs] ハー**モ**ウニアス	形 （…と）仲の良い (with), （…と）調和のとれる (with)

▶ 名 **hármony** 調和

1856 □□	**hassle** [hǽsl] **ハ**ァスル	動 …を困らせる 名 面倒, 苦心
1857 □□	**hasty** [héisti] **ヘ**イスティ	形 せわしい, 迅速な, 軽率な

▶ 名 **háste** 急ぐこと, 迅速, 軽率

1858 □□	**hatred** [héitrəd] **ヘ**イトゥリッド	名 （…に対する）憎しみ (to[toward])
1859 □□	**haul** [hɔːl] **ホ**ール	動 …をぐいと引っ張る, …を引きずる
1860 □□	**health care**	健康管理
1861 □□	**hegemony** [hidʒéməni] ヒ**ジェ**モニ	名 覇権（一国が他国を政治的・経済的に支配する状態）, 覇権国家
1862 □□	**hemisphere** [hémisfiər] **ヘ**ミスフィア(ー)	名 半球（体）
1863 □□	**hence** [héns] **ヘ**ンス	副 それゆえ, したがって
1864 □□	**herald** [hérəld] **ヘ**ラルド	名 （…の）前触れ (of) 動 …を予告する
1865 □□	**herbicide** [(h)ə́ːrbəsàid] **ハ**ービサイド	名 除草剤
1866 □□	**herd** [hə́ːrd] **ハ**ード	名 （a herd of ...の形で）（牛・シカなどの）群れ（羊・ヤギ・鳥の群れは flock）
1867 □□	**hereditary disease**	遺伝病
1868 □□	**hay fever**	花粉症 (=pollen allergy)

1869 □□	**hibernation**	[hàibərnéiʃən] ハイバ**ネ**イシュン	名 冬眠
1870 □□	**hideous**	[hídiəs] **ヒ**ディアス	形 ひどく醜い, ひどく不愉快な
1871 □□	**hierarchy**	[háiərɑːrki] 発 アク ハイ**ア**ラーキ	名 (組織・社会の)階級[階層]制度, ヒエラルキー, 支配層

▶ 形 **hierárchical** 階層性の, 階級制度の

1872 □□	**highlight**	[háilàit] **ハ**イライト	動 …を強調する, …を目立たせる 名 目玉商品

▶ 名 **híghlighter** 蛍光ペン

1873 □□	**Holy Scripture**		聖書
1874 □□	**homeostasis**	[hòumioustéisis] ホウミオウス**テ**イスィス	名 恒常性, ホメオスタシス
1875 □□	**homogeneity**	[hòumədʒəníːəti] ホウモジェ**ニー**アティ	名 同質(性)(⇔heterogeneity 異質(性)), 同種

▶ 形 **homogéneous** 同質の, 均質の

1876 □□	**horrify**	[hɔ́(ː)rəfài] **ホ(ー)**リファイ	動 〈人〉をぞっとさせる, (be horrified で) (…に)ぞっとする (at)
1877 □□	**hospice**	[háspis] **ハ**スピス	名 ホスピス(癌などの死期の近い患者に苦痛や恐怖をやわらげるための医療や援助を施す施設)
1878 □□	**hospitalization**	[hàspitəlizéiʃən] ハスピタリ**ゼ**イシュン	名 入院
1879 □□	**hostage**	[hástidʒ] **ハ**ステッジ	名 人質
1880 □□	**House of Representatives**		(日本の)衆議院, (アメリカの)下院
1881 □□	**humane**	[hju:méin] 発 ヒュー**メ**イン	形 思いやりがある, 人道的な
1882 □□	**humiliate**	[hju:mílièit] ヒュー**ミ**リエイト	動 〈人〉に屈辱を与える[恥をかかせる]

▶ 名 **humiliátion** 屈辱, 恥

1883 □□	**hybrid vehicle**		ハイブリッドカー
1884 □□	**hydroelectric power**		水力発電力
1885 □□	**hydroelectric power plant**		水力発電所
1886 □□	**hydrogen**	[háidrədʒən] **ハ**イドゥロジェン	名 水素

1887	**hydrogen fuel**		液体水素燃料

1888	**hygiene**	[háidʒiːn] ハイジーン	名 衛生学, 衛生(状態)

▶ 形 **hygíenic** 衛生的な, 衛生上の

1889	**hypnosis**	[hipnóusis] ヒプノウスィス	名 催眠(状態), 催眠術

1890	**hypothesis**	[haipáθəsis] 発 ハイ**パ**スィスィス	名 (…という)仮説(that節), 推測

▶ 動 **hypóthesize** 仮説を立てる

1891	**iceberg**	[áisbəːrg] **ア**イスバーグ	名 氷山

1892	**illiterate**	[i(l)lítərət] イ**リ**テレット	形 読み書きができない (⇔literate 読み書きできる)

1893	**imitate**	[ímətèit] **イ**ミテイト	動 …をまねる, …を手本にする

▶ 形 **imitátive** まねをする, 模造の

1894	**imminent**	[ímənənt] **イ**ミネント	形 切迫した, 差し迫った

▶ 名 **ímminence** 切迫

1895	**immobilize**	[imóubəlàiz] イ**モ**ウビライズ	動 …を作動不能にする, …を動けなくする

▶ 名 **immóbilizer** (盗難防止用の)車両固定装置

1896	**immune system**		免疫システム

1897	**imperialism**	[impí(ə)riəlìzm] イン**ピ**(ア)リアリズム	名 帝国主義 (国家や民族が領土や勢力範囲を広げるため他国や他民族を抑圧・侵略しようとする思想や政策)

1898	**implement**	[ímpləmènt] **イ**ンプレメント	動 …を実行する, …を履行する (=carry out) 名 道具

1899	**implicate**	[ímpləkèit] **イ**ンプリケイト	動 …を(犯罪などに)巻き込む (in)

1900	**impostor**	[impástər] イン**パ**スタ(ー)	名 詐称者, ぺてん師

1901	**impudent**	[ímpjudənt] **イ**ンピュデント	形 厚かましい, ずうずうしい

▶ 名 **ímpudence** 厚かましさ, 生意気

1902	**incentive**	[inséntiv] イン**セ**ンティヴ	名 刺激, 動機

1903	**incidence**	[ínsədəns] **イ**ンスィデンス	名 影響, (事故・病気などの)発生(率)

1904 ☐☐	**incongruous**	[inkáŋgruəs] インカングルアス	形 調和しない, 釣り合わない
1905 ☐☐	**incorporate**	[inkɔ́ːrpərèit] インコーポレイト	動 …を合体[合併]させる, …を法人組織にする
1906 ☐☐	**incur**	[inkɔ́ːr] インカー	動〈怒りなど〉を招く, 〈損害など〉を被る
1907 ☐☐	**index**	[índeks] インデックス	名 索引, 指標, 指数
1908 ☐☐	**industrial waste**		産業廃棄物
1909 ☐☐	**infectious disease**		伝染病 (=epidemic)
1910 ☐☐	**infertility**	[ìnfərtíləti] インファティリティ	名 不妊症 (=sterility)
1911 ☐☐	**inflammable**	[inflǽməbl] インフラァマブル	形 可燃性の (=flammable)(⇔nonflammable 不燃性の), 燃えやすい
1912 ☐☐	**inflammation**	[ìnfləméiʃən] インフラメイシュン	名 発火, 激怒, 炎症
	▶ 動 **infláme** 〈感情など〉をかきたてる, …を激怒させる, …を悪化させる		
1913 ☐☐	**inflation**	[infléiʃən] インフレイシュン	名 インフレーション (⇔deflation デフレ), 物価高騰
1914 ☐☐	**informant**	[infɔ́ːrmənt] インフォーマント	名 情報提供者
1915 ☐☐	**informed consent**		インフォームドコンセント (患者への十分な説明と同意)
1916 ☐☐	**infrastructure**	[ínfrəstrÀktʃər] インフラストゥラクチャ(-)	名 社会資本, インフラ (都市構造の基盤となる交通[通信] 機関など)
1917 ☐☐	**infusion**	[infjúːʒən] インフュージュン	名 (資金などの)(…への)注入 (into), 点滴
1918 ☐☐	**ingenuity**	[ìndʒən(j)úːəti] インジニューイティ	名 創意工夫, 発明の才
	▶ 形 **ingénious** 独創的な, 巧妙な		
1919 ☐☐	**inheritance tax**		相続税
1920 ☐☐	**injection**	[indʒékʃən] インジェクシュン	名 注射
1921 ☐☐	**input**	[ínpùt] インプット	名 入力, インプット 動 …を入力[インプット]する
1922 ☐☐	**inscription**	[inskrípʃən] インスクリプシュン	名 (何かに刻まれた)銘, 記されたもの, 碑文
	▶ 動 **inscríbe** 〈石や板に文字など〉を刻み込む		

1923	insecticide [inséktəsàid] インセクティサイド	名 殺虫剤
1924	insider trading	インサイダー取引（証券の投資に影響を及ぼす内部情報を持つ者が, それを利用して行う不公正な証券取引）
1925	insomnia [insάmniə] インサムニア	名 不眠, 不眠症
1926	intact [intǽkt] インタァクト	形 無傷の, 影響を受けていない
1927	integrate [íntəgrèit] インテグレイト	動 …を（…に）まとめる(into), …と融和させる

▶ 名 integrátion 統合, 統一

1928	integrity [intégrəti] インテグリティ	名 誠実, 規範, 統合
1929	intellectual property right	知的所有権
1930	intensive [inténsiv] インテンスィヴ	形 集中的な, 徹底した, 集約的な(⇔extensive 広範囲にわたる)
1931	interdisciplinary [ìntərdísəplinèri] インタディスィプリネリ	形 学際的な（学問や研究が複数の領域にまたがっていること）
1932	interface [íntərfèis] インタフェイス	名 境界面, 共通領域, インターフェース 動 (…と)インターフェースで接続する(with)
1933	intermediate [ìntərmíːdiət] インタミーディエット	形 中間の, 中間にある
1934	intimidate [intímədèit] インティミデイト	動 …を脅迫する, …を脅す(=threaten)

▶ 名 intimidátion 脅迫

1935	intriguing [intríːgiŋ] イントゥリーギング	形 興味をそそる, 魅力ある
1936	introvert [íntrəvàːrt] イントゥルヴァート	名 内向的な人(⇔extrovert 外向的な人) 形 内向的な
1937	invaluable [invǽljuəbl] インヴァリュアブル	形 きわめて貴重な
1938	invert [invə́ːrt] インヴァート	動 …の上下を逆さまにする, …を反対にする(=reverse)
1939	in vitro fertilization	体外受精(in vitro はラテン語の「ガラスの中で, 試験管の内で」を語源とする)
1940	invoke [invóuk] インヴォウク	動 …を思い起こさせる, 〈プログラム〉を起動する
1941	irksome [ə́ːrksəm] アークサム	形 面倒な, いらいらさせる

▶ 動 írk …をいらいらさせる

1942 ☐☐	**jaw**	[dʒɔ́ː] **ジョー**	图 あご
1943 ☐☐	**jeopardize**	[dʒépərdàiz] **ジェパダイズ**	動 …を危険にさらす (=endanger)
1944 ☐☐	**jet lag**		時差ぼけ, ジェットラグ
1945 ☐☐	**jury**	[dʒú(ə)ri] **ジュ**(ア)リ	图 陪審員団
1946 ☐☐	**juvenile delinquency**		未成年非行
1947 ☐☐	**juvenile law**		少年法
1948 ☐☐	**kidnapping**	[kídnæpiŋ] **キ**ドナァ(ー)ッピング	图 誘拐
1949 ☐☐	**kidney**	[kídni] **キ**ドゥニ	图 腎臓
1950 ☐☐	**knee**	[níː] 発 **ニー**	图 ひざ(がしら)
1951 ☐☐	**labor force**		労働力
1952 ☐☐	**laissez(-)faire**		自由競争主義の, レッセ・フェール (フランス語で「なすに任せよ」の意)
1953 ☐☐	**lap**	[lǽp] **ラァ(ー)**ップ	图 ひざ, 座った時のももの表面
1954 ☐☐	**laptop**	[lǽptàp] **ラァ(ー)**ップタップ	图 ノートパソコン, ラップトップコンピュータ
1955 ☐☐	**large intestine**		大腸 関連 small intestine 小腸
1956 ☐☐	**lavatory**	[lǽvətɔ̀ːri] **ラァ**ヴァトーリ	图 トイレ
1957 ☐☐	**lawmaker**	[lɔ́ːmèikər] **ロー**メイカ(ー)	图 立法者, (立法府の) 議員 (=legislator)
1958 ☐☐	**lawn**	[lɔ́ːn] **ロー**ン	图 芝生, 芝地
1959 ☐☐	**lawsuit**	[lɔ́ːsùːt] **ロー**スート	图 (…に対する) 訴訟 (against)
1960 ☐☐	**layoff**	[léiɔ̀ːf] **レイ**オーフ	图 一時的解雇, レイオフ
1961 ☐☐	**LED**		発光ダイオード (light-emitting diode) (電流を流すことで発光する半導体素子)
1962 ☐☐	**legend**	[lédʒənd] **レ**ジェンド	图 伝説
	▶ 形 **légendary** 伝説の, 有名な		

1963	**legislator**	[lédʒislèitər] レジスレイタ(ー)	名 (国会)議員 (=lawmaker)
1964	**lethal**	[líːθ(ə)l] リーサル	形 (…に)死を招く(to), 致死性の (=fatal)
1965	**levy**	[lévi] レヴィ	名 (…に対する)(税金・罰金などの)徴収(on), 取り立て 動 〈税金など〉を徴収する
1966	**liberal art**		(大学の)一般教養(課程)
1967	**liberate**	[líbərèit] リベレイト	動 …を(…から)解放[釈放]する(from)
1968	**life expectancy**		平均余命
1969	**life-supporting equipment**		生命維持装置
1970	**life-supporting treatment**		延命治療
1971	**lifetime employment**		終身雇用
1972	**lifetime employment system**		終身雇用制度
1973	**likewise**	[láikwàiz] ライクワイズ	副 同様に (=similarly)
1974	**limb**	[lím] 発 リム	名 手足
1975	**lingua franca**		(異なる言語を話す人の中の)共通語 (主にイタリア語を語源とした表現)
1976	**linguistics**	[liŋgwístiks] リングウィスティックス	名 言語学
	▶ 名 **línguist** 言語学者		
1977	**literacy**	[lítərəsi] リテラスィ	名 読み書き能力, (特定分野の)知識
	▶ 形 **líterate** 読み書きのできる		
1978	**little finger**		小指 (=fourth finger)
1979	**liver**	[lívər] リヴァ(ー)	名 肝臓
1980	**lobby**	[lábi] ラビィ	動 〈政府・議員〉に(…するよう)圧力をかける(to do), ロビー活動をする
	▶ 名 **lóbbyist** ロビイスト, 陳情者		
1981	**lofty**	[lɔ́(ː)fti] ロ(ー)フティ	形 (山・建物が)非常に高い, 高尚な

1982 ☐☐	**low birth rate**		少子化
1983 ☐☐	**luminous**	[lúːmənəs] ルーミナス	形 光を発する, 夜光性の
	▶ 名 **luminósity** 光度		
1984 ☐☐	**lunar**	[lúːnər] ルーナ (ー)	形 月の, 月探査の
1985 ☐☐	**lure**	[lúər] ルア (ー)	動 …を誘惑する　名 誘惑, 魅力
1986 ☐☐	**lyric**	[lírik] リリック	名 叙情詩, 歌詞
1987 ☐☐	**majestic**	[mədʒéstik] マジェスティック	形 堂々とした, 雄大な
1988 ☐☐	**malice**	[mǽlis] マァリス	名 悪意, 敵意, 恨み
	▶ 形 **malícious** 悪意のある		
1989 ☐☐	**malpractice**	[mælprǽktis] マァルプラァクティス	名 医療過誤
1990 ☐☐	**maltreatment**	[mæltríːtmənt] マァルトゥリートムント	名 虐待 (=ill-treatment)
1991 ☐☐	**maneuver**	[mən(j)úːvər] マニューヴァ (ー)	名 策略, (軍隊などの) 演習　動 …をうまく移動する
1992 ☐☐	**manuscript**	[mǽnjuskrìpt] マァニュスクリプト	名 原稿
1993 ☐☐	**masculine**	[mǽskjulin] マァスキュリン	形 男性的な (⇔feminine 女性的な)
	▶ 名 **masculínity** 男らしさ		
1994 ☐☐	**massive**	[mǽsiv] マァスィヴ	形 巨大な, 大量の, 重大な
1995 ☐☐	**master of ceremony**		司会者 (MC)
1996 ☐☐	**materialism**	[mətí(ə)riəlìzm] マティ (ア) リアリズム	名 唯物論 (観念や精神などの根底には物質があると考え, それを重視する考え方) (⇔spiritualism[idealism] 観念論)
1997 ☐☐	**maternal**	[mətə́ːrn(ə)l] マターヌル	形 母親らしい, 母の
	▶ 名 **matérnity** 母であること, 母性		
1998 ☐☐	**maternity leave**		産休　関連 childcare leave 育児休暇
1999 ☐☐	**maxim**	[mǽksim] マァクスィム	名 格言

2000	**maximize** [mǽksəmàiz] マクスィマイズ	動 …を最大にする(⇔minimize …を最小にする), …を最大限に利用する
2001	**meager** [míːgər] ミーガ(ー)	形 乏しい, 不十分な, やせた
2002	**mechanical pencil**	シャープペンシル, シャーペン
2003	**mediate** [míːdièit] 発 ミーディエイト	動 調停をする, …を調停する
	▶ 名 **mediátion** 調停	
2004	**media** [míːdiə] 発 ミーディア	名 マスメディア, マスコミ
2005	**medical chart**	カルテ
2006	**medical check-up**	健康診断
2007	**medical history**	病歴
2008	**medical practitioner**	開業医 (=general practitioner)
2009	**mediocre** [mìːdióukər] 発 ミーディオウカ(ー)	形 二流の, 良くも悪くもない
	▶ 名 **mediócrity** 平凡, 月並み	
2010	**Mediterranean (Sea)** [mèdətəréiniən] メディタレイニアン	名 地中海
2011	**meltdown** [méltdàun] メルトダウン	名 (原子炉の)炉心融解
2012	**melting pot**	(人種・文化の)るつぼ
2013	**membrane** [mémbrein] メンブレイン	名 皮膜, 膜組織
2014	**merit system**	成果主義, 能力給制度, 実績制度
2015	**meta(-)analysis**	メタ分析 (複数の研究を統合し, さらに分析すること)
2016	**metabolism** [mətǽbəlizm] メタボリズム	名 代謝
2017	**metaphor** [métəfɔ̀ːr] メタフォア(ー)	名 隠喩 (二つの全く異なるものを関連づける修辞技法. 直喩はsimile)
	▶ 形 **metaphórical** 隠喩の	
2018	**metaphysics** [mètəfíziks] メタフィズィックス	名 形而上学 (世界の根本原理を純粋思惟や直観によって探究する学問)

2019 ☐☐	**meteor**	[míːtiər] ミーティア(ー)	名 流星 (=shooting star), 隕石 (=meteorite)
2020 ☐☐	**Meteorological Agency**		気象庁
2021 ☐☐	**meteorology**	[mìːtiərálədʒi] ミーティオ**ラ**ロジ	名 気象学
2022 ☐☐	**microbe**	[máikroub] **マ**イクロウブ	名 微生物
2023 ☐☐	**microscopic**	[màikrəskápik] マイクロス**カ**ピック	形 顕微鏡による, 微視的な (⇔macroscopic 巨視的な)
2024 ☐☐	**microwave oven**		電子レンジ
2025 ☐☐	**middle finger**		中指 (=second finger)
2026 ☐☐	**migrant**	[máigrənt] 発 **マ**イグラント	名 移住者, 出稼ぎ労働者, 渡り鳥
2027 ☐☐	**milestone**	[máilstòun] **マ**イルストウン	名 画期的な出来事, 道しるべ
2028 ☐☐	**millennium**	[miléniəm] ミ**レ**ニアム	名 1000年間 (複数形はmillenia)
2029 ☐☐	**mimic**	[mímik] **ミ**ミック	動 〈話し方・仕草など〉をまねる 形 にせの
2030 ☐☐	**mine**	[máin] **マ**イン	名 鉱山
	▶ 名 **míner** 鉱夫		
2031 ☐☐	**miniature**	[míniətʃər] **ミ**ニアチャ(ー)	形 小型の 名 小型模型
2032 ☐☐	**minimal**	[mínəm(ə)l] **ミ**ニムル	形 最少の
2033 ☐☐	**mirage**	[mərάːʒ] ミ**ラー**ジュ	名 蜃気楼
2034 ☐☐	**miscarriage**	[mískæridʒ] **ミ**スキャレッジ	名 流産
2035 ☐☐	**mischievous**	[místʃivəs] **ミ**スチヴァス	形 いたずら好きな, 有害な
	▶ 名 **míschief** いたずら, わんぱく		
2036 ☐☐	**mist**	[míst] **ミ**スト	名 もや (=haze), かすみ
2037 ☐☐	**mitigate**	[mítəgèit] **ミ**ティゲイト	動 …を和らげる, 〈刑罰など〉を軽くする
2038 ☐☐	**moan**	[móun] **モ**ウン	動 うめき声を出す (=groan), 嘆く

2039 ☐☐	**mob psychology**		群集心理
2040 ☐☐	**mode**	[móud] モウド	名 方法, 流行
2041 ☐☐	**momentum**	[mouméntəm] モウメンタム	名 勢い, 運動量
2042 ☐☐	**monetary**	[mánətèri] マネテリ	形 通貨の, 金銭上の
2043 ☐☐	**monism**	[móunizm] モウニズム	名 一元論 (⇔pluralism 多元論) (ひとつの原理から世界のあり方を説明する考え方), 唯一神の信仰
2044 ☐☐	**monitor**	[mánətər] マニタ (ー)	名 モニター, 監視装置　動 …を監視する
2045 ☐☐	**monk**	[máŋk] マンク	名 修道士, 僧
2046 ☐☐	**morale**	[mərǽl] モラァル	名 (軍隊・チームなどの)士気, やる気
2047 ☐☐	**mother-in-law**		義理の母
2048 ☐☐	**mother tongue**		母(国)語
2049 ☐☐	**multiplicity**	[màltəplísəti] マルティプリスィティ	名 多様性 (=diversity), 多数
2050 ☐☐	**mumble**	[mámbl] マンブル	動 つぶやく, ぶつぶつ言う
2051 ☐☐	**municipal government**		市政
2052 ☐☐	**murmur**	[mə́:rmər] マーマ (ー)	動 ささやく, 不平を言う　名 つぶやき, 不平
2053 ☐☐	**mustache**	[mʌ́stæʃ] マスタァッシュ	名 口ひげ
2054 ☐☐	**mutation**	[mju:téiʃən] ミューテイシュン	名 突然変異
2055 ☐☐	**mutter**	[mʌ́tər] マタ (ー)	動 ぶつぶつ文句を言う, …をつぶやく
2056 ☐☐	**myth**	[míθ] ミス	名 神話
	▶ 形 **mýthical** 神話の		
2057 ☐☐	**mythology**	[miθɑ́lədʒi] ミサロジ	名 (集合的に)神話
2058 ☐☐	**narrative**	[nǽrətiv] ナァラティヴ	名 物語

2059	**nationalism**	[næʃ(ə)nəlizm] **ナ**ショナリズム	名 国家主義, 民族主義

2060	**national pension system**		国民年金制度

2061	**natural resource**		天然資源

2062	**natural selection**		自然淘汰

2063	**naval**	[néiv(ə)l] **ネ**イヴル	形 海軍の

▶ 名 **návy** 海軍

2064	**navel**	[néiv(ə)l] **ネ**イヴル	名 へそ (=belly button)

2065	**negate**	[nigéit]⑦ ニ**ゲ**イト	動 …を無効にする, …を否定する

2066	**negligence**	[néglidʒəns] **ネ**グリジェンス	名 怠慢, 不注意, 過失

2067	**negligible**	[néglədʒəbl] **ネ**グリジブル	形 無視してよい, ささいな (=insignificant), 取るに足らない

2068	**neo-Darwinism**		新ダーウィン主義 (ダーウィンの唱える自然選択説をさらに発展させた 現代進化論)

2069	**nerve cell**		神経細胞

2070	**nevertheless**	[nèvərðəlés] ネヴァザ**レ**ス	副 それにもかかわらず, やはり

2071	**NGO**		非政府組織 (Non-Governmental Organization)

2072	**nobility**	[noubíləti] ノウ**ビ**リティ	名 高潔, 貴族

2073	**nomad**	[nóumæd] **ノ**ウマァッド	名 遊牧民

▶ 形 **nomádic** 遊牧 (民) の

2074	**nonetheless**	[nʌnðəlés] ナンザ**レ**ス	副 それにもかかわらず

2075	**nonverbal communication**		非言語的コミュニケーション

2076	**norm**	[nɔ́ːrm] **ノ**ーム	名 標準, 規範

2077	**nostalgia**	[nɑstǽldʒə] ナス**タ**ルジャ	名 郷愁, ノスタルジア

2078	**notwithstanding**	[nʌ̀twiθstǽndiŋ] ナットウィスス**タ**ンディング	副 それにもかかわらず 前 …にかかわらず

2079	**novice**	[nάvis] **ナ**ヴィス	名 (…の)初心者 (at[in]), 新米
2080	**nuclear fission**		核分裂
2081	**nuclear fusion**		核融合
2082	**nuclear power station**		原子力発電所
2083	**nuclear reactor**		原子炉
2084	**nuclear weapon**		核兵器
2085	**nucleus**	[n(j)úːkliəs] **ニュー**クリアス	名 原子核, 細胞核
2086	**numb**	[nΛm] 発 **ナ**ム	形 麻痺して, 呆然として 動 …を麻痺させる
2087	**nursing home**		老人ホーム
2088	**nurture**	[nə́ːrtʃər] **ナー**チャ(ー)	動 …を育てる, …を養成する 名 養育, しつけ
2089	**obesity**	[oubíːsəti] オウ**ビー**スィティ	名 肥満
2090	**obey**	[oubéi] オウ**ベイ**	動 …に従う, 〈規則・法律など〉を守る

▶ 形 **obédient** (…に)従順な (to), 素直な

2091	**objective**	[əbdʒéktiv] オブ**ジェ**クティヴ	名 目標 (=goal) 形 客観的な
2092	**obligate**	[ábligèit] **ア**ブリゲイト	動 〈人〉に義務的に (…)させる (to do) (=oblige)
2093	**obsolete**	[àbsəlíːt] アブソ**リー**ト	形 時代遅れの, 旧式の, すたれた
2094	**obstruct**	[əbstrΛkt] オブストゥ**ラ**クト	動 …を妨害する (=block), …を通れなくする

▶ 名 **obstrúction** 妨害, 障害物

2095	**ODA**		政府開発援助 (Official Development Assistance)
2096	**offensive**	[əfénsiv] オ**フェ**ンスィヴ	形 不愉快な, 侮辱的な 名 (軍事)攻撃
2097	**official discount rate**		公定歩合

2098	offset	[ɔ(:)fsét] オ(ー)フ**セット**	動 〈費用・損失など〉を相殺する[埋め合わせる]
		[ɔ(:)fsèt] **オ**(ー)フセット	名 差引勘定
2099	ominous	[ámənəs] **ア**ミナス	形 不吉な, (…の) 前兆となる(of)
2100	oncoming	[ánkʌ̀miŋ] **ア**ンカミング	形 来るべき, 近づいて来る
2101	ongoing	[ángòuiŋ] **ア**ンゴウイング	形 進行中の, 開催している
2102	opportunistic	[àpərt(j)u:nístik] アパテューニ**ス**ティック	形 ご都合主義の, 日和見の
2103	optical fiber		光ファイバー
2104	organic farming		有機農業
2105	organ transplant		臓器移植
2106	orphan	[ɔ́:rf(ə)n] **オー**フ(ァ)ン	名 孤児
2107	outlaw	[áutlɔ̀:] **ア**ウトロー	名 無法者 動 …を非合法化する
2108	outlive	[àutlív] アウト**リ**ヴ	動 …より長生きする(=survive), …より長持ちする
2109	outsource	[àutsɔ́:rs] アウト**ソー**ス	動 (…に) 委託する(to), …を外部調達する
2110	outweigh	[àutwéi] アウト**ウェ**イ	動 〈価値・重要性などが〉…にまさる
2111	oval	[óuv(ə)l] **オ**ウヴル	形 楕円形の, 卵形の 名 楕円, 卵形
2112	overall	[òuvərɔ́:l] 動 オウヴァ**ロー**ル	形 総合の, 全般的な 副 全体としては
2113	overdue	[òuvərd(j)ú:] オウヴァ**デュー**	形 (支払いなどの) 期限が過ぎた, (乗物などが) 遅れた
2114	overlap	[òuvərlǽp] オウヴァラ**ラ**(ー)ップ	動 …と重なる
		[óuvərlæp] **オ**ウヴァラ**ラ**(ー)ップ	名 重複
2115	overt	[ouvə́:rt] オウ**ヴァー**ト	形 明白な (=clear), 公然の (=public)
2116	oxygen	[áksidʒən] **ア**クスィジェン	名 酸素
2117	ozone hole		オゾンホール

2118 ☐☐	**ozone layer**		オゾン層
2119 ☐☐	**Pacific Ocean**		太平洋
2120 ☐☐	**painstaking**	[péinztèikiŋ] ペインズテイキング	形 (仕事などが)つらい, (仕上がりが)念入りな
2121 ☐☐	**palliative care**		(患者の苦痛を軽減する)緩和ケア
2122 ☐☐	**palm**	[pá:m]発 パーム	名 手のひら
2123 ☐☐	**panel**	[pǽn(ə)l] パァヌル	名 (木・金属の)パネル, 討論者, パネリスト
2124 ☐☐	**paradigm**	[pǽrədàim] パァラダイム	名 理論的枠組み, パラダイム, 規範
2125 ☐☐	**parameter**	[pərǽmətər]アク パラァミタ(ー)	名 限界, パラメーター[媒介変数]
2126 ☐☐	**paramount**	[pǽrəmàunt] パァラマウント	形 最高の, 最重要の
2127 ☐☐	**parasite**	[pǽrəsàit] パァラサイト	名 寄生虫, 居候(いそうろう)
2128 ☐☐	**Parliament**	[pá:rləmənt]発 パーラムント	名 (イギリスの)国会
2129 ☐☐	**particle**	[pá:rtikl] パーティクル	名 (微)粒子, 微量
2130 ☐☐	**partner**	[pá:rtnər] パートナ(ー)	名 共同経営者, 配偶者
2131 ☐☐	**passive smoking**		受動喫煙
2132 ☐☐	**pastime**	[pǽstàim] パァスタイム	名 気晴らし, 娯楽
2133 ☐☐	**pasture**	[pǽstʃər] パァスチャ(ー)	名 牧草地 (=meadow)
2134 ☐☐	**paternalism**	[pətá:rnəlizm] パターナリズム	名 家父長的態度, パターナリズム(強い立場にある者が弱い立場にある者のためだとして本人の意志とは無関係に支援すること)
2135 ☐☐	**paternal**	[pətá:rn(ə)l] パターヌル	形 父親らしい, 父の
	▶ 名 **patérnity** 父であること, 父系		
2136 ☐☐	**pathetic**	[pəθétik]アク パセティック	形 哀れな, 痛ましい, 見ていられない
2137 ☐☐	**pathogen**	[pǽθədʒən] パァソジェン	名 病原菌, 病原体

2138	**pathology**	[pəθɑ́lədʒi] パ**サ**ロジ	名 病理(学)
2139	**patriot**	[péitriət] 発 ペイトゥリオット	名 愛国(主義)者
2140	**patron**	[péitrən] 発 ペイトゥロン	名 後援者, パトロン

▶ 動 **pátronize** …をひいきにする, …を後援する

2141	**pave**	[péiv] ペイヴ	動 …を舗装する
2142	**payoff**	[péiɔ̀:f] 力 ペイオーフ	名 (給料・報酬などの)支払い, 報酬, 賄賂
2143	**peace treaty**		平和条約
2144	**peasant**	[péz(ə)nt] 発 ペズント	名 小作農
2145	**peep**	[píːp] ピープ	動 (…を)のぞき見する(at), ちらっと見える
2146	**peninsula**	[pənínsələ] ピニンスラ	名 半島
2147	**pensive**	[pénsiv] ペンスィヴ	形 物思いにふけった, 沈痛な
2148	**percent**	[pərsént] パ**セ**ント	名 パーセント, 割合
2149	**perceptual**	[pərséptʃuəl] パ**セ**プチュアル	形 知覚による, 知覚の
2150	**peril**	[pérəl] ペリル	名 危機, 危険性

▶ 形 **périlous** 危険な

2151	**perpendicular**	[pə̀:rpəndíkjulər] パーペン**ディ**キュラ(ー)	形 垂直の, 直角の
2152	**perplex**	[pərpléks] パプ**レ**ックス	動 〈人〉を当惑させる[悩ませる]

▶ 形 **perpléxing** (人を)当惑させる, 面倒な

2153	**perseverance**	[pà:rsəví(ə)rəns] パースィ**ヴィ**(ア)ランス	名 忍耐, 我慢強さ

▶ 動 **persevére** 辛抱する, がんばってやり抜く

2154	**pervade**	[pərvéid] パ**ヴェ**イド	動 〈においなどが〉…に充満する, 〈考えなどが〉…に広がる

▶ 形 **pervásive** (至る所に)広がる, 蔓延する

2155	**pesticide**	[péstəsàid] ペスティサイド	名 農薬

2156	**petition**	[pətíʃən] ペティシュン	名 嘆願 動 …に嘆願する, 請願する

2157	**pharmacist**	[fáːrməsist] ファーマスィスト	名 薬剤師

2158	**pharmacy**	[fáːrməsi] ファーマスィ	名 薬学

2159	**philosophy**	[filásəfi] フィラソフィ	名 哲学

▶ 形 **philosóphical** 哲学的な　名 **philósopher** 哲学者

2160	**phobia**	[fóubiə] フォウビア	名 恐怖症, 嫌悪

2161	**photosynthesis**	[fòutousínθəsis] フォウトウスィンセスィス	名 光合成

2162	**physician**	[fizíʃən] フィズィシャン	名 内科医

2163	**physician-assisted suicide**		医師の幇助による自殺(PAS)

2164	**physics**	[fíziks] フィズィックス	名 物理学

2165	**physiology**	[fìziálədʒi] フィズィアロジ	名 生理学

2166	**pictorial**	[piktɔ́ːriəl] ピクトーリアル	形 絵画の, 写真の

2167	**pilgrim**	[pílgrim] ピルグリム	名 巡礼者

2168	**pimple**	[pímpl] ピンプル	名 にきび

2169	**pious**	[páiəs] パイアス	形 信心深い, 敬けんな, 偽善的な

2170	**placebo**	[pləsíːbou] プラスィーボウ	名 偽薬, プラシーボ(医薬品の試験で用いる生理作用のない薬)

2171	**plague**	[pléig] プレイグ	名 伝染病(=epidemic), 大災難　動 …を悩ませる

2172	**plaintiff**	[pléintif] プレインティフ	名 原告

2173	**planetary**	[plǽnətèri] プラァネタリ	形 惑星の

▶ 名 **plánet** 惑星

2174	**plastic money**		クレジットカード, デビットカード

2175	**plastic surgery**		美容整形

2176 ☐☐	**plausible**	[plɔ́:zəbl] プローズィブル	形 (話などが)もっともな (⇔implausible 信じがたい), 妥当な, 口先のうまい
2177 ☐☐	**pliers**	[pláiərz] プライアズ	名 ペンチ
2178 ☐☐	**plural**	[plú(ə)rəl] プル(ア)ラル	名 複数 (⇔singular 単数) 形 複数の
2179 ☐☐	**pluralism**	[plú(ə)rəlizm] プル(ア)ラリズム	名 多元主義, 多元論
2180 ☐☐	**plurality**	[plu(ə)rǽləti] プル(ア)ラァリティ	名 多数, (a plurality of...の形で)多数の…, 複数存在すること
2181 ☐☐	**polar star**		北極星
2182 ☐☐	**political correctness**		政治的公正, 差別語禁止
2183 ☐☐	**politics**	[pálətiks] パリティックス	名 政治学
2184 ☐☐	**populate**	[pápjulèit] パピュレイト	動 …に住む (=inhabit), …に居住させる
2185 ☐☐	**populism**	[pápjulizm] パピュリズム	名 大衆迎合, ポピュリズム
2186 ☐☐	**postgraduate**	[pòustgrǽdʒuət] ポウストグラァジュエット	形 博士号取得後の (=postdoctoral) 名 大学院学生 (=graduate student)
2187 ☐☐	**practitioner**	[præktíʃ(ə)nər] プラァクティシュナ(ー)	名 専門家, 開業医, 弁護士
2188 ☐☐	**predecessor**	[prédəsèsər] プレデセサ(ー)	名 前任者
2189 ☐☐	**predominant**	[pridámənənt] プリダミナント	形 有力な, (…に対して)支配的な (over)
2190 ☐☐	**prehistoric**	[prì:histɔ́(:)rik] プリーヒスト(ー)リック	形 有史以前の
2191 ☐☐	**preliminary**	[prilímənèri] プリリミネリ	形 予備の, 準備の 名 準備
2192 ☐☐	**premise**	[prémis] プレミス	名 前提, 仮定, (複数形で)物件, 土地
2193 ☐☐	**press conference**		記者会見
2194 ☐☐	**preventive medicine**		予防医学
2195 ☐☐	**price busting**		価格破壊
2196 ☐☐	**prime minister**		首相

2197 primeval	[praimíːv(ə)l] 発 プライミーヴル	形 原始の, 太古の

2198 profile	[próufail] 発 プロウファイル	名 横顔, 紹介, プロフィール

2199 pros and cons		賛否（両論）

2200 prose	[próuz] プロウズ	名 散文（韻を踏んでいない通常の文体）(⇔verse 韻文)

2201 prosecute	[prάsikjùːt] プラスィキュート	動 〈人〉を(…のかどで)起訴する(for)

▶ 名 **prosecútion** 起訴, 検察側, (戦争などの)遂行

2202 prostitution	[prὰstət(j)úːʃən] プラスティテューシュン	名 売春

▶ 動 **próstitute** (お金のために)…を売る, (prostitute oneselfの形で)売春する

2203 protocol	[próutəkɔ̀(ː)l] プロウトコ(ー)ル	名 外交儀礼, プロトコル（データ通信のための規約）

2204 proverb	[prάvəːrb] プラヴァーブ	名 ことわざ

▶ 形 **provérbial** ことわざの

2205 pseudonym	[súːdənìm] スードニム	名 ペンネーム, 偽名

2206 psychiatrist	[saikáiətrist] サイカイアトゥリスト	名 精神科医

2207 psychic	[sáikik] サイキック	形 心霊の, 超自然的な, 精神(面)の

2208 psychoanalyst	[sàikouǽnəlist] サイコウアナリスト	名 精神分析医, 精神分析学者

▶ 名 **psychoanálysis** 精神分析

2209 psychology	[saikάlədʒi] サイカロジ	名 心理学

▶ 形 **psychológical** 心理学的な 　名 **psychólogist** 心理学者

2210 psychotherapist	[sàikouθérəpist] サイコウセラピスト	名 心理療法士

2211 PTSD		心的外傷ストレス障害(posttraumatic stress disorder)

2212 public health		公衆衛生

2213 public pension program		公的年金制度

2214 public project		公共事業

2215	**pupil**	[pjúːp(ə)l] ピュープル	名 生徒, 児童, 弟子, 瞳孔
2216	**quantum mechanics**		量子力学
2217	**quarantine**	[kwɔ́(ː)rəntiːn] クウォ(ー)ランティーン	名 (伝染病対策の) 隔離, 検疫　動 …を隔離する
2218	**quark**	[kwáːrk] クワーク	名 クォーク (素粒子の構成要素)
2219	**quota**	[kwóutə] クウォウタ	名 割り当て (量), ノルマ
2220	**radioactive**	[rèidiouǽktiv] レイディオウアクティヴ	形 放射能の
	▶ 名 **radioactívity** 放射能		
2221	**radioactive waste**		放射性廃棄物
2222	**radiotherapy**	[rèidiouθérəpi] レイディオウセラピ	名 放射線療法
2223	**radio wave**		電波
2224	**radius**	[réidiəs] レイディアス	名 半径
2225	**rash**	[rǽʃ] ラァ(ー)ッシュ	名 発疹
2226	**rash**	[rǽʃ] ラァ(ー)ッシュ	形 性急な, 軽率な
2227	**ratification**	[rætəfikéiʃən] ラァティフィケイシュン	名 (条約の) 批准
2228	**ratio**	[réiʃou] レイショウ	名 割合, 比率, 比例
2229	**ration**	[rǽʃən] ラァシュン	名 配給量, 割当量
2230	**rattle**	[rǽtl] ラァトゥル	動 ガタガタ音を立てる　名 ガチャガチャという音
2231	**reactive**	[riǽktiv] リアクティヴ	形 反作用を示す, 反応性の高い
2232	**rearview mirror**		バックミラー
2233	**rebound**	[ríːbàund] リーバウンド	動 はね返る, 〈株価などが〉回復する
2234	**recipient**	[risípiənt] リスィピエント	名 受取人, レシピエント (臓器移植の際にドナーから臓器を受け取る人)

2235 ☐☐	**reciprocity**	[rèsəprɑ́səti] レスィプ**ラ**スィティ	名 相互扶助
2236 ☐☐	**reckless**	[rékləs] **レ**ックレス	形 向こう見ずな, 無謀な
2237 ☐☐	**recline**	[rikláin] リク**ラ**イン	動 (…に)もたれる(on[in/against])
2238 ☐☐	**rectangle**	[réktæŋgl] **レ**クタァングル	名 長方形
2239 ☐☐	**recur**	[riká:r] リ**カ**ー	動 再発する, 繰り返す

▶ 名 **recúrrence** 再発, 繰り返し

2240 ☐☐	**redundant**	[ridʌ́ndənt] リ**ダ**ンダント	形 余剰の, 冗長な
2241 ☐☐	**referee**	[rèfərí:] 🔤 レフェ**リ**ー	名 審判員
2242 ☐☐	**refill**	[ri:fíl] リー**フィ**ル	動 …を補充する, …に詰め替える
		[rí:fìl] **リ**ーフィル	名 詰め替え品
2243 ☐☐	**refund**	[rí:fʌnd] **リ**ーファンド	名 払い戻し(金), 返済(金)
2244 ☐☐	**regenerate**	[ridʒénərèit] リ**ジェ**ネレイト	動 …を再建する, …を再生する

▶ 名 **regenerátion** 再建, 再生

2245 ☐☐	**regime**	[riʒí:m] リ**ジ**ーム	名 政治形態[体制], 政権
2246 ☐☐	**rehabilitation**	[rì:(h)əbìlətéiʃən] リーアビリ**テ**イシュン	名 リハビリ

▶ 動 **rehabílitate** …を社会復帰させる, …を更正させる

2247 ☐☐	**relativism**	[rélətivìzm] **レ**ラティヴィズム	名 相対主義
2248 ☐☐	**renewal**	[rin(j)ú:əl] リ**ニュ**ーアル	名 更新, 再生, 復活
2249 ☐☐	**renounce**	[rináuns] リ**ナ**ウンス	動 …を放棄する, …を断念する

▶ 名 **renunciátion** 放棄, 断念

2250 ☐☐	**renovation**	[rènəvéiʃən] レノ**ヴェ**イシュン	名 修復, 革新
2251 ☐☐	**repress**	[riprés] リプ**レ**ス	動 〈感情など〉を押さえる[抑制する]

▶ 名 **représsion** 抑制

2252 ☐☐	**Republican**	[ripʌ́blik(ə)n] リパブリクン	图 (アメリカの) 共和党員, 共和党支持者
2253 ☐☐	**Republican Party**		(アメリカの) 共和党
2254 ☐☐	**reputable**	[répjutəbl] レピュタブル	厖 尊敬すべき, 立派な
2255 ☐☐	**resilience**	[rizíljəns] リズィリアンス	图 (病気・不幸などからの) 回復力, 復元力
2256 ☐☐	**retailer**	[ríːteilər] リーテイラ(ー)	图 小売業者
2257 ☐☐	**retrospect**	[rétrəspèkt] レトゥロスペクト	图 回想, 回顧
▶ 厖 **retrospéctive** 回顧的な, 回想する			
2258 ☐☐	**revelation**	[rèvəléiʃən] レヴェレイシュン	图 暴露 (=disclosure), 意外な新事実
2259 ☐☐	**reverence**	[rév(ə)rəns] レヴ(ェ)レンス	图 尊敬, 敬意
2260 ☐☐	**revolt**	[rivóult] リヴォウルト	图 (…に対する) 反乱 (against) (=rebellion), 反抗 動 (…に対して) 反乱を起こす (against)
2261 ☐☐	**revolve**	[riválv] リヴァルヴ	動 (…の周りを) 回転する (around[about])
2262 ☐☐	**rhetoric**	[rétərik] レトリック	图 修辞学 (弁論や説得技術に関する学問), 話術, レトリック
▶ 厖 **rhetórical** 修辞的な			
2263 ☐☐	**rib**	[ríb] リブ	图 肋骨
2264 ☐☐	**right angle**		直角
2265 ☐☐	**ring finger**		くすり指 (=third finger)
2266 ☐☐	**ripen**	[ráip(ə)n] ライプン	動 成熟する, 〈植物が〉 熟する
2267 ☐☐	**rite**	[ráit] ライト	图 (宗教上の) 儀式 (=ritual)
2268 ☐☐	**rite of passage**		通過儀礼 (人生の節目となる儀礼)
2269 ☐☐	**rivalry**	[ráiv(ə)lri] ライヴルリ	图 競争, ライバル
2270 ☐☐	**robust**	[roubʌ́st] 🔓 ロウバスト	厖 頑丈な, 強健な, (経済などが) 活発な
▶ 图 **robústness** 頑丈, 強健			

2271	**rot**	[rát] ラット	動 腐る, …を腐らせる　名 腐敗
2272	**ruler**	[rúːlər] ルーラ(ー)	名 定規, 支配者
2273	**sage**	[séidʒ] セイジ	名 賢者, 聖人　形 賢い
2274	**salute**	[səlúːt] サルート	動 …に敬礼する, …に挨拶する　名 敬礼, 挨拶
2275	**sanction**	[sǽŋ(k)ʃən] サァン(ク)シュン	名 制裁(措置), 認可　動 …を認可する
2276	**sanctuary**	[sǽŋ(k)tʃuèri] サァン(ク)チュエリ	名 保護(区域), 禁猟区 (=reserve), 聖域
2277	**sarcastic**	[sɑːrkǽstik] サーキャスティック	形 皮肉な, 風刺の
2278	**satire**	[sǽtaiər] サァタイア(ー)	名 風刺, 皮肉
2279	**saturated fat**		飽和脂肪酸
2280	**scan**	[skǽn] スキャン	動 …をざっと見る, …を精査する, …を見渡す
2281	**scarce**	[skéərs] スケアス	形 乏しい, 不十分な
	▶ 名 **scárcity** 欠乏, 不足		
2282	**schema**	[skíːmə] スキーマ	名 概要, 図式
2283	**school refusal**		不登校
2284	**screening**	[skríːniŋ] スクリーニング	名 スクリーニング, ふるい分け
2285	**scrutinize**	[skrúːtənàiz] スクルーティナイズ	動 …を詳しく調べる
	▶ 名 **scrútiny** 詳しい調査		
2286	**seclude**	[siklúːd] スィクルード	動 …を引きこもらせる, …を(…から)引き離す (from)
	▶ 名 **seclúsion** 隔離(された場所), 隠遁		
2287	**sector**	[séktər] セクタ(ー)	名 部門, 分野
2288	**securities**	[sikjú(ə)rətiz] スィキュ(ア)リティーズ	名 有価証券

232

2289 seduce	[sid(j)úːs] スィデュース	動 …を誘惑する, …を魅惑する

▶ 名 sedúction 誘惑, 魅惑 形 sedúctive 魅惑的な

2290 segment	[ségmənt] セグムント	名 (…の)部分(of), 区分 動 …を(…に)分ける(into)

▶ 名 segmentátion 区分, 分割

2291 semantics	[simǽntiks] スィマァンティックス	名 意味論, 意味

▶ 形 semántic 意味(論)の, 語義の

2292 semiconductor	[sèmikəndʌ́ktər] セミクンダクタ(ー)	名 半導体
2293 senator	[sénətər] セネタ(ー)	名 (アメリカの)上院議員
2294 senile dementia		老人性痴呆症
2295 senior citizen		高齢者
2296 seniority system		年功序列(制度)
2297 serene	[səríːn] セリーン	形 (表情などが)落ち着いた, 穏やかな, 晴れた
2298 serial	[sí(ə)riəl] スィ(ア)リアル	形 連続的な 名 (テレビなどの)連続番組, (小説などの)連載物
2299 session	[séʃən] セシュン	名 会期, 開会
2300 sexism	[séksizm] セクスィズム	名 性差別 (=sexual discrimination)
2301 shipment	[ʃípmənt] シップムント	名 発送 (=shipping), 出荷
2302 shudder	[ʃʌ́dər] シャダ(ー)	動 (恐れ・寒さなどで)震える(with)
2303 side effect		副作用 (=aftereffect)
2304 simile	[síməliː] スィミリー	名 直喩 (二つの異なるものを「たとえば」や「ような」などの表記を使ってたとえる修辞法)
2305 simulate	[símjulèit] スィミュレイト	動 …を装う, …のシミュレーションをする

▶ 名 simulátion まねること, シミュレーション

2306 sinister	[sínistər] スィニスタ(ー)	形 悪意のある, 不吉な

2307 skinny	[skíni] スキニ	形 やせこけた, (服などが)体にぴったりの
2308 skull	[skʌ́l] スカル	名 頭蓋骨
2309 slam	[slǽm] スラァム	動 〈ドアなど〉をバタンと閉める, バタンと閉まる 名 バタン(という音), バタンと閉めること
2310 slang	[slǽŋ] スラァング	名 俗語, スラング
2311 slaughter	[slɔ́ːtər] スローター(ー)	動 〈多くの人〉を虐殺する(=massacre), 〈動物〉を屠殺する
2312 sleet	[slíːt] スリート	名 みぞれ, 雨まじりの雪
2313 sly	[slái] スライ	形 ずる賢い, 意味ありげな
2314 small letter		小文字 (=lower case)
2315 smother	[smʌ́ðər] スマザ(ー)	動 …を(…で)窒息死させる(with), …を(…で)すっかり覆う(with)
2316 smuggle	[smʌ́gl] スマグル	動 …を(…から)密輸する(from), …をこっそり持ち込む
▶ 名 smúggling 密輸		
2317 sneak	[sníːk] スニーク	動 こっそり動く, こっそり入る[出る]
▶ 形 snéaky 卑怯な, こそこそした		
2318 snore	[snɔ́ːr] スノア(ー)	名 いびき 動 いびきをかく
2319 socialism	[sóuʃəlìzm] ソウシャリズム	名 社会主義
2320 social withdrawal		引きこもり
2321 sociology	[sòusiálədʒi] ソウスィアロジ	名 社会学
▶ 名 sociólogist 社会学者		
2322 solar cell		太陽電池
2323 solar system		太陽系
2324 solitude	[sálət(j)ùːd] サリテュード	名 孤独, 一人きりでいること, 僻地
2325 somewhat	[sʌ́m(h)wὰt] サムワット	副 いくぶん, 多少

2326	**sovereign**	[sάv(ə)rən] サヴリン	形 (国が) 主権 [自治] を有する, 最高の 名 君主

▶ 名 **sóvereignty** 主権, 主権国家

2327	**spacious**	[spéiʃəs] スペイシャス	形 広々とした, 広い

2328	**spam**	[spǽm] スパァム	名 迷惑メール (=spam mail)

2329	**spatial**	[spéiʃəl] スペイシャル	形 空間の, 空間的な

▶ 名 **spáce** 空間

2330	**speciesism**	[spíːʃiːzizm] スピーシーズィズム	名 種差別 (人類種を他種より上位だと考えること), 生物種的偏見

2331	**sphere**	[sfíər] スフィア(ー)	名 球

2332	**spinal cord**		脊髄

2333	**spine**	[spáin] スパイン	名 脊柱

2334	**spinster**	[spínstər] スピンスタ(ー)	名 独身女性

2335	**spiral**	[spái(ə)rəl] スパイ(ア)ラル	名 らせん, らせん状のもの　形 らせん(状)の

2336	**spot**	[spάt] スパット	名 斑点, しみ, 場所　動 …を見つける, …にしみをつける

2337	**sprain**	[spréin] スプレイン	名 ねんざ

2338	**sprinkle**	[spríŋkl] スプリンクル	動 (…に) …をまく(on[over]), ふりかける

2339	**sprout**	[spráut] スプラウト	名 芽, 新芽

2340	**square meter**		平方メートル

2341	**stabilize**	[stéibəlàiz] 発 ステイビライズ	動 …を安定させる, 安定する

▶ 名 **stabilizátion** 安定(させること), 固定化

2342	**stagflation**	[stægfléiʃən] スタァグフレイシュン	名 スタグフレーション(不況下でもインフレが進む現象)

▶ 動 **stágnate** 成長が止まる, 沈滞する

2343	**stakeholder**	[stéikhòuldər] ステイクホウルダ(ー)	名 出資者, 利害関係者

2344 ☐☐	**stale**	[stéil] ステイル	形 新鮮でない, おもしろみのない
2345 ☐☐	**standout**	[stǽndàut] スタァンドアウト	形 傑出した 名 傑出した人
2346 ☐☐	**stapler**	[stéiplər] ステイプラ(ー)	名 ホッチキス
2347 ☐☐	**stationary**	[stéiʃənèri] ステイシュネリ	形 動かない, 変化しない
2348 ☐☐	**stature**	[stǽtʃər] スタァチャ(ー)	名 身長
2349 ☐☐	**steering wheel**		(車の)ハンドル 関連 handlebar (自転車・バイクの)ハンドル
2350 ☐☐	**stellar**	[stélər] ステラ(ー)	形 星の(ような), (経歴などが)輝かしい
2351 ☐☐	**stem cell**		幹細胞(様々な細胞に分化する能力を持つ特殊な細胞)
2352 ☐☐	**stepfather**	[stépfɑ̀:ðər] ステップファーザ(ー)	名 まま父, 継父
2353 ☐☐	**stepmother**	[stépmʌ̀ðər] ステップマザ(ー)	名 まま母, 継母
2354 ☐☐	**stern**	[stə́:rn] スターン	形 厳格な, 厳しい
2355 ☐☐	**stifle**	[stáifl] スタイフル	動 …を抑制する, 〈感情・あくびなど〉を押し殺す
2356 ☐☐	**stock exchange**		株式市場, 証券取引所
2357 ☐☐	**stoop**	[stú:p] ストゥープ	動 かがむ, 腰が曲がる
2358 ☐☐	**storage**	[stɔ́:ridʒ] ストーレッジ	名 貯蔵, 保管(場所)
2359 ☐☐	**straightforward**	[stréitfɔ̀:rwərd] ストゥレイト**フォー**フド	形 まっすぐな, 率直な, 簡単な
2360 ☐☐	**stratosphere**	[strǽtəsfìər] ストゥ**ラァ**トスフィア(ー)	名 成層圏
2361 ☐☐	**stray**	[stréi] ストゥレイ	動 道に迷う, (…から)それる(from) 形 迷子の, それた
2362 ☐☐	**strenuous**	[strénjuəs] ストゥ**レ**ニュアス	形 猛烈な, (努力などが)並々ならぬ
2363 ☐☐	**string**	[stríŋ] ストゥ**リ**ング	名 ひも, 糸
2364 ☐☐	**stroke**	[stróuk] ストゥ**ロ**ウク	名 発作, 脳卒中

236

2365	**stroll**	[stróul] ストゥロウル	動 ぶらぶら歩く, 散歩する 名 散歩
2366	**stun**	[stʌ́n] スタン	動 …を気絶させる, …を愕然とさせる
2367	**sturdy**	[stɚ́ːrdi] スターディ	形 (物が)頑丈な (=robust), (考えなどが)しっかりとした
2368	**style**	[stáil] スタイル	名 様式, 流儀, 文体
2369	**sublime**	[səbláim] サブライム	形 荘厳な, 雄大な 名 荘厳
2370	**subordinate**	[səbɔ́ːrdənət] サボーディネット	形 下位の, 副次的な 動 …を下に置く

▶ 名 **subordinátion** 服従, 従属

2371	**subsidy**	[sʌ́bsədi] サブスィディ	名 補助金
2372	**subtract**	[səbtrǽkt] サブトゥラァクト	動 〈数・量〉を引く (=minus), …を控除する

▶ 名 **subtráction** 引き算

2373	**suck**	[sʌ́k] サック	動 …を吸う, …をしゃぶる 名 吸うこと
2374	**suffocate**	[sʌ́fəkèit] サフォケイト	動 窒息する, 息苦しく感じる
2375	**suffrage**	[sʌ́fridʒ] サフレッジ	名 選挙(権)
2376	**sullen**	[sʌ́lən] サレン	形 不機嫌な, むっつりとした
2377	**superfluous**	[suːpɚ́ːrfluəs] 発 スーパーフルアス	形 余分な, 必要以上の
2378	**supernova**	[sùːpərnóuvə] スーパノウヴァ	名 超新星 関連 nova 新星
2379	**superpower**	[súːpərpàuər] スーパパウア(ー)	名 超大国
2380	**supersede**	[sùːpərsíːd] スーパスィード	動 〈新しいものが古いもの〉に取って代わる
2381	**supervise**	[súːpərvàiz] スーパヴァイズ	動 …を管理[監督]する, 監視する
2382	**supremacy**	[suprémǝsi] スプレマスィ	名 至高, 優位, 主権
2383	**surgeon**	[sɚ́ːrdʒən] サージュン	名 外科医

▶ 名 **súrgery** 外科(的処置), 手術 形 **súrgical** 外科(手術)の

2384	surrogate mother		代理母
2385	surveillance	[sərvéiləns] サーヴェイランス	名 (囚人・容疑者などの) 監視, 偵察, 見張り
2386	swamp	[swámp] スワンプ	名 沼地 (=marsh), 湿地
2387	swarm	[swɔ́:rm] スウォーム	名 (昆虫の) 大群, (人の) 群れ
2388	swift	[swíft] スウィフト	形 速やかな, 即座の, すばやい
▶ 副 swiftly 速やかに, すばやく			
2389	syllable	[síləbl] スィラブル	名 音節, 一言
2390	symmetry	[símətri] 発ア スィメトゥリ	名 左右対称, シンメトリー (⇔asymmetry 非対称)
2391	symptomatic treatment		対処療法
2392	synapse	[sínæps] スィナァプス	名 シナプス (神経細胞であるニューロン同士の接合部)
2393	synchronize	[síŋkrənàiz] スィンクロナイズ	動 同時に起こる, …を (…と) 一致 [同期] させる (with)
2394	syndrome	[síndroum] スィンドゥロウム	名 症候群
2395	synonym	[sínənìm] スィナニム	名 類義語 (⇔antonym 反意語)
2396	syntax	[síntæks] スィンタァックス	名 統語論 (文やその要素となる構造についての研究)
▶ 形 syntáctic 統語論の			
2397	synthetic chemicals		合成化学物質 [薬品]
2398	table	[téibl] テイブル	名 表, 一覧
2399	tap water		水道水
2400	tedious	[tí:diəs] ティーディアス	形 退屈な (=boring), うんざりする
2401	telecommunication	[tèləkəmjù:nəkéiʃən] テレクミューニケイシュン	名 遠距離通信
2402	template	[témplət] テンプレット	名 型版, ひな型, テンプレート (用途別の定型書式)
2403	temple	[témpl] テンプル	名 こめかみ

2404 ☐☐	**temporal** [témp(ə)rəl] テンポラル	形 つかの間の, 現世の	
2405 ☐☐	**temptation** [tem(p)téiʃən] テン(プ)テイシュン	名 誘惑, (…したい) 衝動 (to *do*)	
2406 ☐☐	**tenacious** [tənéiʃəs] テネイシャス	形 粘り強い, 頑強な (=persistent)	
2407 ☐☐	**tentative** [téntətiv] テンタティヴ	形 仮の, 不確かな	
2408 ☐☐	**terminal care**	終末期医療	
2409 ☐☐	**terrestrial** [təréstriəl] テレストゥリアル	形 地球の, 陸地の	
2410 ☐☐	**testimony** [téstəmòuni] テスティモウニ	名 証拠 (=evidence), 証言	
2411 ☐☐	**text** [tékst] テクスト	名 本文, 文書, 原文 動 〈文字メッセージ〉を送る	
2412 ☐☐	**the challenged[disabled]**	障がい者	
2413 ☐☐	**theology** [θiάlədʒi] スィアロジ	名 神学, 宗教学	
2414 ☐☐	**theoretical** [θìːərétik(ə)l] スィーアレティクル	形 理論的な, 理論上の	
	▶ 副 **theorétically** 理論的に 名 **théory** 理論		
2415 ☐☐	**theory of relativity**	相対性理論	
2416 ☐☐	**therapeutic cloning**	クローン治療	
2417 ☐☐	**therapy** [θérəpi] セラピ	名 精神[心理]療法	
	▶ 形 **therapéutic** セラピー治療の, 癒す力のある		
2418 ☐☐	**thereby** [ðèərbái] ゼアバイ	副 それによって, それに関して	
2419 ☐☐	**thermal power plant**	火力発電所	
2420 ☐☐	**thigh** [θái] サイ	名 太もも	
2421 ☐☐	**thread** [θréd] スレッド	名 糸	
2422 ☐☐	**threshold** [θréʃ(h)ould] スレショウルド	名 玄関口, 出発点, 閾値(刺激や変化に対して反応や変化が出現する境界点)	
2423 ☐☐	**throat** [θróut] スロウト	名 のど	

2424 ☐☐	**throng**	[θrɔ́(ː)ŋ] スロ**(ー)**ング	名 群衆, 人だかり　動 …に群がる
2425 ☐☐	**throwaway product**		廃棄物
2426 ☐☐	**thumb**	[θʌ́m] 発 **サ**ム	名 親指
2427 ☐☐	**tidal power**		潮力
2428 ☐☐	**toe**	[tóu] **トゥ**	名 足の指　関連 tiptoe つま先
2429 ☐☐	**traceability**	[trèisəbíləti] トゥレイサ**ビ**リティ	名 追跡可能性, トレーサビリティ(食品の安全性確保の ため栽培・飼育から加工までの過程を明確にすること)
2430 ☐☐	**trade deficit**		貿易赤字
2431 ☐☐	**trade imbalance**		貿易不均衡
2432 ☐☐	**trade surplus**		貿易黒字
2433 ☐☐	**tragedy**	[trǽdʒədi] トゥ**ラ**ァジェディ	名 悲劇
	▶ 形 **trágic** 悲劇の, 悲劇的な		
2434 ☐☐	**tranquil**	[trǽŋkwəl] トゥ**ラ**ァンクウィル	形 穏やかな, 平静な
	▶ 動 **tránquilize** (薬で)…を落ち着かせる, 落ち着く　名 **tránquilizer** 精神安定剤		
2435 ☐☐	**transfusion**	[trænsfjúːʒən] トゥラァンス**フュー**ジュン	名 輸血, 注入
2436 ☐☐	**transgender**	[trænsdʒéndər] トゥラァンス**ジェ**ンダ(ー)	名 トランスジェンダー(心の性と体の性の不一致から性転 換を望む人)
2437 ☐☐	**transition**	[trænzíʃən] トゥラァンズ**イ**シュン	名 (Aから)(Bへの)推移 (from A) (to B), 移り変わり
	▶ 形 **transítional** 過渡的な, 暫定の　名 **tránsit** 通過, 輸送, 推移		
2438 ☐☐	**trash[garbage] can**		ゴミ箱
2439 ☐☐	**trauma**	[tráumə] トゥ**ラ**ウマ	名 心的外傷, トラウマ
	▶ 形 **traumátic** 心的外傷を与える, トラウマの		
2440 ☐☐	**traverse**	[trəvə́ːrs] トゥラ**ヴァー**ス	動 …を横切る, …を越える
2441 ☐☐	**treacherous**	[trétʃ(ə)rəs] トゥ**レ**チャラス	形 裏切りの, 信用できない, あてにならない
	▶ 名 **tréachery** 裏切り(行為)		

2442	**trench**	[tréntʃ] トゥ**レ**ンチ	名 海溝
2443	**trespass**	[tréspæs] トゥ**レ**スパァス	動 (…に) 不法侵入する (on)
2444	**triangle**	[tráiæŋgl] トゥ**ライ**アングル	名 三角形
2445	**tribute**	[tríbjuːt] トゥ**リ**ビュート	名 (…に対する) 賛辞 (to)
2446	**truancy**	[trúːənsi] トゥ**ルー**アンスィ	名 不登校
2447	**tumor**	[t(j)úːmər] **テュー**マ(ー)	名 腫瘍
2448	**turbulence**	[táːrbjuləns] **ター**ビュレンス	名 動揺, 混乱, 乱気流

▶ 形 **túrbulent** 荒れ狂う, 動揺した

2449	**turmoil**	[táːrmɔil] **ター**モイル	名 騒ぎ, 騒動, 動揺
2450	**turnover**	[táːrnòuvər] **ターン**オウヴァ(ー)	名 取引高, 反転, 回転率
2451	**tutorial**	[t(j)uːtɔ́ːriəl] テュート**ー**リアル	形 家庭教師の 名 (大学の) 個別指導時間
2452	**twofold**	[túːfòuld] **トゥー**フォウルド	形 2倍の, 2重の, 2つ折りの
2453	**tyranny**	[tírəni] **ティ**ラニ	名 圧政, 独裁政治

▶ 形 **tyránnical** 暴君の, 専制的な   名 **týrant** 暴君, 専制君主

2454	**ubiquitous**	[juːbíkwətəs] ユービ**ク**ィタス	形 至る所にある, ユビキタスの (誰もがどこからでもネットワークにアクセスできる環境にあること)
2455	**ulcer**	[ʌ́lsər] **ア**ルサ(ー)	名 潰瘍
2456	**ultraviolet radiation**		紫外線放射
2457	**ultraviolet ray**		紫外線
2458	**unanimous**	[juːnǽnəməs] ユー**ナ**ァニマス	形 全員一致の, 同意見の

▶ 名 **unanímity** 満場一致   副 **unánimously** 満場一致で

2459	**underfed**	[ʌ̀ndərféd] アンダ**フェ**ッド	形 栄養不良の
2460	**unfold**	[ʌ̀nfóuld] アン**フォ**ウルド	動 …を明らかにする, 広げる

2461	**uniform**	[júːnəfɔ̀ːrm] ユーニフォーム	名 制服　形 (…の点で) 同形の (in), 均一の, 一定の
2462	**unify**	[júːnəfài] ユーニファイ	動 …を (…と) 一体化する (with), 統合する
2463	**unpaid overtime work**		サービス残業
2464	**uphold**	[ʌphóuld] アップホウルド	動 …を支持する, …を擁護する
2465	**utensil**	[juːténs(ə)l] ユーテンスル	名 (主に台所で使う) 用具, 道具
2466	**utilitarian**	[juːtìləté(ə)riən] ユーティリテ(ア)リアン	形 実用的な
2467	**vaccine**	[væksíːn] 発ア ヴァクスィーン	名 ワクチン　関連 vaccination ワクチン接種
2468	**vacuum cleaner**		掃除機
2469	**variable**	[vé(ə)riəbl] ヴェ(ア)リアブル	形 変わりやすい, 可変の
	▶ 名 variabílity 変わりやすさ, 可変性		
2470	**vegetative state**		植物状態
2471	**vein**	[véin] ヴェイン	名 静脈, 血管
2472	**vending machine**		自動販売機 (=dispenser)
2473	**ventilation**	[vèntəléiʃən] ヴェンティレイシュン	名 換気 (装置), 公開討論
	▶ 動 véntilate …の換気を行う, …を公開して議論する		
2474	**verbal**	[vɚ́ːrb(ə)l] ヴァーブル	形 口頭の, 言葉による
	▶ 副 vérbally 言葉の上で, 言語で		
2475	**verbal communication**		言語的コミュニケーション
2476	**verdict**	[vɚ́ːrdikt] ヴァーディクト	名 (陪審員の) 評決, 意見
2477	**verse**	[vɚ́ːrs] ヴァース	名 韻文 (⇔prose 散文)
2478	**version**	[vɚ́ːrʒən] ヴァージュン	名 版, バージョン, 説明

2479	**vertical**	[və́:rtik(ə)l] ヴァーティクル	形 垂直の, 直立した
□□			
	▶ 名 verticálity 垂直		

2480	**veteran**	[vétərən] ヴェテラン	名 退役軍人
□□			

2481	**veterinarian**	[vètərəné(ə)riən] ヴェテリネ(ア)リアン	名 獣医
□□			

2482	**vibrant**	[váibrənt] ヴァイブラント	形 活気のある, (活気などで) みなぎる
□□			

2483	**vice-president**		副大統領, 副社長
□□			

2484	**vicinity**	[vəsínəti] ヴィスィニティ	名 近所, 近接
□□			

2485	**virtual reality**		仮想現実
□□			

2486	**virus**	[vái(ə)rəs] 発 ヴァイ(ア)ラス	名 ウイルス
□□			

2487	**visible**	[vízəbl] ヴィズィブル	形 目に見える, 明らかな
□□			
	▶ 名 visibílity 視界, 見える範囲		

2488	**vomit**	[vάmit] ヴァミット	動 嘔吐する, …を嘔吐する　名 嘔吐(物)
□□			

2489	**vulgar**	[vΛlɡər] ヴァルガ(ー)	形 (人・言動などが) 下品な, 洗練されていない
□□			

2490	**war boom**		戦争景気, 戦争特需
□□			

2491	**weird**	[wíərd] ウィアド	形 奇妙な (=strange), 神秘的な (=mysterious)
□□			
	▶ 名 wéirdness 不思議, 気味悪さ		

2492	**whelming**	[(h)wélmiŋ] ウェルミング	形 圧倒的な
□□			

2493	**whistle-blower**		内部告発者, 密告者
□□			

2494	**white-collar**		頭脳労働者の, ホワイトカラーの (⇔blue-collar ブルーカラーの)
□□			

2495	**widow**	[wídou] ウィドウ	名 未亡人 (⇔widower 男やもめ (妻を亡くした男性))
□□			

2496	**windshield**	[wíndʃi:ld] ウィンドシールド	名 フロントガラス
□□			

2497	**wither**	[(h)wíðər] ウィザ(ー)	動 〈植物が〉しおれる, 〈人が〉弱る, …をしおれさせる
□□			

2498 ☐☐	**workforce** [wə́:rkfɔ̀:rs] ワークフォース	图 従業員(数)(=staff), 労働人口	
2499 ☐☐	**X-ray exam**	レントゲン検査	
2500 ☐☐	**zeal** [zíːl] ズィール	图 (…に対する/…しようとする)熱意 (for/to do)	

▶ 形 **zéalous** 熱心である

Part 7 頻出テーマの背景知識

最新の入試問題で頻出の30のテーマを選び出し, 現代社会を読み解くうえでカギとなる語を背景知識の中で覚えられるように工夫しています。これであなたも“最前線”に立てるはずです。

1 感染症

■ 感染症の歴史

　歴史を通じて，人類は幾度となく感染（**infection**）の猛威にさらされてきた．人から人へと伝染する病気は，高い人口密度（**high population density**）を必要とする「文明病」（**disease of civilization**）である．都市化（**urbanization**）されて以降，天然痘（**smallpox**），ポリオ（**polio**）など，感染症（**infectious disease**）が流行（**prevalence**）した記録は多い．感染症が全世界的に大流行することをパンデミック（**pandemic**）と呼ぶが，パンデミックを引き起こした一部のウイルス（**virus**）は少しずつ姿を変え，弱毒化（**weakened**）し，季節性インフルエンザ（**seasonal flu**）のようにいまも流行を繰り返しているものもある．

■ 新型コロナウイルス

　COVID-19 は，2019 年に発生した新型コロナウイルス感染症の正式名称で，「coronavirus disease 2019」の略語である．この感染症を引き起こすウイルスをコロナウイルス（**coronavirus**）／新型コロナウイルス（**the novel coronavirus**）と呼ぶこともある．

■ ソーシャルディスタンス

　対人距離の確保（**social distancing**）は新型コロナウイルスの感染予防対策の 1 つとして，人と人との距離を確保する呼びかけとして使われた用語であるが，社会的地位や人種を要因とする距離・隔離をあらわすことがあるので，世界保健機関（**WHO**）はのちに物理的距離の確保（**physical distancing**）を使うように推奨した．

■ 猛威をふるう感染症

新型コロナウイルスが 2019 年，中国の武漢で**発生**（**outbreak**）した．SARS（中国で出現）や MERS（サウジアラビアで出現）などのコロナウイルスも今世紀になって流行したものだ．**変異**（**mutation**）の激しいウイルスや人間と動物の両方に感染するウイルスを**根絶する**（**eradicate**）ことは困難である．**ワクチン**（**vaccine**）によって地上から姿を消したウイルス感染症は，天然痘（1980 年に宣言）と牛疫（ぎゅうえき）（2011 年に宣言）のみである．

COVID-19 という**感染症**（**infectious disease**）は，世界的に広がり，深刻な事態を世界各地にもたらした．**緊急事態宣言**（**state of emergency declaration**）が発出され，「家にいましょう．冷静になりましょう」（**Stay home. Stay calm.**）が叫ばれた．**不要不急の外出**（**non-essential and non-urgent outing**）が禁止され，ソーシャル・ディスタンスが奨励され，**握手**（**handshake**）や**抱擁**（**hug**）などの**濃厚接触**（**close contact**）を避けるように通達された．**マスク**（**mask**）や**消毒液**（**sanitizer**）が**品切れ**（**out of stock**）状態になるなど，世界中にパニックを引き起こした．

このウイルスは私たちの日常生活を大きく変えた．さまざまな施設の**閉鎖**（**closure**）や**都市封鎖**（**lockdown**）によって，社会活動は著しく制限されることになった．**学校閉鎖**（**school closure**）は数か月にわたって続き，仕事面においては，**在宅勤務**（**working from home**）や**リモートワーク**（**remote working**）が推奨され，**社会インフラ**（**social infrastructure**）の維持に必要不可欠な**医療従事者**（**health-care worker**）や小売業や物流業で働く**エッセンシャルワーカー**（**essential worker**）はさまざまな**感染症対策**（**infection control measures**）を講じたうえでの活動を余儀なくされた．

空の上でも**厳戒体制**（**high alert**）が敷かれた．イスラエルでは**乗務員**（**cabin crew**）が**個人用防護具**（**PPE / personal protective equipment**）で完全武装して搭乗客を迎え，アメリカでは**マスク着用を拒否した乗客**（**anti-mask passenger**）が航空会社から搭乗を拒否される事態も起きた．

Part

7

私たちはウイルスや細菌（**bacteria**）との戦いに勝てるのだろうか．細菌に関しては，1928 年に最初の**抗生物質**（**antibiotic**）として**ペニシリン**（**penicillin**）が発見されて以来，細菌もまた死滅を目的に作られる薬品に**耐性**（**tolerance**）を持つように進化してきた．抗生物質が発見される以前は，**切り傷**（**cut**）や**のどの痛み**（**sore throat**）のような軽度なものが，**死刑宣告**（**death sentence**）にもなり得たのである．抗生物質で治療できない感染症が今後も私たちを苦しめるだろう．私たちは正しい方向への小さな前進を繰り返しているが，もっと多くのことがなされる必要がある．

語句解説

lockdown｜ロックダウン（安全のために人々を建物の中に閉じ込めておくこと．また外部にいる者がそこに入ることを禁じること），都市封鎖

working from home｜在宅勤務

remote working｜リモートワーク（職場から離れた場所で仕事をすること）

social infrastructure｜社会インフラ（国家や社会の存続に欠かせない上下水道・道路・学校・運輸機関・通信機関・金融機関などを指す）

high alert｜厳戒体制

参考英文　愛知県立大／中央大／神戸市外国語大／早稲田大／秋田大／北里大ほか

コラム　「細菌」は単数？ ···

　bacteria（細菌，バクテリア）はもともと bacterium（1 個の細菌）という単語の複数形であるが，細菌は顕微鏡でしか見えない微生物なので，一般の人が単数形の bacterium を使うことはあまりなく，それゆえ単数複数の意識もないため，集合名詞（細菌のかたまり）として捉えるのが一般的になった．それゆえ，本来は複数形なのに単数扱いすることが多い．

☐	**WHO**		世界保健機関（World Health Organization）
☐	**infectious dlsease**		感染症，伝染病（→1909）
☐	**prevent infection**		（ウイルスによる）感染を防ぐ
☐	**be highly infectious**		感染力が強い
☐	**rage worldwide**		（感染症などが）世界中で猛威をふるう
☐	**calm down**		（感染症などが）収まる，落ち着く
☐	**epidemic**		名 （病気などの）流行　形 伝染性の，流行している（→1738）
☐	**plague**	[pléig] プレイグ	（大規模で死亡率の高い）伝染病（→2171），ペスト
☐	**variant**		変異株，変異種
☐	**sanitary**		衛生的な，公衆衛生の（→0316）
☐	**germ**	[dʒə́ːrm] ジャーム	細菌，病原菌，ばい菌（→0169）
☐	**antibiotic**	[æntibaiátik] アンティバイアティック	抗生物質（→1422）
☐	**positive**		陽性である（⇔negative 陰性である）
☐	**healthcare collapse**		医療崩壊

Part

7

2 ワクチン

■ ワクチン接種をめぐる議論

　ワクチン接種（**vaccination**）が進み，感染症治療薬（**anti-infective agent**）が開発されると，人々は「新しい日常」（**new normal**）に向けて歩み始める．とはいえ，ワクチンをめぐる議論（**the controversy over vaccines**）は，ワクチンそのものと同じくらい古くからあり，現在も収束していない．

■ ワクチン開発と動物実験

　死者数（**death roll / death toll / the number of deaths**）を最小限に抑えつつ感染症を収束させるためには，安全で有効なワクチンが欠かせない．各国政府や国際機関がワクチン開発に力を注いでいるのはそのためだ．ワクチン開発（**vaccine development**）のプロセスでは，動物実験（**testing on animals**）を経たあと，人間を対象とした臨床試験（**clinical testing**）で安全性と有効性が検証される．しかし，そうした実験すべてに反対する人たちもいる．

■ 抗感染症薬の今後

　抗感染症薬（**anti-infective drugs**）は，清潔な水（**clean water**）や十分な衛生設備（**good sanitation**）と同じくらい，重要な保健インフラ（**critical health infrastructure**）の不可欠な要素（**essential component**）であるとの認識が世界中で広まっている．

■ ワクチンをめぐる戦い

　反ワクチン派の人々（**anti-vaxxers**）は接種義務の**免除**（**exemption**）を求め，わが子のワクチン接種を拒む傾向がある．**信仰**（**religious belief**）を理由にする人もいれば，**個人的な信念**（**personal beliefs**）で接種を拒否する人もいる．**人口抑制**（**population control**）のための**陰謀**（**plot**）ではないのか．自分が信仰する宗教をなくすためのものではないか．こうした憶測もある．もちろん，**有害作用**（**adverse effects**）や**安全性への懸念**（**safety concerns**）を口にする人もいる．ワクチン接種は**避妊作用**（**antifertility action**）があるのではないか．**自閉症**（**autism**）を引き起こすのではないか．このような疑問をもつ人もいる．

　英国の医師であるエドワード・ジェンナー（Edward Jenner）は，1796 年に天然痘ワクチンを発見したとき，称賛と同じくらい批判にさらされた．聖職者たちは，**神の壮大な計画**（**the Lord's grand design**）に手を加えることを激しく非難した．経済学者のトマス・マルサス（Thomas Malthus）は，ワクチンが**恐るべき人口増加**（**dangerous population increase**）を招くのではないかと案じた．また，**動物性物質**（**animal matter**）を人体に注入するという考えそのものが危険であり，**嫌悪感をおぼえる**（**repulsive**）との印象を多くの人に与えた．

　他方，ワクチン接種を推奨する人たちもいる．ワクチン接種は，共同体の構成員全員にとってより安全な未来を保証するために，個人が小さなリスクを負うことを求めるものである．その主張を否定し，**他人の集団免疫**（**the herd immunity of others**）に頼って自分勝手に生きることは**不公平**（**unfair**）であるというのだ．ワクチン接種は**強制**（**coercion**）ではなく，**公益への同意**（**nod to the public good**）の証明であることを忘れてはならないというのが彼らの主張だ．

　過激な意見もある．ある**生命倫理学者**（**bioethicist**）は，ワクチン接種に反対する医師を「**ホロコースト否認論者**」（**Holocaust deniers**）になぞらえ，彼らの**医師免許**（**medical licenses**）を剥奪するように求めているし，**一部の小児科医たち**（**some pediatricians**）は，ワクチン拒否者の子供はもう治療しないとまで述べている．

　感染症によるパンデミックを収束させるためには，安全で有効なワクチンが欠かせな

い. 新しい抗感染症薬の開発（**the development of novel anti-infectives**）を促す努力は絶えず続けられなくてはならない.

語句解説

anti-vaxxer ｜反ワクチン派の人（vax は vaccine を短くした言葉で, vaxxer は vax に「〜の人」を意味する接尾辞の -er を付けたもの）

anti-fertility ｜不妊(の), 避妊(の)　**関連** fertility 多産, 生殖能力

bioethicist ｜生命倫理学者　**関連** ethics 倫理学

holocaust ｜ホロコースト, 集団虐殺（ナチス政権とその協力者によるユダヤ人の迫害および殺戮を指す. 犠牲者は約 600 万人にのぼったとされる.「ホロコースト否認論者」とは,「大量殺戮はなかった」とか「これは組織的な虐殺ではない」と主張する人たちのことをいう）

public good [interest / benefit] ｜公益

参考英文 同志社大／東京医科歯科大／東邦大／東京慈恵会医科大ほか

コラム 注目される「人道的危機」‥‥‥‥‥‥‥‥‥‥‥‥‥‥‥‥‥‥‥‥‥

　国際社会が救援すべき状況や緊急援助を必要とするほどに深刻な危機を humanitarian crisis（人道的危機）という. もともと humanitarian は「博愛の」という意味であるが, この場合は「人類規模の人道的な援助を必要とする」の意味で用いられるようになった.

□	**vaccination**	[væksənéiʃən] ヴァクスィ**ネ**イシュン	ワクチン接種，予防注射
□	**vaccinate**	[væksənèit] **ヴァ**クスィネイト	〈人〉にワクチン接種をする　関連 be [get] vaccinated ワクチン接種を受ける
□	**vaccine**	[væksíːn] ヴァク**スィ**ーン	ワクチン (→2467)
□	**vaccine hesitancy**		ワクチン忌避，ワクチンへのためらい
□	**vaccine efficacy**		ワクチンの有効性
□	**injection / shot**		注射 (→1920)
□	**testing on animals**		動物実験
□	**clinical testing [trial]**		臨床試験
□	**population control**		人口抑制
□	**herd immunity**		集団免疫
□	**side effect**		副作用
□	**medical licenses**		医師免許
□	**internal medicine**		飲み薬，内服薬
□	**agent**		薬剤，作用物質
□	**ensure the safety of medicine**		薬の安全性を確認する

Part

7

3 末期医療

■ ターミナルケア

ターミナルケア（**terminal care**）は老衰，疾病，障がいなどによって，あらゆる医療が効果的でなく，余命が数か月以内と判断されたあとの時期における医療ケア，介護ケアを指し，患者の**生活の質**（**QOL / quality of life**）を保つことを目的とする．「末期ケア」あるいは「終末期医療」と称されることもある．

■ 延命治療

疾病の根治ではなく，**人工呼吸**（**artificial respiration**），**輸血**（**transfusion**）などによる延命を目的とした治療を「**延命治療**」（**life-prolonging treatment**）という．

■ インフォームドコンセントとリビングウィル

インフォームドコンセント（**informed consent**）は，「説明を受け，納得したうえでの同意」をあらわし，患者・家族・医師が互いに情報を共有して合意するプロセスを指す．**リビングウィル**（**living will**）は「生前意思，遺言」をあらわす．主として，意識が混濁する前に「延命治療の打ち切りを希望する」などといった意思を示すことをいう．

■ 安楽死と尊厳死

助かる見込みのない病人を，苦痛の少ない方法で死に至らせることを「**安楽死**」（**euthanasia / mercy killing**）という．尊厳死（**dignified death / death with dignity**）とは，人間が人間としての尊厳をもって死に臨むことをいう．

■ 末期医療と安楽死

尊厳(**dignity**)をもって,しかも自然な死を迎えたいと誰もが思っている.そうしたなかでの末期医療はどうあるべきだろうか.**末期の病**(**terminal illness**)にかかっている患者の介護人(**caregiver**)の重要な仕事のひとつは,**生死の決断**(**life and death decisions**)に関するものである.**自己決定権**(**right to self-determination**)が重要であることは疑いがないが,病気が進行するにつれて,患者は話し合ったり,判断したり,願望を表明したりする能力をますます失っていく.

安楽死とは,終末期にある患者に苦痛を与えずに死に至らしめることである.安楽死をめぐる議論は,どちらの側につく人にとっても感情的になりやすい問題(**an emotionally charged issue**)となっている.安楽死を支持する人々は,回復不可能な末期疾患の患者(**a person suffering from a terminal illness**)には死のあり方と時期を選ぶ自由が与えられるべきだと主張する.「死ぬ権利」(**the right to die**)があるというのだ.しかし,現状はどうか.医者の仕事は患者を治すことだという思い込みがあるため,**死にゆく患者**(**dying patients**)に無益ともいえる延命治療が施されている.

21世紀初頭,世界で初めてオランダで合法化された安楽死は,現在では年間6000人を超え,増加の一途をたどっている.安楽死を容認する流れは,高齢化の進行と自己決定意識の拡大を受け,ベルギー,スイス,カナダ,アメリカへと広がっている.わが国でも,自分が苦痛を伴う末期状態になった場合,一般国民の74%,医療従事者の80%以上が延命治療を「やめるべきだ」,あるいは「やめたほうがよい」と回答している.他方,**反対派**(**opponents**)は,安楽死は殺人(**murder**)であり,**おぞましい行為**(**an objectionable act**)であり,多くの場合,適切な医療こそが末期患者に苦痛のない尊厳死をもたらすことができると主張している.

参考英文 国際教養大/札幌学院大/杏林大ほか

Part

7

☐	**terminal care**	ターミナルケア，末期［終末期］医療（→2408）
☐	**artificial respiration [breathing]**	人工呼吸（→1435）
☐	**give life-prolonging treatment**	延命治療を施す
☐	**euthanasia** [jùːθənéiʒ(i)ə] ユーサネイジア	安楽死（→1749）
☐	**dignified death**	尊厳死
☐	**cardiac death**	心臓死（→1512）　関連 cardiac 心臓(病)の（→1511）
☐	**brain death**	脳死（→1484）
☐	**physician-assisted suicide**	医師の幇助による自殺（PAS）（→2163）
☐	**dementia**	認知症（かつては「痴呆症」と呼ばれていた）
☐	**organ transplantation**	臓器移植（→2105）
☐	**organ donation**	臓器提供
☐	**die of old age**	老衰で死ぬ
☐	**stop futile treatment**	無駄な治療をやめる

4 ゲノム編集／遺伝子組み換え／クローニング

■ ゲノム編集と遺伝子組み換え

ゲノム（**genome**）とは，生物の細胞（**cell**）内にある DNA，およびそこに書き込まれた**遺伝情報**（**genetic information**）の全体を指す．**ゲノム編集**（**genome editing**）とは，ゲノムを構成する DNA を切断し，**遺伝子**（**gene**）を書き換える技術をいう．一方，**遺伝子組み換え**（**genetic modification**）とは，別の生物から取り出した遺伝子（ゲノムの一部）を組み込むことにより，細胞に新たな性質を付与する技術である．ともに，農業や水産業の分野で応用が進んでいる．

■ クローニング

同じ**遺伝的特徴**（**genetic characteristics**）を持つ子を人工的に生み出すことを**クローニング**（**cloning**）という．1996 年にイギリスで「ドリー」と名づけられたクローン羊が誕生，1998 には日本で 2 頭のクローン牛が生まれるなどして世界の注目を集めた．以後，犬，猿，猫などのクローンが登場し，現在ではクローン・ビジネスが広がりを見せている．ペット・警察犬（救助犬や麻薬探知犬を含む）・競技馬・絶滅危惧種（**endangered species**）などを欲する人たちがいて，ビジネスとして成り立っている．こうしたことにより，同じ哺乳類であるヒトにクローン技術を適用できる可能性も出てきた．両性の関わりなしに子孫を誕生させることを理論上可能にしたのである．ユネスコは「ヒトゲノムと人権に関する世界宣言」のなかで，「ヒトのクローン作製のような人間の尊厳に反する行為は許されてはならない」(Practices which are contrary to human dignity, such as reproductive cloning of human beings, shall not be permitted.) としているが，動物のクローンについては世界的な合意はない．ヒトのクローンについては，人間の尊厳，家族観への影響等，**生命倫理上の**（**bioethical**）問題だけでなく，哲学・宗教・文化等の側面からも十分に検討がなされなくてはならない．

■ クローニング技術の適用範囲

遺伝子編集技術（**gene-editing technology**）における進歩ははすさまじい．今や「絶滅種の復活」（**de-extinction**）までも視野に入れている．マンモスは 4000 年前に絶滅したが，科学者たちは**マンモスのゲノム**（**the mammoth genome**）が現在のゾウのゲノムとどの程度異なっているかの全貌をつかみつつある．また，**遺伝子学**（**genetics**）は**マンモスの配列**（**mammoth sequences**）をゾウの DNA（**elephant DNA**）につなぎ合わせることにより，マンモスをどうやってつくり出すかということに取り組んでいる．

クローニングは**遺伝子工学**（**genetic engineering**）のなかで最も議論を呼ぶ分野のひとつである．これまでのところ，羊，ネズミ，牛，豚，犬，猫などに対して成功例があるが，幾人かの研究者たちは人間のクローンをつくる計画を発表している．生命の**創造**（**creation**）は**神聖な**（**sacred**）ものであるがゆえに神に委ねられるべきであるという良識は依然としてあるが，人間のクローンが完成すれば，さまざまなやり方で乱用されるのは間違いない．

考えてもみてほしい．もし人間のクローニングが可能になったら，どういう人間がそれを使うのだろうかと．それは，世の中にもっと多くの自分がいればいいのに，と願う人々だろう．自分の**内面生活**（**inner life**）が次世代の人たちに付与されることに何の疑問も感じない**無思慮な**（**thoughtless**）人々である．もし彼らが恐ろしい**独裁者**（**dictators**）だったら，何が起こるだろうか．その技術が邪悪な人たちに使われることは避けられないだろう．クローニングの技術が世界中に普及するやいなや，この技術を利用する可能性がいちばん高い人は，自分の権力が死後もずっと保証されることを願う**専制君主**（**tyrants**）だろう．

語句解説

de-extinction｜絶滅種の復活　　**関連** extinction 絶滅

参考英文　慶應義塾大／京都医療科学大／青山学院大／北里大／自治医科大ほか

☐	**genome** [dʒíːnoum] ジーノウム	ゲノム（染色体上の遺伝子が持つ情報）（→1826）
☐	**genetic information**	遺伝情報
☐	**genetic modification [recombination]**	遺伝子組み換え
☐	**gene-editing technology**	遺伝子編集技術
☐	**genetics**	遺伝子学
☐	**genetic engineering**	遺伝子工学（→1825）
☐	**transplant cells**	細胞を移植する
☐	**regenerative medicine**	再生医療（臓器や組織を再生して，失われた人体機能の回復を目指す医療）
☐	**clone a human being**	クローン人間をつくる
☐	**regulate the technology of cloning human beings**	ヒトへのクローン技術を規制する

Part

7

5 飢餓

■ 飢餓の現状

　日本では，食べられる状態であるにもかかわらず廃棄される食品が大量にあることが問題となっている．いわゆる「食品廃棄物［フードロス］」(**food loss and waste**)は，世界中で飢餓 (**hunger / starvation**) に苦しむ人々に向けた食料支援量の 1.2 倍に相当する．一方，世界では今も 4 人に 1 人が深刻な栄養失調 (**malnutrition**)の状態にある．飢餓状態にあるとされる人々も 8 億人を超え，その多くは 開発途上国に住んでいる．また，飢餓に苦しむ人々のおよそ 75％はそうした国々の農村地域 (**rural area**) に住んでいることが明らかになっている．

■ 飢餓のメカニズム

　人類はいまだに飢餓問題に直面している．言うまでもなく，それは社会発展の大きな障害 (**huge obstacle**) になっている．たしかに第二次世界大戦以降，世界の1人当たりの入手可能な食料 (**the availability of food per capita in the world**)は大幅に増加した．また今日，世界には全員を食べさせるだけの十分な食料 (**sufficient food**) があるとも言われている．こうしたことが可能になったのは，おもに 1940 年代から 1960 年代後半にかけて広まった「緑の革命」(**the Green Revolution**) によるものである．「緑の革命」は高収量品種 (**high-yielding varieties**) の導入や化学肥料 (**chemical fertilizers**) の大量投入による投入集約型農業 (**input-intensive agriculture**) で，食料生産と生産性 (**food production and productivity**)を著しく高めた．たしかに農業革命は数億人を飢餓から救ったのであるが，現在ではそれがもたらした弊害も指摘されている．

　というのは，飢餓は依然として続いているという現状がある．2016 年には世界でおよ

そ8億1500万人が日常的に**栄養不良**（**undernourishment**）に苦しんでいたが，2022年になってもその数字に大きな変化は見られない．現在，世界人口の9人に1人が飢餓に苦しんでいる．とくにアジア，アフリカ，ラテンアメリカ・カリブ海地域が深刻な事態に直面している．このことは何を意味するのか．飢餓問題は**食料不足**（**lack of food**）という観点からではなく，**食料の入手**（**accessibility to food**）という見地から取り組まなくてならないということを示している．

　問題はそれだけではない．**生産量と生産性の増大**（**the increase in production and productivity**）が**自然環境**（**the natural environment**）をひどく悪化させたことだ．飢餓を根絶しようとすると自然環境が悪化する，というジレンマに人類は直面したのだ．化学肥料と**殺虫剤**（**pesticides**）の広範な使用は，**土地の劣化**（**land degradation**）だけでなく，**水質汚染**（**water pollution**）や**生物多様性の喪失**（**biodiversity loss**）を招くという事態を想定しえなかったのである．我々は今，環境を十全に保護しながら**食料システムの回復力と持続可能性**（**the resilience and sustainability of our food systems**）を高めるという難題に直面している．

語句解説

per capita ｜ 1人あたり（の）

intensive agriculture ｜ 集約農業（単位面積あたりに投下される労働と資本の集約度合いの高い農業形態）

biodiversity ｜ 生物の多様性　**関連** diversity 多様性（→ 0104）

参考英文　早稲田大／京都医療科学大／日本女子大／琉球大ほか

Part

7

☐	**hunger / starvation**	飢え, 飢餓
☐	**famine** [fæmin] ファミン	飢饉（とくに深刻な状態を指していう）, 飢餓（→0142）
☐	**suffer from hunger**	飢餓に苦しむ
☐	**flee starvation**	飢餓から逃れる
☐	**combat a famine**	飢餓と戦う
☐	**die of [from] famine**	餓死する
☐	**starve to death**	飢えて死ぬ
☐	**be at risk of starvation**	飢餓の危機に瀕している
☐	**malnutrition** [mæln(j)uːtríʃən] マルニュートゥリシュン	栄養失調　関連 nutrition 栄養（の摂取）（→0504）
☐	**undernourishment**	栄養不良　関連 nourishment 栄養物, 滋養分
☐	**food shortage / lack of food**	食料不足
☐	**nutritious**	栄養価が高い
☐	**get enough nutrition [nourishment]** 十分な栄養をとる	

6　肥満と菜食主義

背景知識を押さえよう!

■世界が抱える肥満問題

　肥満（**obesity**）や太りすぎ（**overweight**）が世界中で急速に増えている．1975年と比べると，現在ではその数がほぼ3倍に増加したと言われている．何らかの対策を講じないと，数年後には世界の成人の5人に1人が肥満になるとの予測もある．原因は食べ過ぎ・運動不足・睡眠不足・生活リズムの乱れ・過剰なストレスが挙げられる．食事で摂取した**カロリー**（**calorie**）が消費するカロリーを上回ると体重が増えるというメカニズムを根拠にして，現在，食事のあり方が問題視されている．

入試長文の内容はこれだ!

■肥満と栄養不良

　歴史を通じて，私たち人類は栄養不足（**nutritional scarcity**）に悩まされ，その過程で，塩，砂糖，脂肪（**fat**）への嗜好（**preference**）を育んできた．

　進化生物学（**evolutionary biology**）は現在，大量の食料があるにもかかわらず，**栄養不良**（**malnourishment**）という**逆説**（**paradox**）があることに気づいている．栄養不良とはかならずしも**食料不足**（**lack of food**）を意味するのではなく，むしろ**適切な栄養素**（**proper nutrients**）が欠乏していることを意味するのである．極端な話，1日に4回以上食べても，**栄養失調状態**（**malnourished**）になり得るのだ．実際，**肥満の人たち**（**obese people**）の80〜90%に栄養の偏りが見られるし，**肥満でない人たち**（**non-obese people**）もこれと同等の比率があてはまる．

　ある統計では，全世界で10億人が肥満である．その内訳は成人が6億人以上，青年が3億人以上，5歳以下の子供が4200万人以上となっている．アメリカでは，人口の4分の1以上がなんらかの**メタボリックシンドローム**（**metabolic syndrome**）にかかっている．現代では，**栄養**（**nutrition**）そのものが多くの点で，**公衆衛生**

（**public health**）の大きな争点となっているのだ.

　一方で，菜食主義者［ベジタリアン］（**vegetarian**）がいる．近年，肉を食べないことの健康上の利点（**the health benefits of meat-free eating**）が研究によって確認されている．現在では，野菜中心の食事（**vegetable-based eating**）は十分に栄養がある（**nutritionally sufficient**）だけでなく，多くの慢性病のリスクを減らす方法（**a way to reduce the risk for many chronic illnesses**）としても広く認識されている.

　とくに裕福な人たちのあいだでは，ヴィーガン食品（**vegan food**）への関心が高まっている．世界的に見て，菜食主義が実践されているのには2つの理由がある．1つには，動物の肉を遠ざけること（**avoiding animal flesh**）は健康につながるという確信であり，2つには，肉の消費（**the consumption of meat**）は生き物（**living creature**）の生命を奪うこと（**the taking of life**）にほかならないという信念（**belief**）である.

　西洋では，第一の理由が主たる理由になっており，西洋の菜食主義者たち（**Western vegetarians**）の多くは，健康を維持するには（**in order to maintain good health**）人間の身体は肉を必要としないという信念のもとに，肉の入っていない食事（**meat-free diet**）に切り替え，カロリーの過剰摂取（**excess intake**）に気を配っている.

語句解説

public health ｜ 公衆衛生（→ 2212）
-free ｜ （複合語を形成して）〜がない
-based ｜ （複合語を形成して）〜を基礎とする，〜に基づく
chronic illnesses ｜ 慢性病
excess intake ｜ 過剰摂取

参考英文 同志社大／明治大／関西医科大／新潟大／慶應義塾大／早稲田大ほか

☐	**obesity**	肥満(→2089) 関連 suffer from obesity 肥満に悩む
☐	**overweight**	太りすぎ(の)
☐	**lack of exercise**	運動不足
☐	**obesity-related diabetes**	肥満が原因の糖尿病
☐	**metabolic syndrome**	メタボリックシンドローム(内臓脂肪症候群)
☐	**vegetable [plant]-based diet /** **vegetable [plant]-oriented diet**	野菜中心の食事
☐	**meat-based diet / meat-oriented diet**	肉中心の食事
☐	**well-balanced diet**	バランスのとれた食事
☐	**get enough nutrition [nourishment]**	十分な栄養をとる
☐	**food component**	食物成分
☐	**nutritional medicine**	栄養医学
☐	**fast foods and processed food**	ファストフードと加工食品
☐	**vegetarian-friendly restaurant**	菜食主義者が利用しやすいレストラン
☐	**vegan**　[víːgən] **ヴィー**ガン	ヴィーガン(肉・魚だけでなく, 卵・チーズ・牛乳などの動物性食品をいっさい口にしない完全菜食主義者. ビーガンと表記することもある)

Part

7

265

7 食の安全

■ 遺伝子組み換え食品

大豆（**soybeans**）やとうもろこし（**corn**）など，さまざまな作物（**crops**）でおこなわれているのが**遺伝子組み換え**（**genetic modification**）であるが，人体や環境への悪影響が懸念されている．そこでにわかに注目されているのが，**無農薬の環境**（**chemical-free environment**）で育てられた**有機食品［オーガニック食品］**（**organic food**）であるが，栽培に時間がかかり，価格が高く，**長期保存**（**long storage**）ができないという理由で，今のところ大きな広がりは見せてはいない．

■ 遺伝子組み換え食品とオーガニック

DNA に含まれる**遺伝子**（**gene**）を抽出して組み換え，作物に新たな性質を持たせることができるようになった．こうした技術を利用してつくられるのが**遺伝子組み換え食品**（**genetically-modified food**）である．日本では，大豆，じゃがいも，とうもろこしなどの遺伝子組み換え食品が販売されている．**害虫**（**pests**）に強い作物が生産可能となり，使用する**農薬**（**pesticide**）を減らしたり，**生産量**（**quantity of production**）を増やしたりと，**農業**（**agriculture**）を効率化するのに役立っている．

一方で，遺伝子組み換え食品には人体にはない**タンパク質**（**protein**）をつくる遺伝子が組み込まれている可能性があるので，**アレルギー**（**allergy**）を引き起こす可能性や**抗生物質**（**antibiotic drugs**）における有効性の減少が指摘されている．安全性が必ずしも保証されているわけではないというのだ．

そこで，有機食品に注目が集まっている．「有機栽培」（**organic farming**）というのは，**化学肥料**（**chemical fertilizer**）や農薬を使用せず，自然の恵みを活かした栽培法をいう．近年，多種多様な**オーガニック製品**（**organic products**）が数多く

市場に出回っている．スーパーへ行けば，「**100%オーガニック**」（**100% organic**）とか「**人工添加物を含まず**」（**No artificial additives.**）と銘打った商品が目につく．オーガニック製品は農作物から化粧品（**cosmetics**）にまで及んでいる．

しかし，そのような品々は非オーガニック製品（**non-organic products**）に比べて，どれくらい私たちの生活によい影響を与えているのだろうか．**環境保護**（**environmental protection**）や人々の健康に寄与しているのだろうか．

1つだけはっきりと言えるのは，オーガニック製品は2倍ほど値段が高いということである．**有機鶏肉**（**organic chicken**）は養鶏場の鶏肉の数倍もすることがある．言うまでもなく，オーガニック製品の最大の市場は食品である．**愛好者**（**supporters**）は味もいいし，体にもよいと主張するが，**批判者**（**critics**）は**栄養面においても違いがない**（**no nutritional difference**）とし，人体に良いという科学的根拠もないと反論する．

問題点がないわけではない．あるオーガニック製品は大量の燃料を消費して地球を半周してまで他国へ輸送されているが，この実情をどう受け止めるのか．少なくとも**温室効果**（**greenhouse effect**）を食い止めるには役立っていないはずだ．また，**保存料**（**preservative**）や**酸化防止剤**（**antioxidant**）を用いていないオーガニック食品は長期保存ができないため，一人暮らしや家族が少ない家庭向きではない．そのため残りはゴミとして処分される可能性が高い．この現状とどう向き合ったらいいのだろうか．

Part

7

参考英文 青山学院大／名古屋市立大／京都医療科学大／熊本大／獨協大ほか

☐	**genetically-modified food**	遺伝子組み換え食品 (→1822)
☐	**organic farming**	有機栽培, 有機農業 (→2104)
☐	**chemical-free [pesticide-free] vegetable**	無農薬野菜
☐	**grow tea without using any pesticides**	農薬を使わずに茶を栽培する
☐	**forcing cultivation**	促成栽培
☐	**cultivation in greenhouse**	温室栽培
☐	**food preservative**	食品保存料
☐	**food additive**	食品添加物 (→1791)
☐	**additive-free food**	無添加食品 (→1397)
☐	**artificial (food) coloring**	人工着色料
☐	**antioxidant**	酸化防止剤
☐	**have a negative effect on health**	健康へ悪影響を及ぼす

8 睡眠

背景知識を押さえよう!

■ 睡眠の科学的知見

　睡眠時間（**sleeping hours / amount of sleep**）の絶対的な基準はない．睡眠は体質（**constitution**），性別，年齢などの個人的な要因に影響されるからである．しかし，何週間，何か月，あるいは何年にも及ぶ睡眠不足から積みあげられた「睡眠負債」（**sleep debt**）が，がん（**cancer**）・糖尿病（**diabetes**）・高血圧症（**high blood pressure**）などの生活習慣病（**lifestyle diseases**）や，うつ病（**depression**）・認知症（**dementia**）などの発症リスクを高めることが，数多くの研究結果から明らかになっている．

入試長文の内容はこれだ!

■ よき睡眠がもたらすもの

　我々が睡眠をとるのは，身体組織（**body tissues**）や脳細胞（**brain cells**），とりわけ神経組織の細胞（**the cells of the nervous system**）を回復し，取り戻すためであるということが研究によってわかっている．

　平均的な人間はひと晩に8時間の睡眠（**eight hours of sleep each night**）をとる必要がある．個人差の幅があるとはいえ，大多数は6時間から9時間の睡眠を必要とする．

　自分はいかに睡眠が少なくて済むかを自慢し，ナポレオンやエジソンのような有名人の例を引き合いに出したがる人もいるが，科学的な証拠（**scientific evidence**）が示すところでは，卓越した（**eminent**）人々ほど一般の人たちよりもかなり長く眠る傾向にある．

　睡眠をとると，日中身体が蓄積した有害な老廃物を取り除き（**remove the harmful products which have accumulated during the day**），筋肉の損傷をいや

し（**repair damage to muscles**），エネルギーを蓄える（**store up energy**）ことができる．睡眠中は，心拍数（**heart rate**）が減り，血圧（**blood pressure**）が下がり，脳波（**brain wave**）に変化が起きる．翌日の活動に備えて，体全体がリラックスし，心身ともに休まるのである．

逆に，睡眠不足（**lack of sleep**）は脳から心臓，免疫システム（**immune system**）に至るまで，体の重要な機能を低下させる．この1世紀の間に睡眠時間が劇的に少なくなった国，たとえば米国，英国，日本，韓国，およびいくつかのヨーロッパ諸国において，身体疾患（**physical disease**）やうつ病などの精神障害（**mental disorder**）が増加しているのは偶然ではない．

睡眠を奪われると，人は不安になり，いらいらがつのる．意志力（**willpower**），記憶力（**memory**），創造力（**the ability to create**）が失われ，しまいにはきわめて単純な機械的作業（**the simplest mechanical task**）でさえもできなくなってしまう．

西側世界では，睡眠時間は短くなるいっぽうである．時間概念のない仮想空間（**virtual space**）での人と人のかかわり（**human interaction**）が増えるにつれて，私たちの睡眠は短くなり，活動時間が長くなっていることは，生活の質（**the quality of the lives we lead**）に深刻な影響を与えている．とりわけ，光を発するコンピュータ画面（**light-emitting computer screens**）が，健康にとってきわめて重要な24時間周期のリズムに与える影響はごく最近明らかになったばかりである．睡眠障害（**sleep disturbance**）は健康問題と密接な関わりがあるのだ．

また，医者たちは，ティーンエイジャー（**teenager**）は大人よりも多くの睡眠が必要だと考えている．彼らの脳は思春期（**adolescence**）に急速に発達するからである．脳がうまく機能するためには，9時間の睡眠を必要とする．しかし最近の研究では，ティーンエイジャーの90%はひと晩に9時間以下の睡眠しかとらず，しかも10%のティーンエイジャーは6時間以下の睡眠しかとっていない．それが良識ある判断（**good judgement**）を難しくする要因にもなっているとの報告もある．

参考英文 東北学院大／法政大／立教大／上智大／大阪市立大／慶應義塾大ほか

☐	**sleeping hours / amount of sleep**	睡眠時間，睡眠の量
☐	**sleep debt**	睡眠負債　関連 carry a heavy sleep debt 重い睡眠負債を抱える
☐	**store up energy**	エネルギーを蓄える
☐	**heart rate**	心拍数
☐	**blood pressure**	血圧（→1475）
☐	**brain wave**	脳波
☐	**immune system**	免疫システム，免疫系（→1896）
☐	**sleep disturbance**	睡眠障害

Part

7

9 平均寿命

■「寿命」と「余命」

　ある人が生まれてから死ぬまでの長さを「寿命」(**lifespan / length of life / duration of life**) という．一方，「平均余命」(**life expectancy**) はある年齢の人がそのあと何年生きられるかという期待値のことである．また，医療や介護に依存しないで自立した生活ができる生存期間を「健康寿命」(**healthy lifespan / healthy life expectancy**) という．

■ 平均寿命の推移

　過去数世紀にわたって実現した寿命の伸長 (**life extension**) は，人類が成し遂げた最も偉大な成果といえる．人類史の初期における平均寿命は 20 〜 30 年であったとされるが，世界の中で最も健康水準 (**the standards of health**) が高い国々の寿命は約 80 年となった．この伸びは公衆衛生 (**public health**)，生活水準 (**living standards**)，個人の衛生観念 (**personal hygiene**)，医療技術の向上 (**advances in medical technology**)，そしてなにより感染症 (**infectious diseases**) による乳幼児の死亡がほぼなくなったことによる．

■ 平均寿命の実情と課題

　国連の推計によれば，寿命の伸長は先進国 (**developed countries**) に限ったことではなく，世界各国で起きている．高齢者人口 (**elderly population**) の増大は医療や社会的支援の面における重大な課題を突きつけている．また，寿命における最も悲観的なシナリオは，感染症が世界的に蔓延して人々の命を多数奪うことである．

■ 平均寿命とウイルス

　人間の平均寿命（**the average human lifespan**）はこの 200 年の間に 2 倍になった．ローマ帝国の時代，平均余命はたった 22 年であった．時代を経ても，**飢饉の恐れ**（**the threat of famine**）は絶えず存在しており，医術は**外科処置**（**surgical techniques**）に限られていた．**伝染病**（**epidemics**）はあちこちで見られ，1347 年から 1351 年の間にヨーロッパ中に広まった**黒死病**（**the Black Death**）は全住民の 4 分の 1 を死に至らしめた．

　平均余命の劇的な進歩（**the dramatic improvement in life expectancy**）が始まったのは，19 世紀であり，イングランドからヨーロッパ中に広まった**産業革命**（**the Industrial Revolution**）が起きてからであった．**きれいな水**（**clean water**）と**適切なゴミの処分**（**proper disposal of waste**），そして**医療処置の進歩**（**the advancement of medical treatment**）が大きく貢献した．なかでも，**抗生物質の発見**（**the discovery of antibiotics**）は，**出産**（**childbirth**）の間に死ぬ女性の数を大きく減らした．

　現在，先進的で豊かな世界では，科学のおかげで**命に関わる病気**（**fatal diseases**）を克服し，**生活の質**（**quality of life**）を高めることが可能になっている．しかし今後，発展途上国においては，**ウイルス**（**virus**）が何百万もの生命を奪い続けるので，51 か国で平均寿命が短くなるであろうと予測している研究機関もある．

Part

7

参考英文　東京理科大／群馬大／長崎大／香川大／関西大／九州大ほか

☐	**life expectancy**	平均余命(→1968) 関連 the average life expectancy of Japanese women 日本人女性の平均余命
☐	**live longer than ever before**	かつてないほど長生きする
☐	**extend [lengthen] one's life (span)**	寿命を伸ばす
☐	**shorten one's life (span)**	寿命を縮める
☐	**longevity**	長寿
☐	**increase in the elderly population**	高齢者人口の増加
☐	**fatal [lethal] disease**	命に関わる病気, 死に至らしめる病

コラム 「先進国」の言いあらわし方 ‥‥‥‥‥‥‥‥‥‥‥‥‥‥‥‥‥‥‥‥‥‥‥‥‥‥

　複数の場合,「先進国」は developed countries と表記される.「すでに発展した国々」というわけだ. industrialized countries(工業化された国々)ということもある. advanced countries(進歩した国々)と言いあらわすこともあるが, これだと他の国々は遅れているということを暗示するので, 分野を限定するなど, 使うときには注意を要する.

コラム 「途上国」の言いあらわし方 ‥‥‥‥‥‥‥‥‥‥‥‥‥‥‥‥‥‥‥‥‥‥‥‥‥‥

　いわゆる「途上国」(developing countries)は「発展途上国, 開発途上国」のことである. 経済発展や工業力の水準が先進国に比べて低く, 経済成長の途上にある国を指す. 以前は「後進国」とあからさまに呼ぶこともあった. 英語では, backward countries(遅れた国々)とか poor countries(貧しい国々)と表記することが多かった. 現在では, 婉曲的に developing countries(発展しつつある国々)と呼ぶのが標準的である.

10 人口爆発と少子高齢化社会

■ 人口爆発

　世界は**人口爆発**(**population explosion**)を経験している．現在，80億を超える人々が地球上で暮らしているが，50年後には97億人に達すると予測されている．今後，最も人口が増加するとみられているのは，インド，ナイジェリア，パキスタン，コンゴ民主共和国，インドネシア，エジプトなどであるが，そうした国々では食料，雇用，インフラの安定が懸念されている．

■ 増加する高齢者人口

　世界人口が増加するなか，日本の総人口は2010年にピークを迎え，以後ずっと減少している．先進国の多くは**人口の高齢化**(**the aging of the population**)を加速させているが，日本もその例外ではない．日本の**高齢者人口**(**elderly population**)は2050年代にピークを迎えると予測されている．

■ 出生率の低下

　少子化(**declining birth rate**)とは**出生率**(**birth rate**)が低下し，子供の数が減少することをあらわした言葉である．**婚姻件数**(**the number of marriages**)は出生率と大いに関係があるが，日本におけるこの数年の婚姻件数は1972年の半分以下にまで落ち込んでおり，少子化傾向に歯止めがかかっていない．1億人を超えている現在の人口は2060年には8674万人に減少すると見込まれており，**国力**(**national strength**)の低下が危惧されている．

Part

7

275

■ 都市の人口と高齢化社会

　国連は，2050 年までには人類の 66％が都市部に住むようになると試算している．都市で暮らすことには，**いくつもの実利（many material advantages）** が考えられる．たとえば，**食べ物や水の供給が確保されていること（a ready supply of food and water）**，幅広い医療サービスの利便性（**access to a large range of medical services**），便利な交通システム（**convenient transport systems**）などである．**野性動物からの安全（safety from wild animals）** を加えてもいいかもしれない．

　しかし，都市環境のすべてが居住に適しているというわけではない．**うつ病（depression）** や **孤独感（loneliness）**，**過密環境に暮らすことからくるストレス（the stress that comes from living in an overcrowded environment）** など，**情緒面での問題（emotional problems）** を引き起こす可能性が高い．

　また，世代間における軋轢も生じるであろう．先進諸国では都市部における医療サービスが充実しているため，人口の高齢化が進んでいる．世界では，65 歳以上の高齢者人口が 5 歳未満の子供の数を上回り，今世紀半ばにはその数は 2 倍以上に膨れあがると予想されている．日本では今後，**少子高齢化（the declining birth rate and the aging population）** が進み，今世紀半ばには 1 人の高齢者に対して，平均 1.3 人の **生産力を有する勤労者（productive workers）** という比率になると予想されている．これは現在の平均 2 人に比べて，**負担（burden）** が増すということを意味する．若者たちはなぜ自分たちがその負担に耐えなくてはならないのか疑問に思うであろう．これは **世代間の争い（inter-generational conflict）** に発展していく可能性がある．こうした傾向は今後，世界中の都市部で顕在化し，やがて **階級闘争（class warfare）** とは **富裕層対貧困層（the poor against the rich）** ではなく，**老人対若者（the young against the old）** を意味すると新たに定義されるかもしれない．

参考英文　名古屋大／北海道大／埼玉大／早稲田大／佐賀大／東京大／慶応大ほか

☐	**population explosion**	人口爆発
☐	**the aging [ageing] of the population**	人口の高齢化
☐	**prepare for a super aging society**	超高齢化社会に備える
☐	**declining [low] birth rate**	少子化, 低出生率 (→1982)
☐	**the declining birth rate and the aging population**	少子高齢化
☐	**labor force population**	労働力人口
☐	**cope with the labor shortage**	労働力不足に対処する
☐	**social security expenses**	社会保障費

Part

7

11 社会的孤立

■個人と孤独

　人間は共同体(**community**)を必要とする.私たちはこれまで,言語を通じた自覚的集団を形成することによって生き延びてきた.宗教が今日まで残っているのも,集団的行動(**group action**)を強め,存続(**surviving**)の可能性を高めるためであろう.「独立した個人(**independent individual**)として生きる」ことを声高に叫ぶ者がいるが,個人として生きることが可能になった背後には,それを支えるシステムや社会のインフラ(**social infrastructure**)が整っているからだ.とはいえ,共同体に属しながらも,ときに人間は孤独(**loneliness**)を感じることもある.

■共同体からの孤立

　生物はどんな生態系の中にあっても,相互に依存し合う生物たちの統合されたひとつの共同体(**an integrated community of interdependent organisms**)を形成しており,自分の属する共同体の中で暮らしていれば動物は生き延びられるが,共同体から孤立してしまうと寿命を縮めてしまうことがよくある.

　密接な社会的つながりが不足している人(**people who lack close social connections**)は友人に囲まれて暮らしていると認識している人よりも著しく高い死亡率(**significantly higher mortality rates**)を示す,ということを研究者たちは繰り返し見いだしてきた.孤立(**isolation**)と健康との関係は複雑であり,多くのメカニズムが関わっている可能性があるといえそうだ.

　最もタフな囚人(**prisoner**)でさえ,独房監禁(**solitary confinement**)を恐れるという.現在,孤独の蔓延(**an epidemic of loneliness**)に直面している意識が世界中で高まっているが,長期に及ぶ社会的孤立や孤独(**prolonged social** isolation and loneliness）は，うつ病（**depression**）や心臓病（**heart disease**）を始めとする多くの深刻な生理学上および神経精神医学上の問題（**physiological and neuropsychiatric problems**）や死亡率の上昇（**increased mortality rates**）に関連している可能性がきわめて高い．

　孤独感はほぼすべての人が人生のある段階で経験するものであるが，それは社会的関係の質（**the quality of one's social relationships**）において感じるものである．しかし，朗報もある．それは，インターネット（**the Internet**）やオンラインのソーシャルネットワーク（**online social networks**）によって，デジタルテクノロジーを利用する高齢者（**older adults who use digital technologies**）は孤独を紛らわし，平均余命（**life expectancy**）を伸ばすことができるようになってきているという事実である．

──────────────────────────────────────

参考英文 お茶の水女子大／京都大／慶應義塾大／早稲田大／名古屋大ほか

Part

7

279

☐	**social connection**	社会的なつながり
☐	**mortality (rate)**	死亡率
☐	**be interdependent / be mutually dependent**	相互に依存している
☐	**forge a strong link**	強い結びつきを築く
☐	**tighten family ties**	家族の絆を強める
☐	**deepen the bond with friends**	仲間との絆を深める
☐	**meet an online friend**	ネット友達に会う
☐	**become friends through social media**	SNSを通じて友達になる
☐	**share a mutual interest**	共通の趣味を持つ
☐	**lonely people**	孤独な人たち
☐	**isolation from the community**	共同体からの孤立
☐	**avoid the feeling of loneliness**	寂しさを紛らわす
☐	**feel lonely after a divorce**	離婚して孤独を感じる
☐	**lose someone special**	大切な人を失う

12 IQとEQ

背景知識を押さえよう！

■ EQというもの

人の知能レベルを数値化したものを「知能指数」（**IQ / intelligent quotient**）というが，社会的成功（**social success**）を収めるには高い感情知能（**emotional intelligence**）が欠かせない．その指数は一般に「情動指数，心の知能指数」（**EQ / emotional (intelligence) quotient**）などと呼ばれる．感情知能とは，自分や他人の感情を知覚し，感情をコントロールする能力を指す．先天的な要素（**congenital elements**）が少なく，学習によって後天的に獲得される（**be acquired by learning later in life**）もので，企業や組織が注目している個人の資質（**competence**）である．

入試長文の内容はこれだ！

■ EQと社会的成功

仕事で成功するにはどんな資質を持っていなくてはならないのか．多くの経営者や人事担当者は「一般認知能力」（**general cognitive ability**）の重要性を力説する．

IQではなく学習能力（**learning ability**），臨機応変にものごとを処理する能力（**the ability to process**）を優先するというのだ．無関係に見える情報の断片をまとめる能力（**the ability to put together seemingly unrelated bits of information**）や当事者意識（**ownership**）と知的謙虚さ（**intellectual humility**）を重要視する声もある．

有名なビジネススクールの卒業生の多くは，こうした点において進歩しない傾向がある．これまで成功を重ねてきた頭のいい学生は，失敗（**failure**）から学ぼうとはしないのだ．革新的なことがますますチームによる作業となっている時代に求められるのは，統率力（**leadership**），謙虚さ（**modesty**），協調性（**collaboration**），順応性

（**adaptability**），学ぶ意欲（**loving to learn**）といったソフトスキルである．

　IQ 検査は依然として，学校での成績を知る**すぐれた指標**（**excellent indicator**）であるものの，誰がお金を稼ぐか，誰が**名声**（**prestige**）を手にするか，誰が**満足できる社会生活**（**satisfying social life**）を送るか，誰が**良好な人間関係**（**good personal relationships**）を築くかについては，ほとんどあるいはまったく関係がない．

　IQ 検査の明らかな限界（**the obvious limitations of IQ tests**）のいくぶんかを補おうとして，研究者たちは日常生活のなかで成功をもたらすような**感情的要因**（**emotional factors**）や**心的態度**（**psychological attitudes**）を測定する新しい方法の開発を始めた．それが EQ である．EQ とは自分や他者の感情を知覚しコントロールして，それをよりよく利用する能力を示す指標である．社会のトップに立つ人間には高い EQ が要求される．ある研究によると，ドイツ，ラテンアメリカ，日本のトップ経営者の 75％が高い EQ を持っているとされる．

参考英文　早稲田大／京都医療科学大／日本女子大／琉球大ほか

テーマに関する最重要語句をチェックしよう！

☐ **IQ**	知能指数（intelligent quotient）	
☐ **EQ**	情動指数，心の知能指数（emotional quotient）（→1739）	
☐ **learning ability**	学習能力	
☐ **intellectual integrity**	知的誠実さ	
☐ **build good personal relationships**		良好な人間関係を築く
☐ **emotional factors**	感情的要因	
☐ **psychological attitudes**	心的態度	
☐ **show empathy**	共感を示す	

13 騒音

背景知識を押さえよう!

■ 騒音対策

世界保健機関（**WHO**）は**環境騒音**（**community noise**）に関する問題提起を繰り返している．環境騒音とは，道路，鉄道，航空機，産業，建設，近隣から発せられる不快な騒音のことで，これらの騒音は，**聴覚障害**（**hearing impairment**），**睡眠障害**（**sleep disorder**），**心疾患**（**heart disease**）を引き起こし，**メンタルヘルス**（**mental health**）等へ悪影響を与えると警告している．しかし，騒音は多くの場合，経済の活性化と密接に結びついているため，その対策は遅々として進んでいないのが現状である．個人は**静寂**（**silence**）を求めているのに，社会は騒音なしではやっていけないようだ．

入試長文の内容はこれだ!

■ 騒音がもたらすストレス

たいていの人は**ストレス**（**stress**）と無縁ではいられない．なかにはこうした**プレッシャー**（**pressure**）を好み，プレッシャーがあるからこそ，仕事にやりがいを持てる人もいる．しかし，少しでもストレスがあると不快になってしまう人もいる．そういう人はストレスを感じると，すぐに暗い気分になってしまい，**過食**（**overeating**），喫煙，飲酒，**麻薬の使用**（**using drugs**）など，普段ならしないようなことをやりかねない．

ストレスの大きな要因とされているものに「騒音」がある．心理学者たちは「音」（**sound**）と「騒音」（**noise**）とを区別している．「音」は**デシベル**（**decibel**）で測定できるが，「騒音」は同じようには計測できない．というのも，騒音とは音による心理的影響のことであり，その「**強度**」（**intensity**）は状況によって異なるからである．飛行機の離着陸の音を聞こうと思って空港にいる人たちにとっては，音はすさまじいかもしれないが，騒音に悩まされることはない．

大都市の多くの住民は騒音に悩まされている．ヨーロッパでは4億5000万の人が，WHO が「受け入れられない」（**unacceptable**）としている騒音レベル（**noise levels**）に毎日さらされている．工場（**factories**），鉱山（**mines**），建設現場（**construction sites**）では，騒音がつきものであるのは言うまでもない．

　過去40年間に地球上の生態系（**the planet's ecosystems**）のおよそ3分の1が騒音公害（**noise pollution**）のために影響を受けた．このことは陸上だけにとどまらない．船舶などによる水中騒音（**underwater noise**）は過去50年ごとに倍増してきたと推定され，それによって生態系も変化している．

　私たちのほとんどは騒々しい世界（**noisy world**）に暮らしている．交通騒音（**traffic noise**），やかましい音楽と宣伝（**loud music and advertisements**），電子機器のアラート音（**the alerts of electronic devices**）などは健康に有害となる（**harmful to health**）恐れがある．都市の住民（**urban residents**）は，静かなところに住む人たちよりも聴覚障害（**hearing impairment**）や聴覚喪失（**hearing loss**）を患うことが多い．そればかりか，身体のストレス反応（**the body's stress response**）を過敏にさせ，休息（**rest**）できにくくし，心疾患になる危険性がより高まるという研究報告がある．

　しかし幸いにも，これには解決策が存在する．それは静寂（**silence**）である．わずか2分間ほどの静寂が，ストレスホルモンの高まり（**an elevation in stress hormones**）によって引き起こされる緊張をやわらげる（**ease the tension**）ことができるという．毎日数回，静寂の時間を持つことで，我々は健康を維持する（**maintain health**）ことができる．不眠症（**insomnia**）の緩和にも効果があるとの報告もある．

参考英文 大阪府立大／佐賀大／神戸女子大／東京電機大／武蔵野女子大ほか

☐	**make (a) noise**	騒音を立てる
☐	**lots of noisy places**	多くのやかましい場所
☐	**be annoyed by noise**	騒音に悩まされる
☐	**complain about noise**	騒音に苦情を言う
☐	**minimize noise pollution**	騒音公害を最小限にとどめる
☐	**solve the problem of airport noise**	空港の騒音問題を解決する
☐	**decibel**	デシベル（音響の大きさを測る単位）
☐	**be harmful to health**	健康にとって有害である
☐	**feel stressed**	ストレスを感じる
☐	**have a psychological effect on residents**	住民たちに心理的影響を与える
☐	**hearing impairment**	聴覚障害
☐	**hearing loss**	聴覚喪失

Part

7

14 廃棄物ゼロ

■ SDGs (エスディージーズ)

　2015 年，国連サミット (**UN Summit**) は，世界を「持続可能な」(**sustainable**) ものにするための達成目標，すなわち「持続可能な開発目標」(**Sustainable Development Goals**) を採択した．この頭文字をとったのが SDGs で，2030 年までに達成を決めた目標は 17 に及び，計 193 か国が参加している．

　「貧困をなくそう」(**No Poverty**)，「飢餓をゼロに」(**Zero Hunger**)，「すべての人に健康と福祉を」(**Good Health and Well-Being**)，「質の高い教育をみんなに」(**Quality Education**)，「ジェンダー平等を実現しよう」(**Gender Equality**)，「安全な水とトイレを世界中に」(**Clean Water and Sanitation**)，「エネルギーをみんなに，そしてクリーンに」(**Affordable and Clean Energy**)，「働きがいも経済成長も」(**Decent Work and Economic Growth**)，「産業と技術革新の基盤をつくろう」(**Industry, Innovation and Infrastructure**)，「気候変動に具体的な対策を」(**Climate Action**) などの目標が掲げられた．

　私たち人類は従来の**大量生産** (**mass production**) や**大量消費** (**mass consumption**) の社会から脱却し，責任ある生産と消費を継続することを求められている．目標の1つに掲げられた「**つくる責任　つかう責任**」(**Responsible Consumption and Production**) がそれで，**リサイクル** (**recycling**) の推進，**天然資源** (**natural resources**) とエネルギー の効果的な利用，**食品廃棄物** (**food loss and waste**) の減少などを目指している．消費者はまた**エコバッグ** (**reusable bag**) を利用するなどして，**ビニール [プラスチック] のレジ袋** (**plastic shopping bag**) の使用を減らしている．

■ ゴミと「廃棄物ゼロ」

多くの製品（**manufactured items**）は寿命（**lifespan**）をコントロールするようにつくられており、消費者（**consumers**）は古くなった所有物（**old possessions**）を捨てて新品を買うように誘導されている．

捨てられた物（**discarded items**）はいったいどこへ行くのだろうか．私たちが忘れがちな自然法則のひとつ（**one of the basic laws of nature**）に、「物は捨てても消えてなくなるわけではない」というのがある．現実問題として、**無分別な廃棄**（**indiscriminate dumping**）は環境破壊（**environmental destruction**）を引き起こしている．とくに電子廃棄物（**e-waste**）の大半は埋め立て地（**landfills**）に運ばれ、自然環境を汚染している．電子廃棄物には鉛（**lead**）や水銀（**mercury**）などのさまざまな有害物質（**a variety of toxic substances**）が含まれており、それらが漏れて地面（**ground**）にしみ込んでいくのだ．

大量生産、大量消費、大量処分（**mass disposal**）というシステムから、環境に負担をかけない資源循環システム（**a resource cycling system**）に移行する時が来ている．また、こうした廃棄物ゼロへの取り組み（**the zero-emissions approach**）は、新たな経済システムを実現するための方策として注目を集めている．

現在、全世界では毎分100万本ものプラスチック製のペットボトル（**plastic bottles**）が売られているが、リサイクルされるのはわずか14%で、その多くが海洋（**the oceans**）に流れて大規模な汚染（**enormous pollution**）を引き起こし、海洋生物（**marine life**）に危害を与えている．しかし近年、ソフトドリンクのボトルを分解する変異型酵素（**a mutant enzyme that breaks down plastic soft drinks bottles**）が発見されたことにより、ペットボトルもまた原料成分（**original components**）にまで回帰することが可能になった．

語句解説
enzyme｜酵素（物質の消化・吸収・代謝などを促進するタンパク質）（→ 1736）

参考英文　東北学院大／京都工芸繊維大／奈良女子大／慶應義塾大ほか

287

□	sustainable management of waste and resources	廃棄物と資源の持続可能な管理
□	clean up the garbage problem	ゴミ問題を処理する
□	throw away garbage / dump garbage	ゴミを捨てる
□	illegal dumping	不法投機
□	waste / waste product	廃棄物（→0924）
□	plastic waste	プラスチック廃棄物, 合成樹脂のゴミ
□	e-waste	電子廃棄物（乾電池や電子機器の廃棄物）
□	harmful [toxic] substance	有害物質
□	plant-based product	植物由来の製品
□	degradable	分解しうる, 分解性の
□	phase out	段階的になくす, 段階的に廃止する
□	promote reuse of industrial waste	産業廃棄物の再利用化を推進する
□	recycle household waste	家庭のゴミをリサイクルする
□	zero-emissions [zero-waste] society	廃棄物ゼロ社会

15 地球温暖化と気候変動

背景知識を押さえよう！

■ 地球温暖化

　地球の大気（**the earth's atmosphere**）と海水の温度上昇（**the rise in seawater temperature**）が地球温暖化（**global warming**）現象を引き起こして、環境（**the environment**）と人間に大きな損害（**damage**）をもたらしている。温暖化には自然サイクルによる気候変動（**climate change**）と、人為起源によるものがあるが、20 世紀半ば以降の温暖化は人為起源が主要因とされている。なかでも化石燃料（**fossil fuel**）の燃焼や森林伐採（**deforestation**）などによる二酸化炭素（**carbon dioxide / CO$_2$**）などの温室効果ガス（**greenhouse gases**）の増大は危険な気候変動を招いている。

■ オゾン層の破壊

　地上からおよそ 10 ～ 50 キロメートル上空の成層圏にあるオゾン層（**the ozone layer**）は、太陽光に含まれる有害な紫外線（**harmful ultraviolet radiation**）の大部分を吸収することで地球上の生物を守っている。オゾン層を破壊する物質は炭素（**carbon**）やフッ素（**fluorine**）などから成る物質で、おもにエアコンや冷蔵庫で温度を下げるため用いられてきた。また、スプレー（**spray**）や電子部品（**electronic components**）の洗浄、発砲スチロール（**Styrofoam**）の発泡剤（**blowing agent**）などにも使用されてきた。

■ CO$_2$の削減

　南米アマゾンの熱帯雨林（**the Amazon rainforest**）が CO$_2$ の吸収源（**carbon dioxide sink**）から発生源（**generation source**）へ変わる恐れがあるという研究論文がある。それによると、森林破壊によりアマゾンの CO$_2$ 吸収力は急速に失われ、全体の約 20％がすでに「発生源」になっている。地球温暖化対策の国際的枠組みである

Part

7

「パリ協定」（**Paris Agreement**）で想定されている CO_2 排出量削減のシナリオの一部は，森林が今後も長期にわたり CO_2 を吸収できることを前提としており，今後はこの点を見直した**気候変動緩和戦略**（**climate change mitigation strategies**）も視野に入れなければならない.

入試長文の内容はこれだ！

■ 地球温暖化がもたらすもの

地球という惑星（**the planet Earth**）に住んでいる私たちは，**自然災害**（**natural disasters**）の恐怖につねにさらされてきた．**地震**（**earthquakes**）・**台風**（**typhoons**）・**竜巻**（**tornadoes**）・**森林火災**（**bushfires**）・**火山噴火**（**volcanic eruptions**）は，人間の暮らしに深刻な損害や**破壊**（**destruction**）をもたらしてきた.

昨今，これらに加えて，**豪雨**（**severe rainstorm**），**熱波**（**heat waves**），**干ばつ**（**droughts**）などによる気象災害が世界各地で急増している．人類を含むすべての生き物の生存基盤さえ揺るがすような状況が世界各地で起きているのである．オーストラリアを襲った干ばつでは，日本の国土の 15％にも匹敵する森林が焼失し，10 億匹もの**野生動物**（**wild animals**）が犠牲になった．日本でも近年，台風によって甚大な**風水害**（**storm and flood damage**）をこうむっている．こうした**異常気象**（**extreme weather**）を引き起こしている原因はおもに地球温暖化であるとされている.

緊急に取り組むべき課題は，気候変動と環境に関するものである．とくに，**二酸化炭素の発生による地球の温暖化**（**the warming of the earth caused by the production of carbon dioxide**），**スプレー中の化学薬品によるオゾン層の破壊**（**the destruction of the protective ozone layer by the chemicals in sprays**），さらには**酸性雨による森林の破壊**（**the destruction of forests by acid rain**），**河川や海の汚染**（**pollution of rivers and oceans**），**抑制のきかない砂漠化**（**uncontrolled desertification**）などが科学者や**環境保護論者たち**（**environmentalists**）の間で最重要視されている．**地球全体の環境**（**the global environment**）は，一国の尽力によって保全されるものではなく，**国際協力**

（**international cooperation**）でしか守ることができないという**共通認識**（**collective awareness**）も持たなくてはならない.

　なかでも, **温室効果**（**greenhouse effect**）は世界の最も興味をそそる話題のひとつとなっているが, 地球温暖化は環境と人間を脅かしている危険要素であると認めなくてはならない. オゾン層は太陽の紫外線の大部分を遮断する. 紫外線は浴びすぎると**皮膚がん**（**skin cancer**）を引き起こし, **食物連鎖**（**the food chain**）にきわめて重要な植物（**plant life**）に害（**harm**）を及ぼす. 科学者たちは 1980 年代にオゾン層が薄くなっているのを確認したが, それは環境にとって**不可欠な要素**（**essential component**）を人間が破壊することもあるということを最初に実証するものでもあった.

参考英文 兵庫県立大／大阪市立大／立命館大／学習院大／東京外国語大など

コラム climate changeに"変動" ……………………………………………………………………

　気候変動（climate change）は多くの場合, 地球温暖化（global warming）を意味していた. しかし, 熱中症（heatstroke）が原因で人間が死に至ったり, ある種の生物が絶滅の危機に瀕している（be in danger of extinction）という事態に直面するに及んで,「変動」や「温暖化」といった生ぬるい表現は適切ではないという認識が生まれた. 環境運動家たち（environmental activists / green activists）は climate crisis（気候危機）や climate emergency（気候非常事態）という言葉を使って緊急性を訴えるようになってきている. climate emergency declaration（気候非常事態宣言）を発出する国や自治体もある.

コラム environmentの使われ方 ……………………………………………………………………

　私たちを「取り囲んでいるもの」を environment という. そこで「環境」と訳されることが多い.「自然環境」をあらわす場合は the をつけて, the (natural) environment という. home environment（家庭環境）, computer environment（パソコン環境）, learning environment（学習環境）, working environment（労働環境）, political environment（政治的環境）, economic environment（経済的環境）なども合わせて覚えておこう.

☐	**global warming**	地球温暖化(→1834)
☐	**climate change**	気候変動
☐	**carbon(-)dioxide**	二酸化炭素(→1509)
☐	**greenhouse gas**	温室効果ガス
☐	**ultraviolet radiation**	紫外線(→2456)
☐	**extreme [abnormal] weather**	異常気象
☐	**greenhouse effect**	温室効果(→1839)
☐	**burden on the environment**	環境への負荷
☐	**sea-level rise**	海面上昇
☐	**lead to deforestation**	森林破壊を招く
☐	**destroy the ecosystem**	生態系を破壊する
☐	**cut down on water use**	水の使用量を減らす
☐	**use up natural resources**	天然資源を使い切る

16 脱炭素社会

■ 脱炭素社会とカーボンニュートラル

脱炭素化（**decarbonization**）とは，温暖化の原因である二酸化炭素の排出（**CO₂ emissions**）を削減する（**reduce**）ことを指す．世界は脱炭素経済（**decarbonized economy**）の実現を目指している．また，温室効果ガス（**greenhouse gases**）の排出量と吸収量および除去量を均衡させて温暖化を悪化させない状態をカーボンニュートラル（**carbon-neutral**）という．

■ 環境問題と企業の取り組み

環境（**the environment**）を守る最良の方法は何だろうか．基本的に，この問いに対して異なる答えを出す 2 つのグループがある．汚染（**pollution**）や無分別な利用（**the unwise use**）を厳しい法律（**strong laws**）の成立によって規制すべきだと主張するグループと，すべてを市場の力（**market forces**）に委ねるべきだと主張するグループである．

前者は，細かな法律を網の目のようにはりめぐらせ，規制を強化しようとする従来型のやり方である．一方，後者は，環境汚染を引き起こす程度に応じて，企業に課税すべきだと主張している．汚染を引き起こす商品の価格が高くなれば消費者は買わなくなるし，企業はよりクリーンな技術（**cleaner technologies**）を使い，よりクリーンな製品（**cleaner products**）を製造するようになるというのだ．こうした環境汚染税（**pollution taxes**）は「汚染は経済的に見合わない」（Pollution does not make economic sense.）ということを企業に自覚させることになるし，逆から見れば，汚染防止（**the prevention of pollution**）は経済的にも割りに合うということを企業や消費者（**consumers**）に気づかせることにもなる．

Part

7

地球温暖化による気候変動はさまざまな自然災害をもたらしているが，多くの企業の
リーダーたちは，気候変動に対応することの商業的および経済的な恩恵に気づき始めて
いる．たとえば**自動車産業**（**the auto industry**）においては，EU では 2035 年ま
でに「すべての新車はゼロエミッション化」することを決定した．その新車とは**再生可能
エネルギー**（**renewable energy**）で走ることができる排気ガスゼロの車［ゼロエミッ
ション車］（**zero-emission vehicles**），すなわち**電気自動車**（**EV / electric
vehicles**）である．

　低炭素技術（**low-carbon technologies**）が有利な**長期投資**（**profitable
long-term investment**）の可能性を秘めていることはこれまで多くの識者が指摘し
てきたが，2020 年以降，この傾向はますます強まっている．実際，**かなりの技術革新と
投資**（**considerable innovation and investment**）が排気ガスゼロの車に向
かっている．

参考英文 東京大／慶應義塾大／兵庫県立大／中央大／芝浦工業大／鹿児島大ほか

テーマに関する最重要語句をチェックしよう!

☐	**decarbonized society**	脱炭素社会
☐	**greenhouse gas**	温室効果ガス
☐	**cleaner products**	よりクリーンな製品
☐	**zero-emission vehicles**	排気ガスゼロの車
☐	**renewable energy**	再生可能エネルギー
☐	**electric vehicles**	電気自動車, EV
☐	**self-driving technology**	自動運転技術

17 科学（サイエンス）

■ 科学

　体系化された知識や経験の総称を科学 [サイエンス]（**science**）という．科学には形式科学・自然科学（応用科学を含む）・社会科学・人文科学が含まれる．科学はひたすら真理を探求するが，科学が生み出した「知」を悪用する危険とつねに背中合わせである．「科学は天国にも地獄にも通じる鍵のようなものである」（Science is like the key to heaven and hell.）と言われるゆえんである．

■ 産業革命

　18 世紀から 19 世紀にかけて起こった産業の変革，石炭（**coal**）の利用によるエネルギー革命，それに伴う社会構造の変化を「産業革命」（**the Industrial Revolution**）という．蒸気船（**steamboat**）や鉄道（**railroad**）が発明されたことによって交通革命がもたらされたのは周知の事実であるが，こうした種々の革命は科学によってもたらされたものである．

■ IT革命

　インターネット（**the Internet / the internet**）などの情報技術（**information technology**）による革新とその活用が，個人・企業・組織・社会の活動に大きな変革をもたらすことを IT 革命（**the IT revolution**）という．コンピュータの高性能化，低価格化，通信の大容量化・高速化による IT 革命はさまざまな意味で世界を結びつけた．グローバリズムは IT 革命なしには起こりえなかったであろう．インターネット，スマートフォン，有線・無線のブロードバンド（**wired and wireless broadband**）が私たちの社会にもたらした影響の総体をデジタル革命（**digital revolution**）と呼ぶこともある．

Part

7

■「科学」は未来の鍵

　科学の発達がなかったら，産業革命は起こらなかったであろう．また，病気を抑制することも，増え続ける世界人口を養えるだけの十分な食料も供給できなかったにちがいない．店頭に並ぶ商品が増え，社会や家庭の**生活環境（living environment）**が快適になったのは，わずかこの数十年のことにすぎない．

　科学の発達によって暮らしが楽になった反面，さまざまな**懸念（concerns）**もある．科学の成果は人類に有益であると判断されるがゆえに**実用化（practical use）**されるのであるが，想定しえなかった負の側面が明らかになる場合もある．

　我々はいっとき**生産性の向上（improved production）**を手放しで喜んだが，今や**オートメーション化（automation）**が労働や雇用へ与える影響を心配している．**顕微鏡（microscope）**がバクテリアやウイルスの世界を明らかにしたことをうれしく思う反面，**邪悪な科学者たち（evil scientists）**がそれらを悪用して**不治の病（incurable diseases）**をつくり出しやしまいかと危惧している．また，インターネットによってすばやく情報を得られるようになったが，**スーパーコンピュータ（supercomputers）**が我々を密かに監視するのではないかとの恐れを抱いている．**原子力発電（nuclear power）**やAIはさまざまな**恩恵（benefits）**を与えてくれるが，**軍事目的の利用（use for military purposes）**により，**平和を脅かす不安定要因（instability factor that threatens peace）**をつくり出してもいる．

　科学研究は，進歩すると分野が**細分化（subdivision）**する．これによって，より高度な研究と開発が可能になり，研究者は最先端の知識を有する専門家となる．そうなると，目先の研究に目を奪われ，未来の人類がそれをどう利用するかに想像が及ばなくなる．そうした環境に我々人類は耐えられるのだろうか．あらゆる科学の発明にはよい面と悪い面があるという前提で，私たちは未来を創造しなくてはならない．

参考英文 慶應義塾大／京都大／早稲田大／中央大ほか

☐	**progress of science / advances in science**	科学の進歩
☐	**search for truth**	真理の探求
☐	**abuse cutting-edge science**	最先端の科学を悪用する
☐	**threaten peace**	平和を脅かす
☐	**geophysics**	地球物理学　関連 physics 物理学
☐	**astrophysics**	天体物理学　関連 astronomy 天文学
☐	**microbiology**	微生物学　関連 biology 生物学
☐	**radiology**	放射線学　関連 radiation 放射線，放射能
☐	**wavelength**	(光や音の)波長，(電波の)周波数
☐	**variable**	名 変数，不確定要素　形 可変(性)の(→2469)
☐	**systematize**	システム化する，体系化する
☐	**analyze**	解析する，分析する
☐	**quantify**	数値化する，数量を計る　関連 quantity 数量，分量
☐	**diagnose**	〈病状〉を診断する，〈異常の原因〉を突き止める(→0853)
☐	**formulate**	…を考案する，〈理論〉を公式化する(→1077) 関連 formulation 公式化，体系化
☐	**extract**	〈ある物質〉を抽出する(→0138)　関連 extraction (成分の)抽出

Part

7

コラム **「インターネット」の表記** ……………………………………………………………………

　もともと「インターネット」は固有名詞であったため，最初の 1 字を大文字にして the Internet と書いていた．しかし，広く人々の生活に溶け込み，普通名詞として感じられるようになったため，the internet のように小文字の i で書くようになった．英語圏の最大の通信社である AP や大手新聞社のニューヨークタイムズが，2016 年から小文字の i で表記する方針を打ち出した．

コラム **「技術」と「技能」** ……………………………………………………………………………………

　総体としての technology（技術，テクノロジー）は不可算名詞であるが，one of the new information technologies（新しい情報技術の 1 つ）のように個々の具体的な technology をイメージしている場合は可算名詞扱いをする．

　また，develop cloning techniques（クローン技術を開発する）のように，科学・芸術分野の専門的な「技能，技術」の意味では technique という単語を用い，pick up some kind of skill at a vocational school（職業専門学校で何か技能を身につける）のように，学習や訓練などによって習得される「技能」には skill が対応する．the art of charming people（人を魅了する術）のように，何かを上手に成し遂げたりする「技法，こつ」は art という単語を用いる．

コラム **「職業」をあらわす語** …………………………………………………………………………………

　「職業」を指す最も一般的な語は occupation である．profession は医師・弁護士・教師など，知的な専門知識や訓練を必要とする職業をいう．career は生涯を通じて長くたずさわる職業を指して用いられる．

コラム **ownershipの意味変遷** …………………………………………………………………………………

　仕事に向き合う個人の主体性が問われる時代になった．ownership は「所有，所有権」と訳されることが多かったが，そこから転じて「（仕事や任務に対する）責任感，当事者意識」の意味でも用いられるようになった．

18 技術

■ 技術 (テクノロジー) という分野

科学 [サイエンス] (**science**) とは事柄の間に客観的な法則や原理を見いだし, それらを体系化したものであり, 技術 [テクノロジー] (**technology**) とは理論を実際に適用する手段をいう. これまで純粋に真理 (**truth**) を探求するサイエンスは, 有用性 (**usefulness**) のあるテクノロジーよりも高く評価されてきたが, 現在, テクノロジーへの見直しがなされている.

■ 脱工業化社会

工業化 (**industrialization**) を経てのち, 情報・知識・サービスに主軸を置くようになった社会を「脱工業化社会」(**a post-industrial society**) と呼ぶ.

■ 技術の残した足跡

科学と技術は, まとめて「科学技術」(**science and technology**) と称されることが多い.「科学と技術は密接に関連している」とよく言われるが, 実際のところ, 人類史の長きにわたって多くの技術は科学と何の関係もなかった.

技術は1つの道具 (**a tool**) であり, 今日我々が依存している数えられないほどの機器 (**the countless gadgets**) は, 基本的に道具の積み重ね (**an accumulation of tools**) である. 最も重要な発明品の多くは純粋な道具 (**pure tools**) であって, その背後に科学的痕跡 (**scientific trace**) は認められない. 車輪 (**wheel**), 井戸 (**well**), 歯車 (**gear**), 船の帆 (**ship's mast**), 船の舵 (**rudder**) は人類の発展に欠くことのできないものであるが, 現在我々が科学とみなしているものとの関連性はない.

13 世紀に生まれたメガネ（**glasses**）はいまも世界中で用いられているし，**石鹸**（**soap**）はペニシリン（**penicillin**）よりも多くの死を防いでくれた．だが，それらは技術であって，科学ではない．

新しい技術が，科学の歴史に残した影響は大きい．たとえばもし**精巧な光学機器**（**sophisticated optical instruments**）の助けがなかったら，細胞が生命の基本であるという生命観は生まれなかっただろうし，**地球を中心に据えた宇宙観**（**the earth-centered view of the universe**）が誤りであると証明されることもなかっただろう．

なかでも最も重要な技術は「火」（**fire**）である．火のおかげで，食べ物の調理法が変わった．これによって食べ物から多くの**エネルギー**（**energy**）を摂取できるようになり，自然界の恵みを**食材**（**ingredients**）として口にすることも可能になった．**調理された食べ物**（**cooked food**）から得られる**余剰のカロリー価**（**extra caloric value**）は私たちの脳（**brain**）を発達させたが，脳は我々が摂取する全エネルギーのざっと 5 分の 1 を取り込んでいるのだ．人間のすぐれた脳が，技術と科学のさらなる躍進に寄与したことは言うまでもない．

参考英文　大阪大／京都大／明治大／同志社大／慶應義塾大／東京工業大など

テーマに関する最重要語句をチェックしよう！

☐	**the most advanced technology**	最先端技術
☐	**the leading edge of technology**	テクノロジーの最前線
☐	**the convenience of modern technology**	現代テクノロジーの利便性
☐	**digital technology in medical care**	医療ケアにおけるデジタル技術
☐	**improvements in communications technology**	通信技術の向上
☐	**technology transfer**	（援助としての）技術移転

19 AIとロボット

■ AIロボット

　ロボット産業（**the robot industry**）は日進月歩で進化している．省力化（**labor-saving**）と生産性向上（**increase in productivity**）を目指す産業用ロボット（**industrial robot**）はすでに欠かせぬものとなっているが，注目を集めているのは人工知能（**artificial intelligence / AI**）を搭載した次世代ロボット（**next generation robot**）である．それは経済や軍事の分野だけでなく，教育の分野にも及んでいる．

■ サービスロボット

　主として，サービス業で使われるロボットをサービスロボット（**service robot**）という．サービスロボットのなかには，災害時などに人命救助をおこなうレスキューロボット（**rescue robot**），医療現場で使用される医療用ロボット（**medical robot**），配達サービスを担う宅配ロボット（**delivery robot**），客の応対をする接客ロボット（**reception robot**）などがある．

■ IoT（アイオーティー）

　IoTとはモノのインターネット（**the Internet of Things**）の略語で，従来インターネットに接続されていなかったモノ（家電製品や電子機器など）が，サーバー（**server**）やクラウド（**cloud**）（「雲」のように広がったネットワークを通じてユーザーにサービスを提供する形態）に接続され，相互に情報を交換する仕組みのこと．IoT技術と連携したAIロボットが今後，家庭や企業で活躍するものと期待されている．

Part

7

■ AIを搭載したロボット

感染症の拡散（**the spread of the infectious disease**）は科学技術への依存度と，利用法の再構築を促した．私たちの生活は室内やオンラインへとシフトされ，人的交流（**human-to-human interactions**）はハイテク機器（**high-tech devices**）に頼るようになった．IoT化も進化し，モノとの交流もずいぶん進んだ．また，ロボットやAIの利用も加速化され具現化した．さまざまな形状のロボットが，薬品や商品の運搬，患者を治療する医師の手助け，清掃，警備，娯楽の提供を担うようになった．

AIもまた，**大量のデータ**（**large amounts of data**）を吸収し，すばやく解析する能力から脚光を浴びた．**パンデミックの規模や持続期間**（**the pandemic's magnitude and duration**）を予測するモデルを構築するために，**AI技術**（**AI technology**）が幅広く取り入れられた．

ロボットやAIの用途において，最も懸念されているのは監視（**surveillance**）や社会統制（**social control**）である．顔認証（**facial recognition**）や追跡技術（**tracking technologies**）と併用されているため，個人のプライバシーはほとんどないと言ってよい．コンピュータ時代の初期に心配された，**プライバシーの侵害**（**invasions of privacy**），および監視に関する恐怖がふたたび姿を現したのである．非常事態においては，こうした試みは必要とみなされるかもしれないが，それらが及ぼす広範で長期的な社会的影響については，まだ十分な理解が得られてはいない．

AIが脚光を浴びる中，**教育の分野**（**the field of education**）にもゆっくりではあるが着実な転機が訪れている．**複雑なコンピュータビジョン・アルゴリズム**（**complicated computer-vision algorithms**）を使って，顔の表情（**facial expressions**），たとえば退屈（**boredom**）や気の散った状態（**distractedness**）などを分析して，生徒の学習モデルをより詳細に作成できるようになるだろう．また，**AIを活用したオンラインの学習プラットフォーム**（**AI-powered online learning platforms**）は，教師不足の地域，生徒がひとりで学ばなくてはならない場所などで，質の高い教育を可能にするのに決定的な役割を果たすであろう．**ビッグデータとAIの組み合わせ**（**the combination of big data and AI**）で，近い将来，学習者一人

ひとりの学習パターン（**learning pattern**）が分析され，**最も高い効果が見込まれる学習法**（**the most effective learning method**）が提示されるだろう．これは教育という最重要な社会的スキル（**social skills**）における革命（**revolution**）のひとつになるかもしれない．

語句解説
human-to-human interactions ｜ 人的交流
-powered ｜ ～を原動力とする，～で動く

参考英文 早稲田大／大阪大／青山学院大／大阪市立大／大阪大／岩手大ほか

テーマに関する最重要語句をチェックしよう！

☐	**artificial intelligence / AI**	AI, 人工知能（→1434）
☐	**robots with AI**	AI搭載のロボット
☐	**industrial robot**	産業用ロボット
☐	**domestic robot**	家庭用ロボット
☐	**high-tech devices**	ハイテク機器
☐	**facial [face] recognition**	顔認証
☐	**algorithm**	アルゴリズム（問題を解決するための手順や処理方法）

Part

7

20 AIと失業

背景知識を押さえよう！

■ AIと人間の仕事

AI の機械学習（**machine learning**）が人間の知能（**human intelligence**）を超えることによって，人の仕事が機械に奪われる可能性が高まっている．職業の選択肢（**career options**）も狭まるとの予測もあり，失職への不安（**fear of job loss**）も増大している．これを受けて，人間はもっとやりがいのある仕事（**challenging job**）に注力できるという意見も出されているが，その多くが具体性を欠いているため，ますます人々の不安をあおっている．

入試長文の内容はこれだ！

■ AIがもたらす失業

ロボット工学（**robotics**）が著しい進化を遂げている．ロボット工学は産業界の要求に関わるものであり，AI を搭載したロボットは，そのずば抜けた能力ゆえに，人間からの信頼（**reliability**）を勝ち得ている．

AI は私たちの大半を「失業状態」（**out of a job**）に追いやるのであろうか．AI と雇用の関連性（**a connection between AI and employment**）の研究が進んでいる一方，「AI のせいで仕事がなくなったらどうしよう」と心配する声は依然として大きい．

もしあなたが製造業（**manufacturing**），運輸や物流（**transportation and logistics**），小売業（**retail**），カスタマーサービス（**customer service**），情報収集（**information gathering**），株取引（**stock trading**），あるいは旅行業（**travel industry**）で働いているなら，遅かれ早かれ新しい仕事を探すという問題に直面する可能性が大である．

AI は肉体労働（**manual workers**）や決まりきった作業をやる個人（**individuals**

who perform routine tasks）に取って代わるだろうし，その生産性もずば抜けて高い．人間の従業員は休日（**holiday**），休暇（**day off**），休息（**break**），病気休暇（**sick leave**），バカンス（**vacation**）に加えて，多くの手当て（**benefits**）を要求するが，AI はそれらをまったく必要としない．AI という知的機械（**intelligent machine**）はプログラムされたことを最も効率よくおこなうだけで，その生産性は天井知らずなのである．しかし他方では，AI は古い職に代わる新たな職を生み出すと主張する声もある．正しく管理されれば，AI は**大部分の職業を消滅させる**（**eliminate a large portion of occupations**）ものの，**同じ数の新しい働き口を創出する**（**produce the same number of brand new positions**）可能性がある．たとえば，ATM は銀行に取って代わるどころか，まったく逆の結果をもたらした．ATM は新たな支店の開設に伴う**費用**（**cost**）を下げ，銀行の数を 40％も増やすことに寄与したのである．

　現在では，AI が持ち合わせていない分野における**雇用の創出**（**job creation**）がより見込まれている．**自己認識**（**self-awareness**），**共感**（**empathy**），社交術（**social skills**），**動機づけ**（**motivation**）などに働きかける職業，**チームマネージャー**（**team manager**），**心理学者**（**psychologist**），教師やそれに類する役割をもつ職業がそれにあたる．AI が人間レベルの「感情知能」（**emotional intelligence**）に達するには長い時間がかかるので，当面の間，人間を優位にし続けるであろう．

　では，芸術家はどうか．アメリカの詩人，ラルフ・ウォルドー・エマソン（Ralph Waldo Emerson）はかつて，「どんな芸術家も最初は素人だった」（Every artist was first an amateur.）と述べたが，その言葉が機械に当てはまろうとは夢にも思わなかっただろう．ヘヴィメタルの作曲であれ，レンブラントの画風であれ，AI はその領域においてさえ**創造する才能**（**talent for creativity**）を伸ばしている．**創造的思考**（**creative thinking**）を必要とする分野においては，今後数十年は人間がリードするであろうが，その先のことはわからない．

　また，そうした分野における熟練のプロの「**直感**」（**intuition**）が過大に称賛されることがあるが，多くの場合それは「**パターン認識**」（**pattern recognition**）であり，人間の脳が生み出す**生化学的なアルゴリズム**（**biochemical algorithms**）は完璧

Part

7

ではないのである．一般的な原則として，そこに**独自技術**（**unique skills**）が見いだ
せなければ，そうした人間の仕事も AI に取って代わられるだろう．2022 年には，人間
の質問に対して人間のように会話し，幅広い質問に答えることができる Chat GPT が開
発された．こうした最先端の AI 技術が人間の仕事や営みをどのように変えていくのか注
視する必要がある．

参考英文 関西学院大／名古屋工業大／岡山大／早稲田大／慶應義塾大など

テーマに関する最重要語句をチェックしよう！

☐ **fear of job loss**	失業への不安	
☐ **robotics**	ロボット工学	
☐ **be out of a job / be out of work**	失業している	
☐ **pattern recognition**	パターン認識（膨大なデータから一定の特徴や規則性をパターン識別して取り出す処理のこと）	
☐ **robot for housework**	家事用ロボット	
☐ **become [get] increasingly automated**	ますます自動化が進む	
☐ **replace people in hazardous jobs**	人間の代わりに危険な仕事をする	
☐ **exceed the capabilities of humans**	人間の能力を超える	
☐ **steal human jobs**	人間の仕事を奪う	
☐ **unemployment rate**	失業率	
☐ **lose one's job**	失業する，職を失う	
☐ **receive unemployment benefits**	失業手当をもらう	
☐ **promote employment**	雇用を促進する	
☐ **create jobs**	雇用を創出する　**関連** protect jobs 雇用を守る	

21 ジェンダー

■ ジェンダーの平等

　社会的および文化的につくりあげられた性を「ジェンダー」(**gender**) という．ジェンダー格差 (**gender disparities**) は，「男らしさ」(**masculinity**) や「女らしさ」(**femininity**) をあらわす固定観念 (**stereotype**) となって，**男女の性役割** (**gender roles**) や行動様式 (**behavior patterns**) を決定している．それらが男女における偏見 (**prejudice**) や差別 (**discrimination**) を助長するものだと指弾する声もある．

■ ウーマンリブ

　1960 年代の後半にアメリカで始まった女性解放運動を「**ウーマンリブ**」(**Women's Liberation**) という．その中核を担ったのが，1966 年に結成された**全米婦人組織** (**NOW / National Organization of Women**) である．日本でも 70 年代の初めに「ぐるうぷ闘うおんな」などの組織ができた．

■ フェミニズム／男女同権主義

　女性解放の運動を**フェミニズム** (**feminism**) という．男性中心の社会 (**male-centered society**) や**男性中心の価値体系** (**male-centered value system**) に異議を唱え，**女性差別の撤廃** (**elimination of discrimination against women**) と男女平等の世界 (**a world of gender equality**) を目指す．

Part

7

307

入試長文の内容はこれだ！

■ 性別による固定観念

生物学的な（**biological**）男女の性（**sex**）に対し，社会的・文化的につくりあげられた性差をジェンダー（**gender**）という．ジェンダーは，男らしさや女らしさといった後天的（**acquired**）につくられた役割や行動様式を指し，それは職業，服装，髪型，言葉づかい，思考などにも及んでいる．

性別に関する有害な固定観念（**harmful gender stereotypes**）を助長するような広告（**advertisements**）もある．女性が掃除をしている傍らでなにもしない男性とか，車の駐車がうまくできない女性などがそれだ．

それらは深刻で広範にわたる反感（**serious or widespread offense**）を引き起こす可能性があり，男女差による不平等な結果（**unequal gender outcome**）を生み出す一因ともなっている．個々の固定観念は小さなものであるが，やがてそれらは積み重なって潜在意識（**subconscious**）に影響を与えると指摘する研究者もいる．

ふだん何気なく男らしい（**masculine**）とか女らしい（**feminine**）とか考えられている行為は，属している社会が背負っている文化（**the culture of the society**）によって生みだされたものであることが多い．社会に順応していく過程で，社会が求める男女のしかるべき役割（**the appropriate sex roles of society**）を一人ひとりが身につけるのだ．たとえば，私たちの社会では，きつい肉体労働（**hard physical labor**）を伴うものは何でも男性の仕事だと考えている．しかしながら，アフリカ社会では，女性が畑仕事をしたり，重い荷物を運んだりすることは珍しいことではない．子供たちは，大人の生活に見られる父親あるいは母親の役割を，遊びながら身につける．私たちの社会では，親が子供にオモチャを与えるとき，ふつう女の子は人形をもらい，男の子はオモチャの自動車をもらう．こういったことで，伝統的な男女の役割分担（**the traditional differences in sex roles**）は変わることなくずっと続いていくのである．

現代では，男がやっても女がやってもよい行為（**behavior open to both sexes**）が，私たちが背負っている文化のために，どちらかに制限されているということに懸念を抱いている人がかなりいるし，「ウーマンリブ」や「フェミニズム」と呼ばれるに

308

至った**大衆運動**（**the general movement**）に力を得て，女性たちは男性と**同じ機会と評価**（**the same opportunities and recognition**）が与えられることを声高に要求している.

参考英文 一橋大／学習院大／東京都立大／ほか

テーマに関する最重要語句をチェックしよう!

☐	**gender stereotype**	男らしさ女らしさについての固定観念
☐	**gender-based prejudice**	ジェンダーに基づく偏見
☐	**overcome gender-based discrimination**	ジェンダーによる差別を乗り越える
☐	**the position of women**	女性の地位
☐	**male-centered value system**	男性中心の価値体系
☐	**male-dominated workplace**	男性優位の職場
☐	**male chauvinist**	男性優位主義者
☐	**elimination of discrimination against women**	女性差別の撤廃
☐	**narrow the gender gap**	男女格差を縮める
☐	**gender equality**	男女平等，ジェンダーの平等
☐	**a world of gender equality**	男女平等の世界

Part

7

コラム 「ジェンダーへの配慮」とは ……………………………………………………

gender sensitivity は「ジェンダーへの配慮」と訳される．sensitivity は人の気持ちや抱えている問題に対する「感受性，繊細さ，細やかさ」である．これまでは性について敏感であったり性意識に対して配慮することは，すなわち「男女差別をしないこと」だけを指していたが，現在では「従来の男女という枠にとらわれないで，性的マイノリティ（少数者）に配慮する」ことも指すようになった．

22 女性の地位／性差別／性的少数者

■ OECD（経済協力開発機構）

先進国（アメリカ，ヨーロッパ諸国，日本など）が加盟する国際機関（**international organization**）である．経済動向（**economic trend**），貿易（**trade**），開発援助（**development assistance**）のみならず，持続可能な開発（**sustainable developments**）についての分析や検討をおこなっている．

■ ハッシュタグ・ミートゥー（#MeToo）

「私も」を意味する英語をハッシュタグ（**hashtag**）として用いたソーシャルメディア（**social media / SNS [social networking services]**）用語．セクシャルハラスメント（**sexual harassment**）や性的暴行（**sexual assault**）の被害を告白したり，共有する際に利用される．#をつけて投稿する（**post**）ことで，同じような被害を受けているユーザーとつながることができる．アメリカの市民活動家（**civic activist**）が 2007 年に性暴力被害者支援のスローガン（**a slogan to support victims of sexual assault**）として「MeToo」を提唱．2017 年にアメリカの女優たちが相次いで被害の声をあげると，セクハラ告発運動として世界に広く展開されることになった．

■ クオータ制／割当制

国会議員（**members of the National Diet / members of Parliament**）やさまざまな審議会の委員（**council members**）の一定割合以上を，同一の性や人種（**the same sex or race**）などに独占させない制度をクオータ制（**quota / quota system**）という．政策決定（**policy making**）にかかわる女性が過小だということで導入されるケースが多い．

■ 女性の地位と性差別

日本は世界を当惑させている．OECD 加盟国であり，**世界の主要大国**（**a major world power**）だというのに，世界のほとんどの国が大国に期待しているような行動をとっておらず，ときによってはそもそも世界の一員でいることを望んでいないような印象を与えている．日本の職場における女性の地位の低さは，数十年にわたってほとんど改善せず，**男女雇用均等法の制定**（**the enactment of the Equal Employment Opportunity Law**）からすでに半世紀近くが経過しているが，**指導的地位の女性比率**（**the ratio of women in leadership positions**）が著しく遅れをとっており，**男女格差**（**gender gap**）への取り組みは急務となっている．

ジェンダーフリー（**gender-neutral**）とは，そうした固定的な性差意識から自由になることを指し，**ジェンダーバイアス**（**gender bias**）とは，**性差別**（**sexism**），とくに**固定観念**（**stereotypes**）に基づく**女性蔑視**（**misogyny**）をいう．世界では今，ジェンダーをめぐる意識改革が叫ばれており，**ハッシュタグ・ミートゥー**（**#MeToo**）などは，女性のおかれている実情を明らかにしている．

一般に，**女性の政治参加**（**the political participation of women**）は，他の**男女の公平性**（**gender equity**）を測る指標と比較するとはるかに遅れている．世界的規模では，**選出された国会議員**（**elected parliaments**）のうち，女性は20%に満たない．最高の割合を示したのは**北欧諸国**（**the Nordic countries**）で，最下位のパーセンテージを占めるのは**アラブ諸国**（**the Arab states**）である．

経済の分野では，**変革の兆し**（**signs of change**）が見えつつある．ノルウェーは，**10人以上の取締役をおくすべての大企業**（**all major companies with more than nine directors**）は，それらのポストの少なくとも40%を女性にしなければならないと定める法律を通過させることによって**クオータ制を試みた最初の国**（**the first country to try quotas**）となった．

差別をめぐる戦いは広範囲に及びつつある．2020年，**米連邦最高裁**（**the U.S. Supreme Court**）は画期的な判決（**landmark decision**）をくだした．**トランスジェンダー**（**transgender**）や**同性愛**（**homosexuality**）を理由にした解雇は，

「性別に基づく雇用差別を禁じる**公民権法**（**civil rights legislation**）」に違反すると判断し，職場における LGBT など**性的少数者**（**sexual minority**）の**権利保護**（**rights protection**）を明確に打ち出したのである．最高裁が**同性婚**（**same-sex marriage**）を合憲とする判決を出してから 5 年後のことだった．

語句解説

more than nine ｜ 10 以上（more than ...は「...より多い」意味で，厳密には 9 を含まない）

参考英文 大阪府立大／一橋大／慶應義塾大／県立広島大／岩手大ほか

コラム **トランスジェンダー** ···

出生時に割り当てられた性別と自分自身が認識する性が一致しない人々の総称をトランスジェンダー（transgender）という．trans- は「越えて」とか「ほかの状態へ」といった意味を持っている．

コラム **性的少数者／性的マイノリティ（LGBT）** ··································

LGBT とは，従来の「男性」像や「女性」像に当てはまらないさまざまな「性的マイノリティ」（sexual minority）を指して用いられる．レズビアン（lesbian），ゲイ（gay），バイセクシャル（bisexual）の 3 つの性的指向とトランスジェンダー（transgender）という 性認識のそれぞれの頭文字を組み合わせたもの．questioning（性自認（gender identity）が決まっていない）/ queer（クィア：従来の枠組みに当てはまらないさまざまな性的嗜好を持つ人が，自分自身を肯定的に捉える際に用いる表現）の頭文字を加えて「LGBTQ」ということもある．

☐	**sexual harassment**	性的嫌がらせ，セクシャルハラスメント，セクハラ
☐	**opposite sex**	異性
☐	**gender-neutral**	性差別のない，性別を問わない，性的に中立な，ジェンダーフリーの
☐	**gender bias**	男女差別，ジェンダーに関する偏見，ジェンダーバイアス
☐	**sexism**	性差別（→2300）　関連 oppose sexism 性差別に反対する
☐	**misogyny**	女性蔑視　関連 eliminate misogyny 女性蔑視をなくす
☐	**gender discrimination**	性差別
☐	**gender equality**	ジェンダーの平等
☐	**gender equity**	男女の公平性，男女平等
☐	**homosexuality**	同性愛　関連 prejudice against homosexuality 同性愛に対する偏見
☐	**sexual minority**	性的少数者
☐	**respect the feelings of LGBTQ communities**	性的マイノリティの人たちの気持ちを尊重する
☐	**glass ceiling**	ガラスの天井，グラスシーリング（職場や組織での昇進を妨げる性的および人種的偏見のこと）

Part

7

グローバリズム

■グローバリズム

　地球全体を1つの共同体とみなして，世界の一体化 [グローバル化]（**globalization**）を推進しようとする思想を**グローバリズム**（**globalism**）という．**多国籍企業**（**multinational company**）による経済活動のみならず，人間や情報の地球規模の移動現象を指す．しかし一方，資本力のある多国籍企業が進出することで，自国の産業や農業が停滞したり，政治的な影響を受けることが危惧されている．また，グローバリズムの波によって**文化的多様性**（**cultural diversity**）が失われると懸念する声もある．

■グローバリズムの問題点

　世界は**相互依存**（**interdependence**）を深めている．ヒト・カネ・モノだけでなく，知識や技術も今やたやすく**国境**（**border**）を越えている．グローバリズムとは，**地球規模の問題**（**global issues**）や**世界規模の課題**（**world-wide challenges**）を個人および集団の責任（**personal and collective responsibility**）として扱う価値観（**values**）にほかならない．言い換えれば，グローバル化とは世界が**単一の場所**（**a single place**）になる過程のことである．

　グローバリズムを**先進国**（**advanced countries**）による発展途上国支配の一形態だとして拒絶する人もいる．というのは，**ますます同質化するグローバル文化**（**an increasingly homogeneous global culture**）によって，文化や社会の違いがかき消されてしまうし，**地域経済**（**local economies**）が**世界資本のシステム**（**system of global capital**）に組み入れられてしまうからだ．

　経済のグローバリズム（**economic globalism**）は容認するが，政治のグローバリ

ズム（**political globalism**）は是認できないとする人たちもいる．たしかに経済のグローバリズムには，国家の意思によって妨げられない財（**goods**）とサービス（**services**）の自由な流れがあり，国民の生活水準（**standards of living**）を向上させる側面がある．しかし，政治のグローバリズムは，多かれ少なかれ統制（**control**）や強制（**coercion**）を強いるため，結果的に自由な経済活動を抑制してしまうというのだ．

　グローバリズムの波によって世界は文化的多様性を失いつつあるとの見方をする人もいる．グローバリズムとは，西洋化（**Westernization**），いやもっとはっきり言えば米国化（**Americanization**），つまりアメリカの価値観の押しつけではないのか．ウィンドウズやマクドナルドが身近な暮らしの中に見えるように，アメリカはこれまでさまざまな分野で「世界標準」（**global standard**）をつくりあげてきたが，それはまた形を変えた「新帝国主義」（**neo-imperialism**）ではないのか．そう考える人たちもいる．

参考英文 同志社大／多摩大／関西学院大／静岡県立大／高知大／学習院大ほか

☐	**multinational company**	多国籍企業
☐	**cultural diversity**	文化的多様性
☐	**cross the border**	国境を越える
☐	**increase global interdependence**	地球規模の相互依存を高める
☐	**capital liberation**	資本の自由化
☐	**material affluence**	物質的豊かさ
☐	**free competition**	自由競争
☐	**domestic deregulation**	国内の規制緩和
☐	**promote multiculturalism**	多文化主義を推進する
☐	**loss of identity**	アイデンティティの喪失
☐	**adopt global standards**	グローバルスタンダード[世界標準]を取り入れる
☐	**strengthen safety nets**	セーフティネット[安全網]を強化する
☐	**resist Americanization**	米国化に反対する
☐	**pursue an anti-globalization strategy**	反グローバル戦略を推し進める
☐	**rise in nationalism**	国家主義の台頭

24 自民族中心主義と文化相対主義

背景知識を押さえよう!

■ 自民族中心主義

　自民族のほうが他の民族よりも優越する価値を有しているという態度を**自民族中心主義**（**ethnocentrism**）という．過去には，**西欧文化**（**the Western culture**）は人類進化の頂点に位置する優れたものであり，**非西欧文化**（**the non-Western culture**）は遅れた段階にあるとする態度も見られた．こうした姿勢には異質なものの排除や悪感情を往々にして伴うため，**不和**（**discord**）や**摩擦**（**friction**）の原因ともなりやすい．

■ 文化相対主義

　あらゆる文化は優劣がなく対等であるという思想を**文化相対主義**（**cultural relativism**）という．ある文化の価値は他の文化の価値観によって測ることはできないという態度である．みずからの文化を**相対的に**（**relatively**）捉え，**異文化**（**different culture**）を差別せず，ありのままの姿で理解することが望まれている．

入試長文の内容はこれだ!

■ 自民族中心主義と文化相対主義

　いわゆる**カルチャーショック**（**culture shock**）というものは**価値観**（**values**）の相違によって起こる．私たちは皆，そもそも**自民族中心的**（**ethnocentric**）である．**私たちのものの見方**（**our outlook**）は我々自身の生活様式（**our own way of life**）に基づいているからだ．

　自民族中心主義は，**自分自身の行動様式**（**our own patterns of behavior**）が最高である，つまり最も自然で，最も美しく，最も正しい，あるいは最も重要なものであるという信念に基づいている．それゆえ，異なる生活をしている他の人たちは，非人

Part

7

間的 (**inhuman**) であり，不合理 (**irrational**) で，不自然 (**unnatural**) で，あるいは間違っているとみなすことになる．自民族中心主義は，多くの文化的側面 (**many aspects of culture**)，たとえば，神話 (**myth**)，民間伝承 (**folktale**)，ことわざ (**proverb**)，そして言語においてさえ見ることができる．

　どんなにリベラル (**liberal**) で心の広い (**open-minded**) 人であっても，ある程度は自民族中心的である．食事のしかたであれ，性行為 (**sexual practices**) であれ，友人への接し方 (**a way of treating friends**) であれ，私たちはそうした異文化を不快 (**distasteful**) に思うことがある．だが，あえてそうした偏見 (**bias**) を捨て，客観的に (**objectively**) 眺める態度が必要である．もとより文化に高低はないのである．文化相対主義を貫くことこそが，異文化を理解するうえで必要な態度と言えよう．

参考英文 福井大／創価大／岩手大／法政大ほか

コラム 「イズム」の考え方 ....
　nationalism (民族主義) のように，「〜主義，〜思想」は -ism で言いあらわされる．「〜への傾倒」が原義である．militarism (軍国主義) や terrorism (テロリズム) などもそうだ．そこから insularism (島国根性) や Americanism (アメリカ人気質) のように「特質，特性」の意味を持つようにもなった．

コラム inclusiveは「包括的な」? ....
　inclusive は exclusive (排他的な) の反意語で，しばしば「包括的な」と訳されている．しかし，さまざまな意味で「分断」が意識される世の中にあっては，「(差別することなく) いろいろな人を受け入れる」と捉えたほうがよい場合がある．人種・宗教・国籍・ジェンダー・障がいの有無にかかわらず，寛容的に「受け入れる」態度を指す単語である．inclusive には「性差のない，差別をしない」という訳語を用意しておくのが "最前線" である．とくに教育や雇用の分野では重要なキーワードである．

☐ **the policies of ethnocentrism** 自民族中心主義政策

☐ **respect different cultures** 異文化を尊重する

☐ **have a bias against different cultures** 異文化に偏見を持つ

☐ **abuse [violation] of human rights** 人権侵害

☐ **racism** 人種主義（人種間には優劣があり，優秀な人種が劣等な人種を支配するのは当然であるというイデオロギー）
　　　　関連 race 人種

☐ **preserve one's own way of life** みずからの生活様式を守る

☐ **ethnocultural identity** 民族文化的アイデンティティ

☐ **stick to cultural relativism** 文化相対主義を貫く

Part

7

25 移民と難民

■ 移民と難民

　一般に，移民とは，その理由にかかわらず，**国境**（**border**）を越えて移住をする人を指す．英語の世界では，「外国からの移民（者）」（**immigrant**）と，「外国への移民（者）」（**emigrant**）を分けて言いあらわす．また，移民のうち，**紛争**（**conflict**）や**迫害**（**persecution**）や**災害**（**disaster**）など，自発的でない理由で移動を強いられる人々をとくに**難民**（**refugees**）と呼び，国境を越えず同じ国の中で移動する人たちを**国内避難民**（**internally displaced people**）と呼んでいる．他方，受け入れる側においては，**排外主義**（**antiforeignism**）に基づく**移民排斥運動**（**anti-immigration movement**）が強まりを見せているという側面がある．

■ 不法滞在者と亡命者

　不法滞在者（**illegal resident**）とは，不法に入国し，**在留資格**（**status of residence**）のないままその国に留まっている人，または在留資格を失ったのちもその国に留まっている人を指す．**亡命者**（**exile / refugee**）とは，本国での政治的弾圧（**political oppression**）や宗教・民族的理由による迫害を避けるために，外国に逃れ，**保護**（**protection**）を求める人を指して用いられる．

■ 移民と難民の歴史

　歴史を通じて，人々はよりよい生活を求めて，**移住して**（**migrate**）きた．しかし今や，どの先進国も移民できる人の数に**制限**（**restriction**）を設けている．ところが，そうした国では人口の高齢化を抱え，老人を支える**若年労働者**（**young workers**）の不足から，ふたたび移民を受け入れなければならない状況に直面している．

このような状況にはさまざまな反応がある．移民と交流を深め共生するのは当然だと考える人たちがいる一方，自国の**純粋性**（**purity**）を**すべての来訪者たち**（**all newcomers**）から守りたいと願う**民族主義者**（**the ethnic nationalists**）もいる．

　先進国はまた避難民の受け入れ問題にも頭を悩ませている．避難民はどのようにして生まれるのか．いくつかの原因が考えられる．１つは何百万もの人が**政治的な暴力**（**political violence**）から逃れようとしていることだ．２つめは**飢餓**（**hunger**）が祖国から追い立てているからだ．そして３つめは**干ばつ**（**drought**）や**洪水**（**flood**），**その他の環境問題**（**other environmental problems**）のために祖国に住むことができないという理由からだ．

　今日の世界では，１つめの理由で他国に**政治亡命**（**political asylum**）を望む人が増えている．独裁的な少数派がひどい**経済状況**（**the bad economic situation**）を招いたり，**冷戦**（**the Cold War**）が終わったことにより，前々からくすぶっていた**民族的怒り**（**ethnic anger**）や**憎しみ**（**hatred**）が表出し始めたことによる．

　日本人の場合はどうだったのか．国外脱出をどう考えてきたのか．当然のことながら，四方を海に囲まれている事実が日本人に与えた**精神的影響**（**spiritual effect**）は，はかりしれないものがある．中世の日本では，幾多の内乱が繰り広げられたが，戦に敗れた武将が**海外への逃亡を企てる**（**seek refuge abroad**）ことはなかった．島国である日本では，逃れようにもその手段はなく，囚われの身にならない唯一の方策は，**自害**（**suicide**）することであった．日本はかけがえのない国だという信念がひじょうに強かったので，日本以外の国もあるのだということはもちろん知ってはいたが，日本こそが**全世界**（**the whole world**）だと考える傾向があり，外国に行けば幸せになれるのだとは考えなかったのである．

Part

7

参考英文　立命館大／関西学院大／青山学院大／大分大／上智大／早稲田大ほか

☐	**accept immigrants**	(外国からの)移民を受け入れる
☐	**reject immigrants**	(外国からの)移民を排斥する
☐	**millions of emigrants**	何百万もの(外国への)移民
☐	**refugee**	難民, 亡命者 (→0296)　関連 a vast number of refugees 大量の避難民
☐	**political asylum**	政治亡命
☐	**make an emergency evacuation**	緊急避難する
☐	**be stuck along the border**	国境で足止めを食う
☐	**violate human rights**	人権を侵害する
☐	**unreported employment**	不法就労 (「記録に残されない就労」が原義)

コラム 「移住する」の考え方 ……………………………………………………

　migrate は「移住する」(= move) である. とくに職を求めて国内外を「移動する」ときに用いられる. emigrate が「移住して行く, 出て行く」(move out) という意味になるのは, e- が ex- と同じで, out (外へ) の意味を持っているからである. immigrate が「移住して来る, 入って来る」(= move in) の意味になるのは, im- が in (中へ) の意味を持つからである.

26 教育格差

■世界の教育格差

開発途上国（**developing country**）と呼ばれる国では，教育の質だけではなく，教育へのアクセスが十分ではないという現状がある．ユニセフ（**UNICEF / United Nations International Children's Emergency Fund**）の報告によれば，世界の5歳から17歳の子供の5人に1人にあたる3億300万人近くが学校に通っていない．教育格差（**educational gap**）が起こる最も大きな原因の1つが「貧困」（**poverty**）である．経済格差（**economic gap**）が教育格差を引き起こしているのである．

■世界の識字率

識字（**literacy**）とは，文字を読み書きし，理解できること，またはその能力をいう．識字率（**literacy rate**）は世界平均においては8割弱であるが，開発途上国では6割程度にとどまっている．ニジェール，チャド，南スーダン，マリ，中央アフリカ共和国などが，とくに識字率が低いとの報告がある．

■識字率と教育格差

日本の識字率（**Japan's literacy rate**）はほぼ100%である．つまり日本人はほとんど全員，文字を読むことができるということだ．しかし，発展途上国の若者の4人に1人は文章を読むことができない．人口で言うと，インド，中国，パキスタン，バングラデシュ，ナイジェリア，エチオピア，エジプト，ブラジル，インドネシア，コンゴ共和国の10か国の国民が，世界の読み書きのできない成人（**the world's illiterate adults**）のほぼ4分の3を占めている．

世界全体での読み書きのできない人の数（**the global number of illiterates**）

は驚くほど多い. 現在, 世界で7億8100万人の成人と, 2億5000万人の子供が基本的な読み書きの技能 (**basic reading and writing skills**) を持っていないとされる.

開発途上地域では初等教育 (**primary education**) の完全普及を目指す動きが大きく前進しているが, 紛争の影響がある地域の子供たち (**children in conflict-affected areas**), 地方の貧しい家庭の女の子 (**girls from poor rural households**), そして障がいを持つ子供たち (**children with disabilities**) は今も学校に行けないでいる. 世界的に見ると, 読み書きのできない成人のほぼ3分の2は女性で, 現在の傾向が続けば, 最貧層の若い女性が標準的な識字率 (**universal literacy**) を達成するには2072年までかかると予想される.

教育格差をなくすためには教師の質の確保 (**ensuring the quality of teachers**) も重要である. 発展途上国の多くでは, 教師の数を増やすために, きちんとした訓練を受けていない人を雇うことになり, そのことで教育の質が犠牲になってきたという現状がある. 良質な研修 (**good training**), 賃金 (**pay**), 労働条件 (**working conditions**), その他の恩恵 (**other benefits**) を与えなければ教師の質は向上しないだろう.

参考英文 兵庫県立大／関西学院大／青山学院大ほか

☐	**the educational gap between urban and rural areas**	都市と農村の教育格差
☐	**bridge the educational gap**	教育格差を埋める
☐	**expand access to education**	教育へのアクセスを拡大する
☐	**have a relatively high literacy rate**	比較的高い識字率を持つ
☐	**illiterate**	読み書きができない（→1892)
☐	**primary education**	初等教育
☐	**teacher quality**	教師の質
☐	**be literally challenged**	識字率が低い（読み書きに関する努力が求められている）

コラム literacyの訳語 ···

　literacy は「読み書きの能力」であるが，ある分野における「運用能力」を指して用いられるようになった．たとえば computer literacy は「コンピュータの運用能力」である．ところが昨今では，そのままカタカナで「コンピュータリテラシー」と訳すことが多くなった．金融，投資，資産形成など，お金に関する運用能力を指して用いられる financial literacy は「金融リテラシー」だし，世の中にあふれるさまざまな情報を読み解き，適切に活用できる information literacy は「情報リテラシー」といった具合である．

Part

7

27 消滅する言語

■世界の言語

現在, 世界で話されている言語の数は, 数え方にもよるが6000から7000と言われる. 話者の途絶えた言語を「消滅言語」(**extinct language**) というが, 現在, 全言語のうち25%が消滅の危機にあり, 今世紀中には50%の言語が消滅すると予測されている. また, 100年以内にはおよそ90%が地上から消えるという説もある. 母語人口の上位10言語は, 中国語, 英語, スペイン語, ヒンディー語, アラビア語, ポルトガル語, ロシア語, ベンガル語, 日本語, ドイツ語である.

■言語の歴史と未来

言語はつねに消滅してきた. **文明や文化の盛衰** (**the rise and fall of civilizations and cultures**) につれて, 言語は台頭しては消滅してきた. 記録に残っていない消滅言語はおびただしい数にのぼるであろう.

マイケル・クラウスという**言語学者** (**linguist**) は, 今から1万年前に, 世界人口が500万人から1000万人で, 地域社会の規模が平均して500人から1000人だと仮定すると, 5000から2万に及ぶ言語が存在したと推定している.

紀元前1500年頃にブラジルで話されていた言語の数は, およそ1175と見積もられているが, 現在では200にも満たない. 現在のような危機的状況はこれまでなかった. 世界にこれほど多くの人間がいたことはなく, **グローバル化** (**globalization**) がこれほど顕著だったこともない. **通信および輸送技術** (**communication and transport technologies**) がこれほど一般化したこともなく, **言語への依存と接触** (**the dependence on and contact with languages**) がこれほど多かったこともない. 現在, 世界にはおよそ6000の言語が存在するが, 英語ほど**国際的影響力**

（**international influence**）をもった言語はない．このような環境で，**少数言語**（**minority languages**）が今後どのように生き残るかは依然として解明されていない．

　文化が違えば言語も異なる．言語は文化と密接に関連している．言語は**文化の集積**（**a cultural accumulation**）であり，**ひとつの世界観**（**a worldview**）である．そして，言語は人間らしさの中心でもある．私たちはできるだけ多くの言語が話し続けられるように努力しなければならないし，消滅しつつある言語については，詳細に記録する必要がある．

参考英文 富山大／立教大／高知大／群馬大／津田塾大／関西大／慶應義塾大ほか

テーマに関する最重要語句をチェックしよう！

□	**extinct language**	消滅言語
□	**near-extinct language / endangered language**	消滅危機言語
□	**native speaker**	母（国）語話者
□	**minority language**	少数言語
□	**language culture**	言語文化
□	**language family**	語族，言語ファミリー（共通の祖語から派生した言語のグループ）
□	**language revitalization**	言語復興（消滅言語や消滅危機言語を復元および活性化しようとする試み）

Part

7

28 母語習得

■ 母語習得のメカニズム

　言語を獲得する能力 (**the ability to acquire language**) は，生涯のある期間のみに機能する．赤ちゃんは母親の胎内にいるうちから音に反応し，母親の発話に聞き耳を立てている．生まれてくる前からすでに**言語能力** (**language skills**) を発達させているのである．また，赤ちゃんは生後 10 か月くらいで自分の母語にとって重要な**音素** (**phonemic**) と重要でない音素を分類し，重要な音素のみに注意を向けて，重要でない音素へ注意を向けることをやめてしまうと言われている．

■ 母語学習

　子供は母語 (**first language**) をどのようにして習得するのか．これに関しての研究は，驚くべきスピードで進んでいる．少し前まで，多くの人々は幼児の言語習得を，生後の「模倣」(**imitation**) と「強化」(**reinforcement**) によって説明しようとしてきたが，近年の**言語研究** (**language studies**) はそれが完全に間違いであったことを証明しつつある．

　言語学習 (**language learning**) は，赤ちゃんが**最初の言葉や意味のない言葉** (**their first words or babbles**) を発するずっと以前から始まっているというのがもはや定説になろうとしている．

　赤ちゃんはひとたび聞けるようになると，さまざまな音に反応するようになる．胎児 (**babies in the womb**) は，たとえば爆音や花火のような大きな音に反応してびくっとする．生まれてくる前でさえ，母親の会話すべてに聞き耳を立てているというのだ．言語は最初，**メロディ** (**melody**) のようなものにすぎないが，世界の約 7000 もの言語のどれでも学べる準備ができた状態で生まれてくる．つまり，赤ちゃんは**どんな言語でも**

覚える能力 (**the ability to learn any language**) を持って誕生してくるのである.

　生まれてきた赤ちゃんの母語習得の過程を見てみよう. 赤ちゃんはまず自分の名前を認識する. そして, 自分の名前を覚えたあと, 耳に届く大量の音の中で, 自分のよりどころになってくれるものの単語, たとえば母親を意味する「ママ」を認識しはじめる.

　単語と出会い, いくつかの意味を知ったのち, 本当の意味での言語習得が始まる. 文をつくるうえで単語がどのようにつながるのかを学び始めるのだ. 赤ちゃんは発話できる前に, もうすでに多くのことを知っている. 初めて発する明瞭な言葉は生後 12 か月頃に現れるけれども, そのころにはすでに**何百という単語** (**hundreds of words**) を理解している可能性がある. 生後 18 か月までには, 一度に 1 語か 2 語しか言えないときであってさえ, **5 語か 6 語から成る文** (**five- and six-word sentences**) を理解できるとも言われている.

　また, 言語をトータルに獲得する能力は, 生涯のある期間のみに機能するもので, この期間 (一説には 12 ～ 13 歳の思春期ごろまでと言われるが, 3 ～ 4 歳, いや 1 歳の時点だとする研究者もいる) を過ぎると, その魔法 (**magic**) は急激に衰えてしまい, それ以降, どんなに努力をしても母語話者のようにはなれないとも言われている.

参考英文 高知大／滋賀大／成蹊大／熊本県立大／早稲田大ほか

Part

7

テーマに関する最重要語句をチェックしよう!

☐	**acquire language**	言語を習得する
☐	**mother tongue / native language / first language**	母(国)語(→2047)
☐	**language learning**	言語学習　**関連** language studies 言語研究
☐	**babble**	(赤ちゃんのわけのわからない)おしゃべり, 喃語

29 ペットと人間

背景知識を押さえよう！

■ ペットを飼うことの意義

　ペットは単なる**愛玩動物**（**pet animal**）ではなく，人間と親密な関係を結べる**コンパニオン・アニマル**（**companion animal**）として認知されるようになってきた．「**防犯**（**crime prevention**）に役立つ」と考える人よりも，「生活にうるおいや安らぎをもたらしてくれる」など，**精神的効用**（**psychological effect**）にプラスになると考えている人が多い．一方，人間の意のままにできることから，ペットを飼うことは**倫理的に正しくない**（**unethical**）と考える人もいる．

入試長文の内容はこれだ！

■ ペットという存在

　過去半世紀ほどの間，私たちはペットを飼うことの意義を見いだしてきた．**ストレスを軽減する**（**alleviate stress**），人の寿命を伸ばす（**expand our lifespans**），障害のある人たちを癒す（**heal those with disabilities**），子供たちをやさしい人間に育てる（**make our children kinder people**），家族のすき間を埋める（**fill the gaps in one's family**），無条件の支えを与えてくれる（**give unconditional support**）など，ペットを飼うことの利点を見つけることに多くの努力を注いできた．

　ペットは癒されたいという欲求を満たしてくれるだけでなく，私たちの愛したいという心の奥の欲求（**our own profound need to love**）をも満たしてくれる．英国人たちが子供より犬をかわいがることはよく知られている．なにしろ，**動物虐待防止協会**（**SPCA / the Society for the Prevention of Cruelty to Animals**）が国立児童虐待防止協会（**the National Society for the Prevention of Cruelty to Children**）よりも 60 年早く，1824 年に設立された国なのだ．犬は人間が感情を爆発させても，当惑したり，嫌がったりしない．英国人は犬の**忠実さ**（**faithfulness**）

330

だけでなく，**辛抱強さ**（**doggedness**）が好きなのだ．英国人は，犬との関係に単なる友情を超えた**絆**（**bond**）を見いだし続けている．

　犬の魅力が人間に寄せる**友情**（**friendship**）の深さにあるのに対し，猫の魅力は，**自立心**（**independence**）が旺盛で，人間との**親密な絆**（**close bond**）を築かず，**謎めいていてそっけない**（**mysterious and remote**）という事実のなかにある．

　ペットを飼う理由はさまざまであるが，「そもそもペットを飼うということは**倫理的に正しい**（**ethical**）のだろうか」と疑問を投げかける人もいる．ペットに無理やり与えている**着心地の悪い服**（**uncomfortable clothing**）や，喉のところを引っ張る苦痛をもたらす紐（**painful leashes that pull at the throat**）を考えてみるがいい．ペットは常に飼い主（**owners**）の意のままであり，そのことを理由として，ペットを飼うこと自体，倫理的ではないという人もいる．

参考英文 慶應義塾大／大阪大／京都教育大／一橋大／同志社大／鹿児島大ほか

テーマに関する最重要語句をチェックしよう！

☐	**have a pet**	ペットを飼う
☐	**care for a pet / take care of a pet / look after a pet**	ペットの世話をする，ペットの面倒をみる
☐	**house pet**	家の中で飼うペット
☐	**ease a feeling of loneliness**	寂しさを癒してくれる
☐	**bond**	絆（→1193） **関連** feel a close bond with A Aと親密な絆を感じる
☐	**build a good friendship with A**	Aとすばらしい友情を築く
☐	**treat pets cruelly / abuse pets**	ペットを虐待する
☐	**be cruel to one's pet**	飼っているペットを虐待している

Part

7

331

30 フロイトの精神分析理論

背景知識を押さえよう！

■ フロイトの貢献

　ジークムント・フロイト（Sigmund Freud）はオーストリアの心理学者（**psychologist**）で，精神科医（**psychiatrist**），精神分析学（**psychoanalysis**）の創始者（**founder**）として知られ，現代の心理学や精神医学の発展にはかりしれない貢献をした．神経症（**neurotic disorders**）は意識下に抑圧された性欲（**sexual desire**）が原因であるとし，その精神分析にもアプローチした．また，無意識の存在を確信し，潜在意識（**subconscious**）・コンプレックス（**complex**）・幼児性欲（**infantile sexual desire**）などの心理学説を打ち立て，深層心理学（**depth psychology**）という学問分野を樹立，とりわけ倫理観（**ethics**）に大きな影響を与えた．

■ リビドー

　フロイトは性的衝動を発動させる力を「**リビドー**」（**libido**）と称し，人格の発達段階をリビドーの向けられる対象や固着によって説明した．リビドーはラテン語の「欲望」の意で，フロイトが自分の理論を説明するために借用した語である．一般には「性的欲望」または「性衝動」（**sex drive**）と同義で用いられる．

■ イド・超自我・自我という3つの機能

　フロイトによれば，我々の精神は**イド**（**id**）・**超自我**（**superego**）・**自我**（**ego**）という3つの機能から構成されている．イドはリビドーを満足させるための動物的本能，超自我は社会的規範を意識するもの，つまりイドに歯止めをかけるものである．一種の良心（**conscience**）と言える．自我は，イドと超自我のバランスをとって現実にうまく対応するように働く機能である．

入試長文の内容はこれだ！

■ フロイトの精神分析理論

　この500年の間に，科学は人類に関する3つの根源的な発見をした．16世紀にニコラス・コペルニクス（Nicolaus Copernicus）が地球は宇宙の中心ではないことを証明した．19世紀にはチャールズ・ダーウィン（Charles Darwin）が人間はおそらく下等動物から進化したのだろうという証拠を発見した．そして，20世紀の初め，ジークムント・フロイトがあらゆるものの中で最も衝撃的な発見をした．

　フロイトが明らかにしたものは，人間は**自分では制御できない心の一部（a part of their minds over which they have no control）**によって大きく支配されているということであった．つまり，人間は思考や言動の**主人（the masters）**にはなれないということである．

　人間性（human nature）には複数の側面があることに人類はずっと気づいていた．一般的に言って，あらゆる人間には少なくとも二面性があり，しかもその2つは互いに対立しているのだと考えてきた．そうした対立は，時としてひとりの人間の中に潜む**善なるもの（what is good）**と悪なるもの（**what is bad**）の間で，またある時には**高潔な部分（higher part）**と低俗な部分（**lower part**）の間で，そして時には心のなかの感情（**inner feelings**）と実際の行動（**outward acts**）との間で生じるものと考えられてきた．

　たしかに人間はずっと前から，自分たちが「善」（**goodness**）と呼んだものの存在に気づいていたし，またそれを望ましいものだと考えてきた．たとえば，**聖書（the Bible）**のなかでは，古代ユダヤの指導者であるモーゼ（the early Jewish leader Moses）は，善は正義（**justice**）と同じものだという考えをもっていた．のちにイエス・キリスト（Jesus Christ）は，善というものは，己れの欲することを隣人に施し，己れを愛するように隣人を愛そうとする心の動きであると力説した．ギリシャの哲学者プラトン（Greek philosopher Plato）は，善なる行為は，**知恵（wisdom）**を獲得した者のみが実践しうるものだと考えた．

　また同時に，善行を施し，徳の高い行動をしたいと思う願望（**wish to behave well, to act virtuously**）はたえず何ものか，つまり**人間性の何かほかの側面**

（**some other side of humanity**）によって脅かされており，そのために人間は悪しき行動をとることもあると考えた思想家たち（**thinkers**）もいた．この「何かほかの側面」とは何であろうか．

　長年に及んで，数々の宗教的，哲学的解釈が提出されてきたが，人格（**human personality**）の内部に生じるこのような葛藤（**warring forces**）の原因が科学的に解明されるには，20世紀初頭のフロイトの出現を待たなくてはならなかった．

　精神分析（**psychoanalysis**）は，人の心がどのように機能するかについての新たな理解（**a new understanding of how the human mind works**）であり，心の病を治療する新しい方法（**a new way of treating illness of the mind**）である．

　フロイトは人の心（**the human mind**）を氷山（**an iceberg**）にたとえた．氷のほんの一部だけが水面上（**above the surface of the water**）に現れる一方で，氷のほとんどは水面下（**beneath the surface**）にある．私たちは，自分の思考と感情（**our thoughts and feelings**）のほんのわずかしか知らない．フロイトは水面上の部分を「意識」（**the conscious**）と呼び，未知なる制御できない思考と感情の大部分を「無意識」（**the unconscious**）と呼んだ．

　そして，心理的葛藤を引き起こすものとして3つのものが考えられると述べた．我々の生来の動物的本能（**our natural, animal instincts**）を「イド」と呼び，動物的本能を抑制しようとする側面を「超自我」と名づけた．そして3番目の力を「自我」とした．「自我」は審判やレフリーのような役割をしていて，調和のとれた心の均衡（**harmonious inner balance**）を保ち，精神的な健康（**mental health**）をもたらそうとして，2つの対立するものを和解させようとする（**seek to reconcile the two opponents**）働きをするものである．フロイト以後，この分野で研究してきた学者はすべて，彼の理論を補充するか，洗練させるかであった．

参考英文 北海道大／麻布大／神田外国語大／関西大ほか

☐	**psychoanalysis**	精神分析（学）
☐	**human nature**	人間性
☐	**psychological conflict**	心理的葛藤
☐	**human personality**	人格
☐	**the realm of the subconscious**	潜在意識の領域
☐	**deepen research on the unconscious**	無意識についての研究を深める
☐	**interpret dreams**	夢を解釈する
☐	**on a deep psychological level**	深層心理レベルで
☐	**unfulfilled desire**	満たされない願望
☐	**self-control / self-discipline**	自制心
☐	**function on instinct**	本能に基づいて行動する
☐	**be distorted by desire**	欲望によってゆがめられる

Part

7

索引

太字は見出し語，細字は派生語・反意語・関連語，数字は掲載ページを示している。

337

著者紹介

石橋草侍（いしばし・そうじ）　河合塾英語科講師。慶応義塾大学卒。対面授業と映像授業の両方で活躍。時おり教壇から降りて生徒の理解を1つ1つ確認しながら行われる丁寧な授業は幅広い生徒から好評を得ている。教材作成にも長く携わり、大学受験問題に関する豊富な知識に加えて、日々受ける質問や授業内での反応から受験生がどのような点で躓きやすいのかを念頭に置いて効果的なテキスト作りを心掛けている。「理想は高く、視線は低く」を日々実践中。

里中哲彦（さとなか・てつひこ）　河合塾英語科講師。早稲田大学政治経済学部中退。首都圏を中心に、おもに英作文の授業を担当。河合塾マナビス（映像授業）では、ネイティブスピーカーとともに文法・語法・イディオム・口語などの講座を持ち、全国の受験生から支持をあつめている。著書に『基礎からの英作文パーフェクト演習』（桐原書店）,『「英語口語表現」パーフェクト演習』（プレイス）,『入試英文法でほんとうに大切なこと』（学研プラス）などがある。

島田浩史（しまだ・ひろし）　河合塾英語科講師。大阪大学歯学部卒。河合塾での対面授業,河合塾マナビスでの映像授業だけでなく、文法テキストチーフや早慶大テキストチーフを歴任し、教材や模試作成、さらには E-learning や AI 教材の研究開発にも精力的に関わっている。『パラグラフリーディングのストラテジー』（河合出版・共著）,『Dual Effect 英文法・語法』（河合出版・共著）など著書も多岐にわたり、『全国入試問題正解』（旺文社）の執筆も長年つとめている。

＜**大学入試**＞ **英単語 最前線 2500**
（だいがくにゅうし）（えいたんご さいぜんせん）

2023 年 4 月 28 日　初版発行　　　2024 年 6 月 28 日　3 刷発行

著者 ｜ 石橋草侍・里中哲彦・島田浩史
（いしばしそうじ・さとなかてつひこ・しまだひろし）
© Soji Ishibashi, Tetsuhiko Satonaka and Hiroshi Shimada, 2023

発行者 ｜ 吉田　尚志

発行所 ｜ **株式会社　研究社**
〒 102-8152 東京都千代田区富士見 2-11-3
電話　営業 03（3288）7777（代）　編集 03（3288）7711（代）
振替　00150-9-26710
https://www.kenkyusha.co.jp/

印刷所 ｜ 図書印刷株式会社

組版 ｜ モリモト印刷株式会社

装幀 ｜ Malpu Design（高橋奈々）

本文デザイン ｜ Malpu Design（佐野佳子）

英文校閲 ｜ Kathryn A. Craft

ISBN978-4-327 -76496-8　C7082　　　　　　　Printed in Japan

KENKYUSHA
〈検印省略〉